深度强化学习
与交通信号控制优化

张尊栋　王　会　吴文祥　刘小明　著

DEEP REINFORCEMENT LEARNING
AND TRAFFIC SIGNAL CONTROL OPTIMIZATION

ZHEJIANG UNIVERSITY PRESS
浙江大学出版社
·杭州·

图书在版编目（CIP）数据

深度强化学习与交通信号控制优化／张尊栋等著．
杭州：浙江大学出版社，2024.7. -- ISBN 978-7-308
-25175-4

Ⅰ．U491.5

中国国家版本馆 CIP 数据核字第 20249XX141 号

深度强化学习与交通信号控制优化

张尊栋　王　会　吴文祥　刘小明　著

策划编辑	金佩雯
责任编辑	蔡晓欢
责任校对	陈　宇
封面设计	浙信文化
出版发行	浙江大学出版社
	（杭州市天目山路 148 号　邮政编码 310007）
	（网址：http://www.zjupress.com）
排　　版	杭州晨特广告有限公司
印　　刷	广东虎彩云印刷有限公司绍兴分公司
开　　本	710mm×1000mm　1/16
印　　张	16
字　　数	270 千
版 印 次	2024 年 7 月第 1 版　2024 年 7 月第 1 次印刷
书　　号	ISBN 978-7-308-25175-4
定　　价	88.00 元

前　言

随着城市化进程的加速，城市道路交通问题越来越引人关注。城市交通拥堵、交通事故频发等问题已经严重影响到人们的出行和生活质量。在这一背景下，探索道路交通信号控制方案变得愈加重要。传统的基于规则的交通信号控制方法虽然在一定程度上解决了城市交通问题，但是同时存在着许多局限性。随着人工智能技术的发展，基于深度强化学习的交通信号控制方法逐渐成为研究热点。这种方法可以在不需要人工干预的情况下，自主学习和适应城市交通环境的变化，从而实现更高效的交通信号控制。

本书针对城市道路交通信号控制这一热点问题，重点关注基于深度强化学习的城市道路交通信号优化控制。本书从深度强化学习的基础原理入手，介绍了其在城市道路交通信号控制中的应用，并详细分析了多 Agent（智能体）协调、交通信号控制优化等实际问题。本书旨在帮助读者更好地理解深度强化学习在交通信号控制中的应用，以及解决实际问题的方法。同时，本书也为交通领域的研究人员、工程师和学生提供了实用的工具与方法。

本书的内容涵盖深度强化学习的基础理论、城市道路交通信号控制的实际问题、基于深度强化学习的解决方案以及实验验证等方面。本书通过理论与实践相结合的方式，详细讲解了深度强化学习在城市道路交通信号控制中的应用，同时也深入探讨了这种方法的优点和不足之处。本书不仅适合交通领域的研究人员、工程师和学生阅读，而且适合人工智能领域的研究人员和学生阅读。读者可以通过本书学习到如何使用深度强化学习算法解决城市道路交通信号控制问题，掌握相关的实用技术和方法，从而在实际应用中取得更好的效果。

本书是笔者在积累多年的研究经验和成果的基础上编写的。笔者深刻认识到，城市交通问题不仅关系到人们的出行和生活质量，而且对社会经济和环境有着深远的影响。因此，笔者希望通过编写本书，为解决城市交通问题贡献自己的力量。同时，笔者也希望本书的出版能促进交通领域和人工智能领域的交流与合作，进而共同推动相关技术的发展和应用。

本书的撰写得到了各方面的支持和帮助。感谢北方工业大学电气与控制工程学院的郑国荣、周慧娟、王志建、陈智、薛晴婉、范玥等老师，以及刘雨珂、张巍、王若愚、杨珣、宋雨桐、刘璐菲、乔曜芩、王瑞、邹莉琪、初名豪、冯佳、许诺、韩天欣等同学提供的帮助；感谢北京交通大学的张艺帆同学、王岩楠同学，以及北方工业大学信息学院的张珅玮同学的帮助；特别感谢北京市教委基本科研业务费项目（110052971921/031）、国家自然科学基金项目（72071003）、北方工业大学教改项目、轨道交通控制与安全国家重点实验室（北京交通大学）开放课题基金（RCS2022K007）等对本书撰写及出版的支持。

最后，希望本书能够让读者了解到更多的关于深度强化学习与道路交通信号控制的内容，同时，笔者非常期待得到读者的反馈和建议，以帮助改进和完善本书的内容。

（本书全部代码参见：https://ncut-ai.github.io）

张弩栋

2024 年 6 月于北京

目 录

第 1 章　道路交通信号控制

城市道路交通系统对社会、经济、安全等方面的重要意义是不言而喻的。各类城市交通控制系统为高效、安全、舒适的交通系统运行提供了保障。随着各种先进技术的应用，智能交通系统（intelligent traffic system，ITS）得到了极大的发展和大规模的推广，已经成为城市交通控制的主流技术。然而，城市规模持续扩大和交通拥堵频发引发了一系列新的变化，带来了新的挑战和机遇。许多现有的方法和技术已不能适应新的问题，这就对城市交通控制理论与方法的研究提出了新的要求。本章通过文献综述，对城市道路交通控制领域相关方向的研究现状、重点与难点、存在的问题等方面进行了描述。现阶段国内外城市交通系统普遍具有以下几个特征。

（1）**路网规模较大**。国内外普遍的现象是城市的边界变得越来越模糊，其原因之一是城市规模的持续扩大。随着基础设施条件的不断提升，以及道路网络的扩大，影响城市交通状态的因素就不仅包括城市内部运行的车辆，还包括城市周边的通勤车辆甚至途经的车辆。以北京、上海等国内大型城市为例，从市外到市内的通勤车辆数量已经相当可观，并对整体的城市交通产生着很大的影响；国外的大型城市也是如此。因此，道路网络（路网）的规模在某种意义上是大于城市行政区域的，并且现阶段多数城市的路网规模普遍较大。

（2）**汽车保有量较大**。作为发展中国家，我国经过几十年经济发展后，车辆普及率已经达到较高的水平。我国公安部交通管理局的数据显示，截至 2024 年 1 月，我国私家车保有量达 4.35 亿辆。每 1000 人拥车量为 173 辆。出于交通管理、环境保护等方面的考虑，国内多个城市已经实行了日常交通的"限行"措施，大型城市甚至出台了"限购"措施，其原因是目前的城市规划、人口基数等条件无法承受过大的汽车保有量。较大的汽车保有量对日常城市交通控制与管理提出了更严格的要求，涌现出的新问题对城市交通控制领域的研究提出了新的要求和挑战。

（3）**各类 ITS 技术应用广泛**。十余年来，各类 ITS 技术应用取得了较大发展，ITS 安装和应用逐渐发展到城市、县城、乡镇，已经成为交通管理的重要手段之一。2004 年颁布实施的《中华人民共和国道路交通安全法》第一百一十四条规定，"公安机关交通管理部门根据交通技术监控记录资料，可以对违法的机动车所有人或者管理人依法予以处罚"，由此确立了交通监控技术在交通管理，特别是交通执法领域的法律地位，极大地促进了 ITS 技术行业的发展。

从服务类型进行划分，ITS 技术大致可以分为交通信息采集、信息处理分析、决策支持、安全相关、信息发布等几大类。美国、日本和欧盟等发达国家和地区从 20 世纪 90 年代初开始便进行智能运输和安全领域的研究，通过应用交通信息采集与发布、电子收费、交通事故自动监测与报警等，大大缓解了交通拥挤、安全和环保等问题。在总结近年来交通科技成就的基础上，美国联邦运输咨询小组提出了《美国综合运输系统 2050 年发展构想》报告，明确了新的交通系统发展思路将不同于"20 世纪 50 年代规划修建州际公路系统以增加供给和物理设施能力"的做法，"需要创新的解决方案""着眼于新技术和新概念，如信息技术、纳米技术、再生燃料以及高效清洁能源技术等"。我国在 20 世纪 70 年代末就已经开始在交通运输和管理中应用了电子信息技术。在此后二十多年里，在政府的支持与坚持自主开发的基础上，通过广泛的国际交流与合作，在 ITS 领域进行了初步的理论研究、产品开发和示范应用，并取得了一定的成果。

目前，智能交通的核心技术装备（如道路交通自适应控制系统、各种交通感知传感器、车载安全辅助驾驶系统、水运智能交通管理系统、船舶自动识别系统等）得到了比较广泛的应用，其相关研究成果日益丰富。重点研发的具有中国特色的智能交通应用产品及技术，如公用移动通信技术、车路协同技术、电子收费技术、路径诱导及导航服务、视野范围扩展技术、交叉路口防撞系统、横向纵向避撞系统、碰撞前乘员保护系统、安全状况检测系统、智能前照灯随动技术、安全车距预警，主动避撞、自适应巡航、智能泊车辅助系统等日趋成熟。此外，近年来开展研究的前沿性核心技术包括车路协同、车联网、自动公路、停车场停车引导系统、车队管理系统、运输需求管理系统、公交优先系统、紧急情况管理系统、旅游和出行者信息服务系统、商业车辆的电子通关系统、车载安全监控系统、路边安全检查的自动化系统、危险品的应急响应系统、驾驶员视野加强系统、车载路线诱导系统、协作驾驶系统、基于车辆智能化的自动驾驶、基于公路基础设施智能化的公路控制自动驾驶等。我国大力支持智能交通前沿技术和新兴战略产业，如新一代国家交通控制网、车路协同、智能汽车、列车自动运行、综合枢纽协同、高速宽带无线互联和高速无线局域网等，极大地促进了相关理论、方法和技术的研究进展。几十项成熟的技术和产品被大规模地应用到了大中型城市，已经形成了多粒度、多层次、多维度的交通信息采集、分析和利用的局面。

（4）**拥堵现象普遍**。随着汽车保有量的不断快速增加，在县级城市甚至一些乡镇的日常交通中，交通拥堵也已经成为普遍的现象。

国家信息中心大数据发展部、中国社会科学院社会学研究所、清华大学—戴姆勒可持续交通研究中心、同济大学智能交通运输系统研究中心、未来交通与城市计算联合实验室、阿里云等机构共同发布了《2022 年 Q2 中国主要城市交通分析报告》。该报告采用交通检测数据详细分析了全国范围内各级城市交通的日常交通状况，结果显示，交通拥堵日益成为各类城市的普遍现象，并且有逐年加重的趋势。

1.1　智能交通系统简介

人类的社会生产活动依赖安全、经济、可靠、方便、可持续的交通系统。智能交通系统在提高行车安全性、解决尾气排放和交通拥堵等方面起着至关重要的作用。ITS 将各种信息和通信技术应用到运输领域，使运输更安全、更高效、更具有可持续性。随着经济、人口、商业和消费需求的增长，基础设施和系统、用户等的需求也因此增长。这种情况持续了几十年，已经在公共交通、道路规划与城市规划、城市交通控制、安全与可持续发展方面积累了很多问题。

ITS 的核心功能是提供实时的交通和旅行信息，以及灵活高效的网络控制手段，以推动实现安全、经济、可靠、便捷、可持续的交通运输系统，具体包括：① 安全、高效地进入、离开地区或交通通道，或使用运输设施；② 提供多种经济实惠的交通运输方式；③ 有效处理交通事故，为道路使用者提供较高水平的交通服务；④ 提供限制空气污染和噪声的方法，以改善环境健康状况；⑤ 支持高效的货物和货运运输；⑥ 为交通管理与控制政策提供工具。

长期以来，ITS 领域的研究成果非常丰富，涉及多个学科，遍布交通领域的几乎所有应用场景。从总体来看，ITS 技术可以归纳为两大类，即面向探索类和面向需求类。面向探索类主要集中在交通领域未来革命性技术的研究上，具有前瞻性，但同时也具有较大的不确定性；面向需求类是从当前交通系统中存在的问题出发，通过深入研究解决问题的技术和方法，进而逐步推动 ITS 发展。ITS 的发展趋势可以分为两类：以自动驾驶、车联网技术为代表的下一代先进 ITS 技术的发展；大规模城市交通网络控制与优化方法的研究。

1.2　交通拥堵与交通控制

城市道路交通与城市的社会发展、经济繁荣有密切的关系；经济发展刺激了人、货物对交通运输的需求，给城市交通带来巨大的压力。欧盟在《白皮书：2010 年欧洲运输政策》中明确表示，由于交通拥堵，欧洲存在失去经济竞争力的严重风险。交通拥堵已经成为全世界范围内普遍存在的现象和亟待解决的难题。道路网络的建设和改善，能够促进经济进一步发展和改善，但也导致更多的车辆进入路网并产生更多的交通需求——最终可能超过增加的容量，使交通形势恶化。大多数大中型城市的发展都经历了这个过程。因此，增加道路而迎合流量需求的做法无法有效缓解交通拥堵。现阶段交通领域已达成共识：进行网络控制是改善城市交通资源配给、提高城市交通效率、缓解交通拥堵的必要手段。

实施控制手段的前提是建立交通拥堵的控制模型。但是对交通拥堵的成因并没有统一的解释或被广泛接受的模型。不过，缺乏交通拥堵的机理模型并不意味着不能进行交通系统控制。实际上，交通拥堵的形成因素非常多，如基础设施、路网结构、交通需求、出行分布、交通秩序、交通事故等，并且每个城市的拥堵成因侧重不同：有的城市是因为汽车保有量大，有的城市是因为路网结构不合理，有的城市是因为交通秩序混乱，等等。

政策层面面临的最大的挑战是决定是否采取控制措施进行干预，以及如何实现预期成效。每个城市的政策目标各不相同，而实施交通控制或干预普遍被认为能够帮助实现政策目标。例如北京、上海这类大型城市，在早晚高峰期间实施对进入主城区的限流控制，能够有效避免主城区发生大规模的交通拥堵。随着交通控制技术的不断提升，在微观、中观层面，现有的交通控制技术已经能够基本满足交通控制的要求。例如，对于单个路口，自适应控制技术就能够产生很好的控制效果；甚至在主干路上，协调控制技术也能够取得较好的控制效果。

目前，大多数控制技术采用的反馈信息主要来自交通流数据，而没有与宏观政策性控制目标相结合，这就使得宏观交通控制变得复杂且难以取得较好的控制效果，这也是目前城市宏观交通领域缺乏有效的控制方法的原因。区域交通控制是城市交通领域当前的研究重点之一。研究宏观交通控制有助于指导并实现微观、中观的控制，进而达到城市整体的控制效果。

1.3　新兴技术面临的挑战

目前，城市交通控制领域的许多新兴方法和技术得到了应用，例如移动通信技术、大数据技术、人工智能（artificial intelligence, AI）技术等。但是，随着应用的推广，科研人员和交通工程师逐渐发现，在新兴技术和交通领域问题的结合过程中仍然存在难以解决的问题。本节将对城市交通领域相关研究面临的问题进行梳理和总结，为下一步深入研究和解决这些问题提供指导。

（1）**大规模城市交通系统建模**。随着经济发展和政策变化，大量人口涌入城市，城市的规模越来越大，一线城市更是呈现出超大规模的道路网络，这就导致了严重的交通问题，同时也为交通领域研究带来了新的难题。大规模甚至超大规模的城市交通网络中的拥堵现象更为频繁，并且难以预测，拥堵的因素难以统计和界定。科研人员逐渐意识到传统的交通流模型已经不能适用于当前的情况，需要重新考虑大规模城市交通系统的建模问题。已有的研究中，以复杂网络理论为代表的方法在大规模城市交通系统建模研究中取得了一定的进展，能够在一定程度上解释大规模交通流网络的动态特征，复杂网络领域的分析方法和工具能够较好地展示大规模城市交通网络的动力学特征及分布。但是，复杂网络理论与方法抽象程度较高，很难与交通控制的理论与方法有效结合，这就需要进一步进行大规模城市交通系统建模方法研究，并建立准确、有效的大规模城市交通系统模型。

（2）**宏观交通控制**。近几十年，交通控制理论与方法不断发展、日渐成熟，例如现在已经广泛普及的 SCOOT（split cycle offset optimizing, 分循环偏移技术）系统[1]、SCATS（syden coordinated adaptive traffic system, 悉尼协调自适应交通控制系统）[2]等。这些技术在交叉路口控制甚至主干路协调控制方面取得了良好的效果。对于交叉路口和主干路控制来说，进行交通状态判断的依据通常是流量、平均速度、平均延误、旅行时间、平均排队长度等具体指标，这些指标要么是可直接采集获取的，要么是可通过计算获得的，这使得控制算法结构简单，并且能够达到控制目标，取得较好的控制效果。而事实上，这些交通状态的评价指标的确能够在很大程度上反映交通状态的真实情况，这一特点正是微观控制方法能够取得较好控制效果的基础。相反，对于宏观交通控制，当前研究进展缓慢的主要原因是缺乏能够反映宏观交通状态的有效评价指标。因此，实现宏观交通控制这一问题的核心点在于宏观交通系统建模。

城市交通系统作为复杂系统，其系统状态很难用一个或一组可直接采集或通过计算可获得的评价指标简单描述。采用传统的微观控制思维难以设计出适用于宏观交通控制问题的解决方法，因此需要依据城市交通网络的复杂性研究宏观交通控制方法。

（3）微观控制目标与宏观控制目标的关系。控制系统建模中的关键点之一是确定控制目标。对于传统的控制系统而言，控制目标很容易确定。例如，在交叉路口控制系统中，控制目标往往定义为通行能力最大、平均延误最小、平均旅行时间最短或者停车次数最少等，甚至可以是多个指标的组合值。然而对于大规模城市交通控制系统，首先需要明确宏观控制目标，进而明确交通子区的控制目标，最后确定交叉路口、路段级别的控制目标。也就是说，交叉路口控制目标不仅依赖于自身的交通状态指标值，而且需要考虑宏观控制目标分解后对应的控制目标。通过分解宏观控制目标，可以建立微观控制目标与宏观控制目标的关系描述，依据该关系可以确定微观控制系统中的约束条件。显然，微观控制模型的约束条件一方面要考虑宏观与微观关系模型，另一方面要考虑自身的交通状态。

（4）微观控制优化与宏观控制优化的关系。交通控制优化的目标在于通过优化算法获得交通控制的最优方案。在微观控制方面，各类优化方法得到了充分的应用和发展，例如 Webster、SOTL、GreenWave、Actuated、Max-pressure、SCATS 等。近年来，智能算法发展迅速，遗传算法、集群算法以及强化学习（reinforcement learning，RL）算法在微观控制优化方面得到了应用推广。在宏观控制方面，优化方法依赖于宏观系统模型，常用的模型有元胞传输模型、METANET、MFD 等。微观控制优化方法设计与建模涉及一系列参数，这些参数主要描述在优化过程中的状态，因此在选取和确定参数时不仅应考虑优化对象的状态变化，而且应体现出宏观控制目标分解对微观控制的影响。如何描述微观控制优化和宏观控制优化的关系是当前该领域研究的难点之一。

（5）计算复杂度。各类先进的智能算法被应用于交通控制优化，取得了良好的效果。同时，为了验证各类模型的有效性，Vissim、SUMO 等仿真软件被用于大规模城市交通网络建模。算法复杂性和网络化建模需求的不断提高，使得计算量越来越大。以一个 10×10 交通网络的交通信号控制优化为例，深度强化学习（deep reinforcement learning, DRL）算法的计算复杂度达到了较高的程度，计算时间也相应增加。因此，在运用智能算法求解交通领域相关优化问题时，如何降低计算复杂度是一个很重要的问题。

仿真软件在单个交叉路口建模方面的精准度较高，但是网络模型的精准度难以取得满意的效果，尤其是大规模路网仿真模型的精准度更难以保证。因此，使用仿真软件对模型、算法进行有效性验证时，要考虑如何提高实验平台的精准度。

1.4　大规模城市交通控制

目前，城市交通拥堵是我国很多大中城市亟待解决的问题。为了避免和减缓交通拥堵，城市交通控制系统在交叉路口控制和主干路控制方面取得了很好的效果。随着城市规模的扩大和汽车保有量的增加，科研人员和道路工程师发现已有的控制方法已经难以实现整体的控制效果，交通拥堵问题日益突出，因此针对大规模城市交通控制的各类方法和技术被提出来，以期实现宏观网络层面的交通控制。

作为城市系统中的组成部分，交通系统在城市运行中发挥着十分重要的作用。城市居民的工作和生活都离不开交通，高效有序的交通系统有利于促进城市经济和社会的良性发展；反之，落后无序的交通系统将严重制约和影响城市的发展。可以说，交通运输系统既是城市有序运行的推进器，又是城市运行健康程度的晴雨表。

当前，国内大中型城市交通问题随城市化进程应运而生，也随着城市化进一步深入而表现得更为尖锐。为应对城市交通问题，从 20 世纪 90 年代起，理论研究领域和工程领域都积极开展了一系列理论研究及工程实践，尤其是通过研究和建设智能交通系统，加强对城市交通问题成因的认识，并致力于提高现有交通路网的运行效率，以期缓解和改善城市交通问题。

随着交通控制系统的不断进步，国外学者在交叉路口控制（单点）和主干路控制（干线）方面取得了丰硕的成果。20 世纪 90 年代初，美国联邦运输部门实施了一项检验和评估实时自适应交通控制系统的性能和有效性的计划。从控制角度看，人们希望交通控制系统不仅能迅速响应交通状况的变化，给出实时的控制，而且能预测未来时刻交通状况可能发生的变化。有效的交通控制系统必须具有以下特点： ① 集中式或分布式控制方式； ② 对交通变化的自适应性，可进行在线优化计算以及固定方案设置； ③ 可应用动态交通分配进行控制； ④ 在特定线路上可以实行优先控制； ⑤ 可避免发生交通拥堵，具有减轻交通拥挤的策略； ⑥ 可应用人工智能技术进行控制策略选择； ⑦ 可充分应用现有的资源； ⑧ 多重控制方式（如图 1.1 所示），即拥有点控、线控、感应式控制和面控； ⑨ 容错功能； ⑩ 不断学习功能，即通过历史情况的学习、分析逐步提高控制效果。

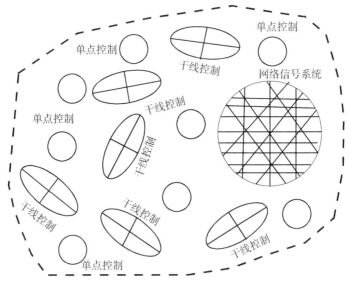

图 1.1 多重控制方式

上述特点侧面反映了在当时背景下控制系统的控制对象主要为交叉路口控制和主干路控制，且控制效果的评价主要依赖于交叉路口和主干路的交通状态，而缺乏网络层面的思考。随着城市交通的不断发展，研究人员意识到大规模城市交通控制的必要性，并在该领域进行了深入研究。

1.5 深度强化学习方法

强化学习在控制系统中的实际应用始于倒立摆控制。Sutton 等[3]构建了评价控制系统，该控制系统由两个模块关联搜索元素和自适应启发评价组成，能够在经过多次学习后使倒立摆维持较长时间。强化学习目前已成为交通信号控制问题的重要解决方法，受到世界各国交通信号控制领域研究人员的广泛重视。Thorpe 等[4]在 20 世纪 90 年代首次将强化学习中的 SARSA 算法运用到交通控制中，以描述交叉路口交通流的状态、动作、回报参数，并以车辆平均通行时间作为评价标准，发现了 SARSA 算法优于当时其他的交通控制算法。Wiering[5]将一种基于模型的强化学习方法用于交通信号控制，采用基于车辆的状态描述，以信号灯的控制为动作，在决策阶段计算交叉路口控制器（智能体 Agent）收益值最大的动作，认为此即为所求的最优动作。仿真实验结果表明该方法在轻度交通流下能体现出较好的性能。Wiering 等[6]还研究了将模型无关的强化学习应用到交通信号控制，以全部车辆进出城市所通过的信号灯累计延误时间最小为目标的模型，建立了基于车辆的奖惩函数。Abduljabbar 等[7]建立了以车辆排队长度最短为目标的模型，采用了 Q 学习(Q learning，QL) 方法对单个独立交叉路口进行控制。

　　国内同样有一些科研单位和学者致力于智能交通信号控制的研究。例如，Wen 等 [8] 考虑到交通系统的动态性、随机性、转弯比例的时变性，以及车道分配的时变性，提出了一种交叉路口信号的自适应控制模型，将强化学习应用到交通信号控制系统中，建立了强化学习应用所需的动作空间、状态空间和回报函数，实现了对交通信号的优化控制。仿真实验结果表明，相比于传统的定时控制方法和感应控制方法，强化学习控制方法表现出了更好的性能。何兆成等[9]将 BP 神经网络与 Q 学习方法相结合，实现了单个交叉路口的在线自学习；运用基于模糊逻辑的 Q 学习奖惩信号设计方法，实现了交通信号优化控制；利用微观交通仿真软件对一些典型的十字路口进行了仿真实验。实验结果表明，该控制方法对不同交通场景下的突变情况具有较好的控制效果，明显优于定时控制方法。黄艳国等[10]将 Agent 技术与 Q 学习算法相结合，用于控制交通信号，建立了基于 Agent 的单个交叉路口信号控制的模型，利用 Q 学习算法实现了自适应控制，根据交叉路口的实时路况信息来减少排队车辆的平均延误时间；对一个四相位单个交叉路口进行仿真实验，结果表明，与定时控制方法相比，该方法的控制效果得到了明显提高。刘智勇等[11]提出了基于 Dyna-Q 强化学习的在线控制算法，首先利用交通信号控制 Agent 在试错过程中获得的经验知识进行模型估计，然后从估计的模型中规划动作，从而加速了 Q 学习过程。

　　关于强化学习在单个交叉路口的应用，还可以将车辆作为控制单元，通过控制车辆间接实现对交通的控制。例如，将强化学习应用于控制车辆的行驶路径。车辆的状态由车辆所处的位置决定，动作由不同的路径和方向决定，评价函数以车辆各个路口的等待时间为标准。当车辆经过拥堵路口时，需要等待的时间长，获得的奖励小，而当车辆经过通畅路口时，需要等待的时间短，获得的奖励大。车辆通过强化学习选取奖励最优的行驶路径，即选择等待时间最短的行驶路径，如图 1.2所示。车辆通过强化学习也能够得到从起始地到目的地的最佳路径。

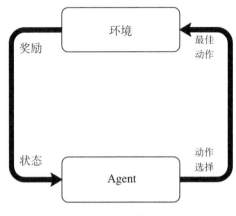

图 1.2　强化学习框架

交通拥堵诱导及控制系统同时从车辆和路口的角度，对交通实现控制，利用博弈论对车辆控制和路口控制进行协调。

国内外学者研究发现，强化学习应用于普通简单路口的控制往往能够取得较好效果。因此，国内外学者开始将研究方向转向多路口的控制。当路口增多时，系统会变得复杂。假如一个路口有 10 种状态，当有两个路口时，状态组合变为 100 种，当有三个路口时，状态组合变为 1000 种，照此下去，整个交通路网的状态将会随着路口数量增多而急剧增多。而强化学习的收敛与状态数量呈线性相关，当状态数量太大时，迭代会变慢甚至不能得到收敛结果。因此，状态数量多是强化学习在多路口交通控制中遇到的问题之一。

分层、状态聚类、值函数近似是解决状态数量多的常见方法。分层是指将路口转为区域，避免一次性计算所有路口状态，先进行区域控制，再对区域内的路口进行控制。状态聚类是指将多个相近环境状态转为单一状态，从而有效减少状态空间的总大小。值函数近似是指用一组特征基函数的线性组合来近似表示值函数，将强化学习与其他的算法或模型结合，得到近似最优解，用以应对状况数量多、迭代慢的问题。Abdoos 等[12]针对 9 个路口的路网采取分层控制，第一层为普通路口，第二层由第一层划分的区域组成。实验表明，分层控制可以提高底层强化学习的效率。Prashanth 等[13]首次提出了利用函数近似的强化学习思想来解决交通拥堵问题，设计交通拥堵等级特征，减少状态数量，使状态数量呈线性增长，极大地降低了计算复杂度。相比于定时控制或者最长序列控制，该方法可以取得较好的效果。Prashanth 等[14]还将两种强化学习算法通过函数近似应用到自适应交通灯控制系统中，仿真发现，通过函数近似后，这两种算法在大规模路网中仍能够取得较好的性能。

多路口交通拥堵控制难的另一个原因是路口之间相互连接、相互影响。对一个路口的优化可能会引起与其相连接的路口的波动，因此需要从全局的角度对整个交通路网进行优化。针对早期的多路口交通控制，Gokalan 等[15]研究了基于分布式多 Agent 系统的交通信号控制方法，优化了交通网络中交叉路口控制器 Agent 的绿灯时序，从而缩短了车辆延误时间。各路口控制器 Agent 利用 Q 学习算法对周围的交通情况进行学习和优化。但是，这种控制方式只能实现各个单独路口最优，并不能保证整个路网全局最优。Arel 等[16]提出了两种 Agent 控制整个路网的强化学习思想，第一种 Agent 作为中心 Agent，第二种 Agent 作为外围 Agent。中心 Agent 主要用来协调外围 Agent，外围 Agent 主要根据交通状况对路口进行控制。实验表明，这种方法对于多路口交通控制具有一定的作用。欧海涛等[17]提出了一种以一个 Agent 控制单个交叉路口的方式，对交叉路口信号进行控制，以多个 Agent 协调控制实现对多信号灯交叉路口组成的道路网络流量的优化，从而避免交通堵塞。这种方法通过中心 Agent 进行调节，其他路口根据 Agent 的调节进行控制，这在一定程度上实现了路口之间的协调控制。但是这种方法存在风险，一旦中心 Agent 失效，那么整个系统将会变得混乱。博弈论是一种研究具有合作或竞争性质现象的数学理论和方法，可以分为合作博弈和非合作博弈。在多路口交通控制中，路口间的协调属于合作博弈，因此许多学者将博弈论应用于多路口的协作问题，如韩格等[18]。多路口的强化学习控制还可以采用分层递阶控制，不同的层有不同的分工，分别为路口控制层、区域控制层、中心控制层。当路口能够通过自身调节达到最优控制时，即通过路口自身协调；当不能完成自身的协调时，则交由上层的区域控制协调。协作图是考虑节点之间相互影响的一种图结构，其中的每个节点代表一个 Agent，边的权值代表 Agent 之间的相互影响，可以将多 Agent 全局优化问题转化为协作图的优化问题。协作图的优化有变量消除法和 Max-plus 等方法，前者通过考虑整个图来计算最优解，后者通过将图分解转化为局部最优而获得最优解。Medina 等[19]和 Kok 等[20]利用协作图解决了多路口的交通拥堵控制问题。

强化学习是一种在线学习方法，Agent 在与环境交互中通过试错来发现最优的行为策略。然而其迭代求解的过程极为耗时，强化学习的算法收敛到最优解的时间与状态动作空间呈非线性增长关系，特别是当路口数量增多时，状态数量急剧增长，因此，有必要对状态数量进行处理。同时，由于路口之间的相互关联，在处理路口优化时，不能仅考虑单个子路口的优化，而需要在考虑路口相互影响的同时从全局的角度进行优化。

1.6　研究所用方法小结

深度学习是基于深度神经网络的机器学习方法。深度强化学习是强化学习和深度学习的结合体。深度强化学习是实现智能决策的关键技术之一，对人工智能、机器人、认知科学、金融、资源调配等重大应用需求和研究方向都具有重要意义。随着近几十年来深度学习迎来发展热潮，深度强化学习作为新的重要学科分支，引起了越来越多科研和产业人员的关注。强化学习是机器学习中的分支，由于近些年来的技术突破以及与深度学习的整合，强化学习得到进一步的运用，比如让计算机学着玩游戏、AlphaGo 挑战世界围棋高手等。强化学习的目的是与环境不断融合与配合，从而获取信息。强化学习的选择动作主要作用于学习环境，学习环境受到作用后会发生相应的变化，与此同时也会产生瞬时的奖励强化信号并反馈给强化学习本身，然后 Agent 根据这个反馈的强化信号和当前环境状态，选择下一动作。在任何情况下都能被选择的策略称为允许策略集合，最优策略即为在允许策略集合中找到能产生最优结果的策略。强化学习的目的就是要找到解决问题的最优策略，最优策略直接决定强化学习的整个行动和整体性能。强化学习领域研究的主要内容集中在动作选择机制、值函数、动态编程、时序差分学习（temporal difference-learning, TD-learning）、多步自展、函数逼近、策略优化、深度强化学习等上。其中，深度强化学习的研究主要集中在学习框架和学习机制方面，对学习效果的影响较大；且经过一段时间的发展，深度强化学习的性能在应用中得到了体现。深度学习在强化学习领域的广泛应用极大地扩展了强化学习算法的应用范围。由于神经网络难以解释从而不能得到解析模型，因此深度学习算法稳定性较差，不能保证收敛到稳定的状态，这就会严重影响算法的有效性和稳定性。当前的研究主要集中在如何通过 Agent 之间的协作和信息共享使得在不降低深度强化学习算法有效性的情况下，提高算法的稳定性。

博弈论是研究理性的主体之间的冲突及合作的理论，它研究主体的行为是如何相互影响的，主体是如何在相互作用中做出自己的行为选择和行为决策的。用博弈论的方法来分析问题，可以使问题的研究不仅局限于站在某个决策方的立场上找出针对其他方的对策，更重要的是在分析这些决策的过程中能够发现各方相互制约、相互作用的规律，从而推导出合理的结果并用以解决相应的实际问题。博弈论在交通领域的应用主要集中在出行者的路径选择、交通诱导和控制的耦合、道路交通管理对策制定等几个方面。在交通信号控制中，各个交叉路口发生利益冲突，导致各个交叉路口之间存在博弈关系。博弈问题的求解就是找到博弈均衡策略，以实现整体网络达到纳什均衡（Nash equilibrium，NE）当前，在交通路网中的应用研究主要集中在 Agent 的学习过程描述和 Agent 异构学习行为对博弈过程的影响分析等方面。在交通信号控制方法中，采用博弈论研究最优信号控制策略的思路还很少，因此，深入分析交通信号控制中存在的博弈特性，研究博弈论在交通信号控制中的应用有很大的潜力。

协作行为是复杂系统中低级别个体的基本特征，其通过协作行为努力实现集体目标。自然界中有无数个有趣的协作实例。例如，蚂蚁不能单独携带少量食物，但它们会共同向巢穴携带大量食物。个体 Agent 之间利用集体智慧和行为以实现复杂目标的协作。"规划"和"协作"是多机器人系统领域中密切相关的术语。规划是指从给定位置达到预定目标所需的可行步骤的集合。协作是指代理之间的熟练交互以生成可行的计划步骤。因此，协作是解决复杂现实问题的重要方式。协作通常分为合作、竞争和混合三种类型。合作是指提高 Agent 实现复杂目标的性能。与合作不同，竞争是由多个 Agent 为共同的目标减少冲突；混合是指同时具备合作与竞争。在强化学习算法中，需要向学习算法提供有关 Agent 行为的奖励/惩罚作为反馈，Agent 在接收到奖励/惩罚后，做出相应的选择。因此，强化学习可以反映环境或系统的动态性。在多 Agent 场景中，强化学习需要在 Agent 的联合状态—动作空间中进行学习。每个 Agent 学习联合状态/动作空间，并采取最佳动作以实现最优效果。在考虑博弈关系的多 Agent 强化学习（multi-agent reinforcement learning，MARL）中，系统会收敛到纳什均衡。在最新的研究中，如何在学习阶段进行 Agent 协作并实现纳什均衡是相关研究的重点。

近年来,深度学习开源平台正在成为中国各行各业迅速布局 AI 的重要选择。目前,深度强化学习的实验平台越来越丰富,如 TensorFlow、scikit-learn、Pytorch、AWS Sagemaker、Keras、飞桨等。开源平台有助于快速算法的设计和实现,但是也会产生很多问题,如与城市交通背景关联度低,不便于实现实时系统,严重依赖已有框架。因此,需要结合城市道路交通系统的需求,设计强化学习的实验平台。

本书采用 SUMO 交通仿真软件[21] 作为工具、Python 作为算法实现环境,进行实验平台的开发。SUMO 是免费、开源的交通系统仿真软件,可以实现对交通流的微观控制,单独规划道路上每一辆车的运行路线。SUMO 并不是单个程序,而是包含了多个程序库,可提供丰富的交通系统建模仿真功能。SUMO 作为一款常用的交通系统仿真软件,其仿真结果常被用于统计分析,例如,计算某条道路上单位时间内的车流量,某种交通灯控制策略对行车延时的影响等。SUMO 提供了支持多种语言的二次开发接口 TraCI,便于提取车辆与信号灯信息,非常适合用于交通控制模型的开发。此外,SUMO 还可以作为城市交通环境提供交通状态、反馈信息,执行 Agent 的动作等。本书通过 Python 实现了深度强化学习算法,通过 TraCI 与仿真模型进行了通信。

第 2 章　深度强化学习

强化学习是机器学习的分支之一，主要研究 Agent 在与环境交互过程中如何通过试错进行学习以实现最佳动作的执行。与监督学习不同，强化学习是面向目标的，用强化学习所构建的学习模型进行知识学习不依赖有标签数据。"强化"一词指的是学习机制，在学习过程中，能产生较好输出效果的动作，在学习者的动作集中会使其得到强化。强化学习最初是在研究猫在解密盒中的行为时提出的[22]。Minsky 首次提出了强化学习的计算模型，并将其称之为"随机神经模拟强化计算器"。之后，Minsky 首次研究了动态编程和强化学习之间的关系[23-25]。1972 年，Klopf[26] 将试错学习过程和在心理学领域发现的时序差分（temporal differece，TD）学习进行了结合。之后，TD 学习很快成为大型系统强化学习研究的主流方法。在动态编程和 TD 学习的基础上，Watkins 等[27] 使用马尔可夫决策过程（Markov decision process，MDP）奠定了强化学习的基础，并提出了著名的 Q 学习方法。作为一种动态编程方法。原始的 Q 学习方法继承了贝尔曼的"维度灾难"[24]，极大地限制了其在状态维数较多的系统中的应用。为了解决这一问题，Bertsekas 等[28] 提出了基于神经网络的近似动态编程方法。后来，Mnih 等[29] 取得了较大的突破，提出了深度 Q 学习框架（deep Q-network，DQN），利用表达能力强大的深度神经网络（deep neural network，DNN）作为近似动态编程方法。此后，深度强化学习技术在机器学习、人工智能领域受到了极大的关注。

强化学习的思想源自对动物行为的解释，动物通过试错不断强化优势行为，使其行为更为高效。在强化学习的发展过程中，强化学习吸收了诸如最优控制理论和心理学理论，从而使强化学习方法能够训练 Agent 达到人类完成任务的水平。

强化学习在人机对抗赛中取得的最早的胜利可以追溯到西洋双陆棋游戏（如图 2.1 所示）[30]。近几年，强化学习在人机对抗中取得了较大的进步，如 AlphaGo 系列[31] 在国际象棋中打败了人类顶级选手，搜索空间规模达到了 10^{761}。多数强化学习应用，如机器人控制[32]、自动驾驶[33] 都涉及多 Agent 参与，即形成了多 Agent 强化学习。

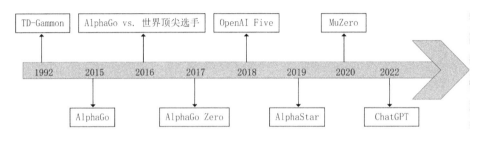

图 2.1 强化学习方法在人—机对抗赛中取得胜利

2019 年，MARL 应用迎来大爆发，虽然解决了很多难以想象的复杂问题，但是也为 MARL 研究带来了一些冲击。比较流行的 MARL 算法验证平台为星际争霸 II[34]。在这个游戏中，每个玩家仅能获得有限的信息，且搜索空间维度比国际象棋还要高。当时多数研究者认为 MARL 算法想要赢得星际争霸 II 的可能性非常渺茫。但是，在 2019 年，AlphaStar[35] 以 99.8 % 的胜率达到了大师级别水平。另外一个著名的测试游戏是 DOTA2，该游戏中每组五人的两组玩家进行零和博弈游戏，玩家需要相互合作，与对手进行对抗。OpenAI Five 的 AI 系统在与电子竞技世界冠军的对抗赛中展现了超人的性能[36]。此外，MARL 在夺旗赛[37] 和捉迷藏游戏[38] 中的表现均达到了人类玩家的水平。值得注意的是 MARL 在德州扑克比赛中的表现：在双人无限注德州扑克中，算法搜索规模空间达到了 6×10^{161}，取得了新的突破，其中有两个项目，分别为 DeepStack[39] 和 Libratus[40]，能够在比赛中打败人类专业选手。后来，Libratus 升级成为 Pluribus[41]，在无限注五人精英赛中胜出并赢得了 100 万美元。

强化学习使自主决策者能够观察、学习和选择最优操作来管理交通，从而提高交通通行能力。高效的交通网络对于城市的发展至关重要，包括顺畅的交通流和良好的交通环境，可以提高城市竞争力。交叉路口交通控制是交通运行效率提升的主要方法之一，尽管先进的交通管理与控制方法得到了广泛应用，但交通瓶颈导致的拥堵依然是多数城市中的普遍现象。传统上，交通信号控制主要有两种类型，即固定配时控制和自适应控制。固定配时控制是指基于历史数据，由交通调查数据使用信号配时计算公式计划不同时间段的配时方案。这种离线方式的控制方案难以应对交通流的动态变化。自适应控制则考虑了交通流的动态特性，根据不同的交通状态采取不同的控制方案。但是自适应控制仅考虑当前的交通状况，不考虑长期交通状况。使用强化学习方法，通过缩短或延长交通阶段划分，甚至根据交通状态跳过某些交通阶段，可适应短期和长期的交通流动态变化。新技术的应用提高了交通效率和交通服务水平，新的数据驱动方法为所有基于控制的系统带来了新的研究方向，将数据驱动的方法与交通系统相结合在解决应用问题中将发挥关键作用[42]。

ITS 的目标是为交通参与者提供安全、高效、可靠的交通系统。未来的交通系统包括自主交通控制和自动驾驶等。半自动驾驶技术已得到广泛应用，其自主程度可能在不久的将来会得到进一步提升。ITS 对各种自主控制的需求越来越高，常用的方法是使用基于经验的学习模型，这类似于人类的学习过程。采用自适应模块控制信号灯是 ITS 研究的重点之一，设计自适应交通管理系统是缓解交通拥堵行之有效的途径。如何在复杂动态环境下生成最佳优化控制方案对于研究人员来说仍然是亟待解决的问题，而使用 AI 技术是获取最佳交通系统控制（traction control system，TSC）的有效方法。机器学习方法主要有三类：① 监督学习，根据提供的输出标签做出决策；② 无监督学习，基于模式发现，无须预先了解输出标签；③ 强化学习，采取基于马尔可夫决策过程的连续过程，并具有奖励或惩罚指标。强化学习可以解决复杂的控制问题，深度学习有助于从复杂数据集中近似高度非线性函数。最近，学者针对各类 ITS 应用，如交通管理系统和自动驾驶应用程序，提出了许多基于强化学习的深层解决方法，使得人们对基于强化学习的控制机制产生了越来越大的兴趣。

交通和城市流动性是城市基础设施的支柱，对社会、环境和经济产生直接影响。例如，2018 年，美国由于交通拥堵人均浪费时间 97 小时，损失了近 870 亿美元，每名驾驶员损失接近 1348 美元[43]，且交通需求仍在稳步增长。因此，近几十年的相关研究一直试图将最先进的优化理论和计算技术应用到交通管理和控制中[44]。随着 AI 算法的发展，利用机器学习方法提升交通效率的研究和应用也在显著增加。

交通信号控制的传统优化工具仍然被世界各地广泛使用，在长期的应用中，传统的控制方法已经难以应对复杂的交通控制问题。此外，与有限状态空间的应用不同，对高度复杂的交通环境采用经典的控制方法可能会导致更多的后续问题。同时，强化学习方法在交通信号优化中具有自适应特性，与传统的交通控制策略相比已经取得了较好的研究进展。然而，由于算法结构上的缺陷，强化学习方法在实际场景中的正式应用较少。比如，在现实环境中训练机器学习算法非常危险、昂贵且耗时。因此，强化学习模型主要在模拟环境或仿真平台中进行训练和测试。

交通控制一直是科学和工程领域的重要应用场景之一。交通控制方法研究非常严格，一种新方法应该包括两个要素：一是可以实现计算高效率；二是具有最少的假设条件。相关工作可以追溯到 20 世纪 80 年代，随着离线交通信号配时方法的出现（如 Maxband[45]），通过多定时控制的自适应过程选择方案，SCOOT 和 SCATS 等方法进一步改进动态调整参数。然而，这些方法在用于区域交通管制时，需要相当多的人工干预。随后，出现了动态交通控制方法（如 RHODES[46]），以解决时变流量的在线控制问题。总而言之，上述方法存在着过度简化交通动态性特征、对实际的交通波动[44]缺乏及时响应等缺陷。

十几年来，大数据革命将数据驱动控制和机器学习的思想与交通控制问题研究进行结合。强化学习方法由于其无模型特点[13]而被广泛用于解决流量控制问题。在深度强化学习方法 DQN[29]取得突破后，该领域的研究取得了重大进展。此后，自适应交通信号控制的研究主要关注如何选择强化学习算法[47]以及如何定义状态、奖励、动作参数[48]等相关问题。然而，强化学习算法在交通信号控制领域的应用研究较少，相当多的文献主要以 Atari 游戏[49]等几个实例为研究背景。以交通信号控制为背景的研究主要集中在 Double Q-Learning[50]、Prioritized Replay[51]、Dueling Networks[52]、NoisyNets[53]和 distributional RL[54]等模型上。关于 AI 模型在 TSC 中的应用研究可以追溯到 2007 年[55]，当时，模糊逻辑、人工神经网络和强化学习是在 TSC 应用的三种主流的人工智能方法。由于路网中交叉路口的高关联性，多 Agent 模型比单 Agent 模型能提供更完整、更实用的解决方案。因此，将 TSC 问题看作多 Agent 系统并对其进行建模描述具有很高的研究价值。Bazzan[56]介绍了 TSC 应用中多 Agent 强化学习方法的机遇和主要研究方向。Mannion 等[57]从实验角度讨论了流行的强化学习方法。Yau 等[58]对强化学习方法在 TSC 中的应用研究作了综述性介绍。Tong 等[59]从较宽泛的角度研究了 AI 方法在 ITS 中的应用，考虑了监督学习、无监督学习和强化学习在车辆的所有通信系统中的应用。Abduljabbar 等[7]从交通管理应用、公共交通和自动驾驶车辆三个方面概括了基于人工智能的 ITS 相关研究。Wei 等[44]讨论了 TSC 方法，包括经典控制方法、actuated 控制、绿波控制、Maxband 系统和基于强化学习的控制等。Veres 等[60]强调了深度学习在 ITS 应用研究中的趋势和挑战。深度学习模型在深度强化学习中起着重要作用，非线性神经网络克服了大数据驱动应用中的可扩展性等问题。Kiran 等[61]对自动驾驶车辆的深度强化学习应用进行了综述，讨论了基于强化学习的自动驾驶方法在实际应用中面临的挑战。

2.1　深度强化学习简介

强化学习是一种常用的学习方法，其中 Agent 与环境互动，在没有任何先验知识的情况下学习如何在环境中选择行为得到最大化的奖励。Agent 每次迭代都会收到来自环境的反馈，并会使用反馈不断更新其行动策略，以达到最佳控制策略。强化学习从环境中学习，是一种试错的学习方式，与人类学习过程类似[3]。从计算的角度来看，强化学习是一种数据驱动的方法，通过迭代方式，获得最佳控制策略的近似解决方案。在强化学习模型中，Agent 在时刻 t 观察系统状态 s_t，并在执行动作 a_t 后从环境/系统获得奖励 r_t；再根据当前政策 π 选择动作执行后，系统转换到下一个状态 s_{t+1}。随着时间演进，Agent 会不断更新其从环境中学习到的知识（如图 2.2所示）。

强化学习算法主要由环境、Agent、状态、动作、奖励、更新函数等组成。在强化学习中，环境初始时是未知的，Agent 并不知道环境如何工作，而是通过不断地与环境交互，逐渐改进策略。在环境中，有效动作的集合经常被称为动作空间。在动作空间中，Agent 的动作数量是有限的。在其他环境，如在物理世界中控制 Agent，就有连续动作空间。在连续动作空间中，动作是实数向量。奖励是由环境给的反馈信号标量，反映 Agent 在某一步采取了某个策略后的执行效果。强化学习的目的就是最大化 Agent 可以获得的奖励，Agent 在环境里存在的目的就是要最大化其期望累积奖励。

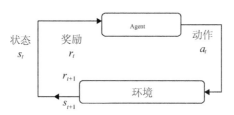

图 2.2　强化学习控制框架

对于强化学习 Agent，有如下组成成分：① 策略函数，Agent 会用这个函数来选取下一步的动作，如图 2.3所示；② 值函数，Agent 会用这个函数来对当前状态进行估价，也就是评估进入某个状态可以对后面的收益带来多大的影响，值函数越大，进入该状态就越可能获得更大的奖励；③ 模型，表示 Agent 对环境状态的理解，决定了其在环境中是如何运行的。

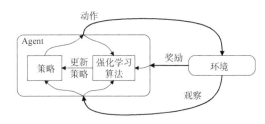

图 2.3　强化学习组成成分

强化学习算法使 Agent 采用试错方式在无外部监督情况下以时序差迭代的方式进行学习。时序差分学习主要有离线策略和在线策略两种类型，两者的差别在于 Q 值更新的方式。最常见的离线策略算法是 Q 学习[62]，常用的在线策略算法是 SARSA[63]。

在时刻 t，Agent i 从运行环境中观察自身的马尔可夫决策因素（或状态 $s_t^i \in S^i$），并选择执行动作 $a_t^i \in A^i$，然后在时刻 $t+1$ 收到正或负的反馈结果。反馈结果有两种类型：延迟奖励 $r_{t+1}^i \in R$ 和折扣奖励。

随着时间演进，Agent 能探索所有的"状态—动作"对 (s_t^i, a_t^i)，并根据 Q 值进行排序。"状态—动作"对的 Q 值表示在状态 s_t^i 时选择动作 a_t^i 的远期收益评价。

$$Q_{t+1}^i \leftarrow Q_t^i(s_t^i, a_t^i) + \alpha \delta_t^i(s_t^i, a_t^i) \tag{2.1}$$

其中，$\alpha \in (0,1)$ 为学习率；$\delta_t^i(s_t^i, a_t^i)$ 为时序差分。

在进行动作选择时，可以是"随机选择"或"最佳选择"。"最佳选择"动作会选择已知最佳（或贪婪）的动作。

$$a_t^{i,*} = \underset{a \in A}{\operatorname{argmax}} Q_t^i(s_t^i, a^i) \tag{2.2}$$

"随机选择"方式即随机选择一个动作。

算法 1: 传统强化学习流程

1　for time do
2　　for Agent i do
3　　　观察当前状态 s_t^i
4　　　选择动作 a_t^i
5　　　收到延迟奖励 $r_{t+1}^i(s_{t+1}^i)$
6　　　更新 Q 值
7　　end
8　end

2.1.1　监督学习、无监督学习与强化学习

监督学习就好比在学习的时候，有导师在旁边指点，导师知道怎么是对的、怎么是错的。但很多实际问题，例如国际象棋、围棋，可能有成千上万种情况，不可能知道所有的结果。

而这时，强化学习会在没有任何标签的情况下，通过先尝试做出一些行为来得到结果，根据这个结果是对是错的反馈，调整之前的行为，然后不断地调整，逐渐学习到在什么样的情况下选择什么样的行为可以得到最好的结果。

上述两种学习方式都会得到输入到输出的映射：监督学习得到的是两者之间的关系，可以告诉算法什么样的输入对应着什么样的输出；强化学习得到的是给机器的反馈，即用来判断这个行为是好是坏。另外，强化学习的结果反馈是有延时的，有时候可能需要走很多步才能知道前面某一步的选择是好是坏，而监督学习若做了比较坏的选择则会立刻反馈给算法。

强化学习面对的输入是不断变化的，算法每次做出的行为，便会影响下一次决策的输入；而监督学习的输入是独立同分布的。通过强化学习，Agent可以在"探索"和"利用"之间做权衡，并且获取最大的回报。"探索"是指尝试很多不同的事情，看它们是否比以前尝试过的更好。"利用"是指会选择过去经验中最有效的行为。一般的监督学习算法不考虑这种平衡，就只是"利用"。

无监督学习不是学习从输入到输出的映射，而是模式。例如，在向用户推荐新闻的任务中，无监督学习会找到用户先前已经阅读过的类似文章并向他们推荐；而强化学习将通过向用户先推荐少量的新闻，不断获得来自用户的反馈，最后构建用户可能会喜欢的文章的"知识图"。对于无监督学习来说，通过对没有概念标记的训练集进行学习，以发现训练集中隐藏的结构性知识。训练集的概念标记是未知的，因此训练集的歧义性最高。强化学习则通过进行没有概念标记与一个延迟奖赏或效用相关联的训练集进行学习，获得从状态到行动的映射。过程中没有概念标记的概念，但延迟奖赏可被视为一种延迟概念标记，因此其训练集的歧义性介于监督学习和无监督学习之间。

需要注意的是，监督学习和无监督学习从一开始就是相对的，而强化学习在被提出时并没有从训练样本歧义性的角度考虑其与监督学习和无监督学习的区别，因此，一些早期研究把强化学习视为一种特殊的无监督学习。事

实上，学术界对于强化学习的定位到目前为止仍然是有争议的，有的学者甚至认为它是与"从例子中学习"同一级别的概念。

强化学习与监督学习、无监督学习的本质区别是：前者没有后两者具有的明确数据概念，预先不知道结果，只有目标。数据概念就是大量的数据，监督学习、无监督学习需要大量数据去训练优化模型，就像猫狗识别，先用多张猫狗图片去训练模型，经过训练优化后，再用一张新的猫图片让模型做出判断。

2.1.2 马尔可夫决策过程

马尔可夫性质是概率论中的概念，是因俄国数学家安德雷·马尔可夫而得名的。随机过程在给定当前状态及所有过去状态的情况下，其未来状态的条件概率分布仅依赖于当前状态。换言之，在给定当前状态时，它与过去状态（即该过程的历史路径）是条件独立的，那么此随机过程即具有马尔可夫性质。

马尔可夫决策过程（MDP）是序贯决策的数学模型，用于在系统状态具有马尔可夫性质的环境中模拟 Agent 可实现的随机性策略与回报。MDP 基于一组交互对象进行构建，其要素包括状态、动作、策略和奖励等。在 MDP 的模拟中，Agent 会感知当前的系统状态，按策略对环境实施动作，从而改变环境的状态并得到奖励，奖励随时间的积累被称为回报。MDP 是在环境中模拟 Agent 的随机性策略与回报的数学模型，且环境的状态具有马尔可夫性质。

强化学习的三个重要因素是状态、动作和奖励。强化学习 Agent 与环境是一步一步交互的，即先观察状态，再输入动作，接着观察下一状态，然后输出动作，最后拿到这些奖励，即是与时间相关的序列决策的问题。状态转移概率具有马尔可夫性质（系统下一时刻的状态仅由当前时刻的状态决定，不依赖于以往任何状态），s_{t+1} 仅取决于当前状态（s_t），与之前的 s_{t-1} 和 s_{t-2} 没有关系。再加上这个过程也取决于 Agent 与环境的交互动作 a_t，因此决策机制也影响整个过程。

MDP 就是序列决策的经典表达方式，也是强化学习基本的学习框架。状态、动作、状态转移概率和奖励四个合集构成了强化学习 MDP 的四元组，再加上衰减因子构成五元组。

由马尔可夫性质可知，给定 s_t 后，s_{t+1} 与 $(s_0, s_1, \cdots, s_{t-1})$ 无关。MDP

Agent 的目标是在状态 s 下找到能够实现最大期望累积奖励 $\mathbb{E}[R_t|s,\pi]$ 的最佳策略 π^*。累积折扣奖励为：

$$R_t = \sum_{i=0}^{T-1} \gamma^i r_{t+i} \tag{2.3}$$

其中，折损因子或衰减系数 γ 反映了未来奖励的重要程度，较大的折损因子说明 Agent 的动作对未来奖励的依赖程度较高。

定义 2.1 (马尔可夫决策过程).

马尔可夫决策过程简称 MDP，定义为五元组 $\langle S, A, P, R, \gamma \rangle$：

- S：环境状态集合。
- A：Agent 动作集合。
- $P : S \times A \to \Delta(S)$：对每个时间步长 $t \in T$，当执行动作 $a \in A$ 时，从状态 $s \in S$ 转变到下一时刻状态 $s' \in S$ 的概率，称为状态转移概率。
- $R : S \times A \times S \to \mathrm{R}$：奖励/反馈函数，返回实数标量值，作为执行动作 $a \in A$ 后状态从 s 到 s' 的反馈奖励。奖励具有边界值 $R_{\max}$。
- $\gamma \in [0,1]$：时间值的折损因子。

在每个时间步长 t，环境的状态为 s_t，Agent 观察该状态并选择执行动作 a_t，该动作导致环境状态从 s_t 转换到状态 $s_{t+1} \sim P(\cdot|s_t, a_t)$，Agent 收到从环境反馈的瞬时奖励 $R(s_t, a_t, s_{t+1})$。Agent 的目标是解决 MDP：找到最佳策略，使得奖励最大。策略函数 $\pi : S \to \Delta(A)$，$\Delta(\cdot)$ 表示概率单纯形。马尔可夫（输入仅依赖当前状态）策略函数和固定式（函数表达与时间无关）策略函数有共同的目标：知道 Agent 选择时序动作以达到折损累积奖励最大化（见公式 2.4）。

$$\mathbb{E}_{s_{t+1} \sim P(\cdot|s_t, a_t)} \left[\sum_{t \geqslant 0} \gamma^t R(s_t, a_t, s_{t+1}) \bigg| a_t \sim \pi(\cdot|s_t), s_0 \right] \tag{2.4}$$

MDP 的另一个目标是最大化平均时间奖励（见公式 2.5）。

$$\lim_{T \to \infty} \mathbb{E}_{s_{t+1} \sim P(\cdot|s_t, a_t)} \left[\frac{1}{T} \sum_{t=0}^{T-1} \gamma^t R(s_t, a_t, s_{t+1}) \bigg| a_t \sim \pi(\cdot|s_t), s_0 \right] \tag{2.5}$$

在 Mahadevan[64] 的研究中有关于平均时间奖励的详细解释。

根据公式 2.4 定义的目标函数，给定策略 π 后，可以定义"状态—动作"函数（即 Q 函数，用于确定在状态 s 和动作 a 时的预期反馈，见公式 2.6）和值函数（用于确定与状态 s 关联的预期反馈，见公式 2.7）。

$$Q^{\pi}(s,a) = \mathbb{E}^{\pi}\left[\sum_{t\geq 0}\gamma^t R(s_t, s_a, s_{t+1})\bigg| a_0 = a, s_0 = s\right], \forall s \in S, a \in A \quad (2.6)$$

$$V^{\pi}(s) = \mathbb{E}^{\pi}\left[\sum_{t\geq 0}\gamma^t R(s_t, s_a, s_{t+1})\bigg| s_0 = s\right], \forall s \in S \quad (2.7)$$

其中，$\mathbb{E}^{\pi}$ 为期望值，依据有限长度的"状态—动作"轨迹 $\tau = (s_0, a_0, s_1, a_1, \cdots)$ 之上的概率测度 $\mathbb{P}^{\pi}$；$\mathbb{P}^{\pi}$ 根据状态转移概率 p、策略 π、初始状态 s 和初始动作 a 推导而获得。Q 函数和值函数之间的关系：$V^{\pi}(s) = \mathbb{E}_{a\sim\pi(\cdot|s)}[Q^{\pi}(s,a)]$，$Q^{\pi} = \mathbb{E}_{s'\sim P(\cdot|s,a)}[R(s,a,s') + V^{\pi}(s')]$。

由公式 2.4所定义的强化学习模型可知，单一奖励函数的期望值能够满足 Agent 解决所有问题。该观点的依据是冯·诺依曼—摩根斯坦效用定理（VNM）[65]，该定理证明：当且仅当存在真值效用函数，且 Agent 的每次优先选择是为了最大化单一预期奖励时，Agent 是 VNM 理性的。著名的期望效用函数理论[66] 就是基于 VNM 提出的，基本的理性状态被描述为最大化预期值。VNM 提供了期望效用学说所必需的充分条件。也就是说，VNM 理性等同于理性，认为在任何复杂场景下 Agent 总是选择与最高期望效用对应的动作。不可否认的是，关于理性的假设在很多情况下是与现实中的决策过程相违背的[67]。结合实际问题，在多数相关研究中仍然将 Agent 视为是 VNM 理性的。对于多目标 MDP，则可以利用标量函数，通过双时间尺度过程，将多目标转换为单目标 MDP[68]。

归一化折损占有率度量 $\mu^{\pi}(s,a)$ 是 MDP 中常见的概念之一，与策略 π 单一对应，反之亦然[69]。

μ^{π} 定义为：

$$\mu^{\pi}(s,a) = \mathbb{E}_{s_t\sim P, a_t\sim\pi}\left[(1-\gamma)\sum_{t\geq 0}\gamma^t \mathbb{1}_{s_t=s\wedge a_t=a}\right]$$
$$= (1-\gamma)\sum_{t\geq 0}\gamma^{\pi}\mathbb{P}^{\pi}(s_t=s, a_t=a) \quad (2.8)$$

其中，$\mathbb{1}$ 为指示函数。P 为状态转移概率，$\mathbb{P}^{\pi}$ 为策略 π 下具体"状态—动作"对的概率。$\mu^{\pi}(s,a)$ 的物理意义是一种概率度量，统计访问某个"状态—动作"对的期望折损次数。$\mu^{\pi}(s) = \sum_a \mu^{\pi}(s,a)$ 为折损状态访问频率，也就是由 π 产生的马尔可夫过程的固定分布。依据占有率度量 μ^{π}，可以将公式 2.7写作内积形式：$V^{\pi}(s) = \frac{1}{1-\gamma}\langle\mu^{\pi}(s,a), R(s,a)\rangle$。这意味着解决 MDP

问题可以被看作解决 $\max\limits_{\mu}\langle\mu(s,a),R(s,a)\rangle$ 的线性编程问题，最优策略则为：

$$\pi^*(a|s) = \frac{\mu^*(s,a)}{\mu^*(s)} \tag{2.9}$$

然而，此种解决 MDP 问题的方法仍停留在理论研究层面，若过于关注理论分析，就会缺少应用层面的解决思路，尤其是在具有较多变量的大规模线性规划（linear programming，LP）方面[70]。当 MDP 的"状态—动作"空间为连续时，LP 公式也不起作用。在优化控制理论中[71]，动态编程方法，如策略迭代和值迭代，可以使用公式 2.6 和公式 2.7 寻找最佳策略，但是都依赖于转换函数 $P(\cdot|s,a)$ 和奖励函数 $R(s,a,s')$。

2.1.3　时序差分学习

时序差分（TD）最早是由 Sutton[3] 提出的。为了理解时序差分在心理学方面的特征，需要先理解巴甫洛夫的条件反射学说，也被翻译为经典条件反射。巴甫洛夫通过一系列在狗身上的实验研究提出了无条件反射（unconditional reflex，US）的概念。对比而言，条件反射（conditioned reflex，CS）是由条件形成过程中在大脑皮层里建立起来的新反射通道的结果。巴甫洛夫通过大量的实验观察和研究，总结出了一些重要的条件反射定律或法则。① 时序：给予刺激的顺序是至关重要的。只有在中性刺激早于无条件反射的时候，才会成为条件反射，才能够激发反射。② 反射消失：与无条件反射对无条件刺激不一样，条件刺激与反射之间的联系不是永恒的。如果条件刺激重复出现而没有跟上强化手段（食物），则唾液分泌反应会减弱，直至最终消失。刺激过渡间隔（interstimulus interval，ISI）在条件反射中非常重要。依据 ISI，条件反射可以被分为几种类型（如图 2.4 所示）。

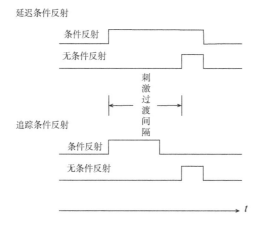

图 2.4　与 ISI 相关的条件反射类型

在延迟条件反射中，CS 覆盖 ISI，也就是在 CS 开始点和 US 开始点之间的部分；在追踪条件反射中，US 在 CS 结束之后过一段时间再开始，在 CS 结尾与 US 起始之间的区间叫作跟踪间隔。通过实验发现较短的 ISI 会导致更快或更显著的反应，而较长的 ISI 则会导致较弱的反应。要加强"刺激—反应"，就要减少 ISI；这就是时序差分学习算法的基础。TD 强化学习是一种无模型强化学习算法，Agent 通过实际经验而不是通过已有的转换表进行学习，不涉及奖励产生和状态转移的过程，即不知道在任意状态下执行任意动作后产生的影响。Agent 必须通过与环境交互寻找最佳动作。

TD 强化学习算法中，Agent 通过采取动作进行学习。TD 在每个时间步长更新 Agent，而不是在每个回合达到目标或最终状态。TD 定义为目标"减去"原有估计。步长长度用 α 表示，即学习率，$0 < \alpha < 1$。

$$新估计值 \leftarrow 原有估计值 + 步长长度 \times (目标值 - 原有估计值) \qquad (2.10)$$

利用公式 2.10 通过每步更新得到目标。目标是状态的性能，较大的目标值意味着环境转换得到较好的状态。依据贝尔曼公式，目标表示为折扣奖励的期望值（见公式 2.11、公式 2.12）。

$$
\begin{aligned}
G_t &\doteq R_{t+1} + \gamma R_{t+2} + \gamma^2 R_{t+3} + \cdots \\
&= \sum_{k=0}^{\infty} \gamma^k R_{t+k+1} \\
&= R_{t+1} + \gamma G_{t+1}
\end{aligned}
\qquad (2.11)
$$

$$
\begin{aligned}
v(s) &= \mathbb{E}[G_t | S_t = s] \\
&= \mathbb{E}[R_{t+1} + \gamma R_{t+2} + \gamma^2 R_{t+3} + \cdots | S_t = s] \\
&= \mathbb{E}[R_{t+1} + \gamma G_{t+1} | S_t = s] \\
&= \mathbb{E}[R_{t+1} + \gamma v(S_{t+1}) | S_t = s]
\end{aligned}
\qquad (2.12)
$$

2.1.4 基于值的强化学习方法

对于有限状态和动作的 MDP，至少存在一种确定的固定最优策略[3]。基于值的强化学习方法用于获得使公式 2.6 最大化的最佳 Q 函数 Q^*。最佳策略可以通过贪婪动作 $\pi^* = \underset{a}{\arg\max} Q^*(s,a)$ 从 Q 函数中获取。经典的 Q 学习算法[27]采用时序差分学习方式逼近 Q^* [3]，其 Q 值更新公式见公式 2.13。

$$\underbrace{Q(s_t, a_t)}_{\text{新值}} \leftarrow \underbrace{Q(s_t, a_t)}_{\text{旧值}} + \underbrace{\alpha}_{\text{学习率}} \cdot \overbrace{\Big[\underbrace{R_t + \gamma \cdot \max_{a \in A} Q(s_{t+1}, a)}_{\text{TD 目标}} - \underbrace{Q(s_t, a_t)}_{\text{旧值}} \Big]}^{\text{TD 误差}} \qquad (2.13)$$

其中，$R_t + \gamma \cdot \max\limits_{a \in A} Q(s_{t+1}, a)$ 为时序差分目标；$R_t + \gamma \cdot \max\limits_{a \in A} Q(s_{t+1}, a) - Q(s_t, a_t)$ 为时序差分误差。

理论上假定贝尔曼最优化操作符 $\boldsymbol{H}^*$，定义为：

$$(\boldsymbol{H}^* Q)(s, a) = \sum_{s'} P(s'|s, a) \Big[R(s, a, s') + \gamma \max_{a \in A} Q(s, a) \Big] \qquad (2.14)$$

这属于一种压缩映射，且最优 Q 函数是其单一不动点，即 $\boldsymbol{H}^* Q = Q^*$。Q 学习算法从公式 2.13 随机提取采样 (s, a, R, s') 以逼近公式 2.14，假设 "状态—动作" 空间离散且有限，被访问次数有限，该算法能够有效拟合到最佳 Q 函数[72]。Munos 等[73]通过获取高概率误差边界将拟合结果应用到实际场景中。

Mnih 等[29]采用神经网络作为逼近器用于更新公式 2.13 的 Q 函数。具体地讲，DQN 能优化如下公式：

$$\min_{\theta} \mathbb{E}_{s_t, a_t, R_t, s_{t+1}} \sim D \Big\{ \Big[R_t + \gamma \max_{a \in A} Q_{\theta-}(s_{t+1}, a) - Q_{\theta}(s_t, a_t) \Big]^2 \Big\} \qquad (2.15)$$

通过从回放存储空间 D 提取独立同分布样本拟合神经网络参数 θ，然后以监督学习的方式更新。$Q_{\theta-}$ 为缓慢被更新的目标网络，这样有助于稳定训练过程。Fan 等[74]研究了 DQN 的拟合特性和优先样本分析。

在给定状态 s 和策略 π 时，值函数通过估计奖励定义 Agent 状态的评价值：

$$V^{\pi}(s) = \mathbb{E}[R_t | s, \pi] \qquad (2.16)$$

最佳状态值函数 $V^*(s)$ 描述了所有状态的最大状态值函数：

$$V^*(s) = \max_{\pi} V^{\pi}(s), \quad \forall s \in S \qquad (2.17)$$

考虑到动作的影响，"状态—动作" 的值函数称为 "价值函数"，即 Q 函数，常用于描述 "状态—动作" 对的期望奖励：

$$Q^{\pi}(s, a) = \mathbb{E}[R_t | s, a, \pi] \qquad (2.18)$$

最佳动作值函数（Q 函数）的计算方法与最佳状态值函数相似，两者的关系如下：

$$V^*(s) = \max_{a} Q^*(s, a), \quad \forall s \in S \qquad (2.19)$$

Q 函数 $Q^*(s, a)$ 通过选择对应最大 Q 值的动作 a，给出了最佳策略 π^*：

$$\pi^*(s) = \underset{a \in A}{\arg\max} \, Q^*(s, a), \quad \forall s \in S \tag{2.20}$$

常用的基于值的强化学习算法有 Q 学习[27]和 SARSA（state-action-reward-state-action，状态—行动—奖励—状态—行为)[75]，在两个算法中，Q 值被存储在 Q 表中，并通过贝尔曼公式进行 Q 表更新：

$$Q^\pi(s_t, a_t) = \mathbb{E}_\pi[r_t + \gamma Q^\pi(s_{t+1}, \pi(s_{t+1}))] \tag{2.21}$$

在实际应用中，采用学习率 α 改进 Q 值估计：

$$Q^\pi(s_t, a_t) \leftarrow Q^\pi(s_t, a_t) + \alpha[y_t - Q^\pi(s_t, a_t)] \tag{2.22}$$

其中，y_t 为 Q^π 的时序差分。

TD 的计算步长是需要定义的参数，即在计算 y_t 时，包含多少次执行动作。奖励 $R_t^{(n)} = \sum_{i=0}^{n-1} \gamma^i r_{t+i}$ 采用预定义的 TD 计算步长 n，在执行 n 步之后，结合 Q 值 $Q^\pi(s_{t+n}, a_{t+n})$，计算 y_t。

Q 学习算法是离线策略算法，选择最大 Q 值对应的动作（见公式 2.23)；SARSA 算法是在线策略算法，根据从 Q 函数中获得的策略 π 选择动作（见公式 2.24)。

$$y_t^{\mathrm{Q}} = R_t^{(n)} + \gamma^n \max_{a_{t+n}} Q^\pi(s_{t+n}, a_{t+n}) \tag{2.23}$$

$$y_t^{\mathrm{SARSA}} = R_t^{(n)} + \gamma^n Q^\pi(s_{t+n}, a_{t+n}) \tag{2.24}$$

Q 学习算法采用贪婪的方式更新 Q 值；SARSA 算法采用与动作选择相同的策略 Q 值更新。

为了鼓励探索新的动作，通常采用 ϵ-greedy 策略进行动作选择。在 ϵ-greedy 动作选择策略中，以 ϵ 的概率随机选择动作，以 $1 - \epsilon$ 的概率选择当前状态对应最大 Q 值的动作。

Q 学习和 SARSA 中，在具有最大 TD 步长的情况下，$n = \infty$ 表示学习回合的结束，也被称为基于全经验的方法，即蒙特卡洛强化学习，Q 值只在学习回合结束时更新一次。这就意味着在整个学习回合过程中，执行动作的策略不会被更新。

TD(λ) 技术通过采用指数下降权重从 1 到 ∞ 平均所有 TD 目标（λ 是下降率），被称为 TD 学习算法。

2.1.5 基于策略的强化学习方法

基于策略的强化学习方法是指通过直接搜索策略空间的方式获得最佳策略 π^*。以参数化策略表达 $\pi^* \approx \pi_\theta(\cdot|s)$，并向最大化累积奖励方向更新参数

$\left[\theta\left(\theta \leftarrow \theta+\alpha \nabla_{\theta} V^{\pi_{\theta}}(s)\right)\right]$，以获得最佳策略。然而，在这种方式下，状态分布上的策略变化对梯度的影响是不确定的。著名的策略梯度（PG）理论[76]是一种不考虑状态分布的分析方法：

$$\nabla_{\theta} V^{\pi_{\theta}}(s)=\mathbb{E}_{s \sim \mu^{\pi_{\theta}}(\cdot), a \sim \pi_{\theta}(\cdot \mid s)}\left[\nabla_{\theta} \lg \pi_{\theta}(a \mid s) \times Q^{\pi_{\theta}}(s, a)\right] \tag{2.25}$$

其中，$\mu^{\pi_{\theta}}$ 为在策略 π_{θ} 下的状态频率度量，$\nabla \lg \pi_{\theta}(a \mid s)$ 为该策略的更新评分。当策略是确定的且动作集为连续时，称为确定性策略梯度（DPG）[77]：

$$\nabla_{\theta} V^{\pi_{\theta}}(s)=\mathbb{E}_{s \sim \mu^{\pi_{\theta}}(\cdot)}\left[\nabla_{\theta} \pi_{\theta}(a \mid s) \times \nabla_{a} Q^{\pi_{\theta}}(s, a)\big|_{a=\pi_{\theta}(s)}\right] \tag{2.26}$$

从实际应用的角度，对于随机情况，策略梯度需要对状态和动作同时求和，而确定性情况只需要对状态求和，使得确定性相比于随机性策略在高维动作空间时更容易训练。PG 理论中经典的算法是 REINFORCE[78]，该算法实现用反馈 $R_{t}=\sum_{i=t}^{T} \gamma^{i-t} r_{i}$ 估计 $Q^{\pi_{\theta}}$。另一种方式是使用 Q_{ω} 模型（也称为评论家模型）逼近真实的 $Q^{\pi_{\theta}}$，并通过 TD 学习更新参数 ω；该方法就是著名的演员—评论家（AC）算法[79]。演员—评论家算法的变体有信任区间方法[80]、最优基线[81]、软演员—评论家方法[82]、深度确定性策略梯度算法[83] 等。

基于策略的强化学习算法将策略 π_{θ} 视为"状态—动作"空间上的以 θ 为参数的概率分布，更新策略参数 θ 以获得最大的目标函数 $J(\theta)$，如期望反馈 $\mathbb{E}_{\pi_{\theta}}[R_{t} \mid \theta]=\mathbb{E}_{\pi_{\theta}}[Q^{\pi_{\theta}}(s_{t}, a_{t}) \mid \theta]$。对于无限维动作空间或高维问题的连续控制问题，基于策略的方法的性能通常优于基于价值的方法，因为策略不需要在连续的空间中探索所有状态并将其保存。此类方法可以分为无梯度[84]和基于梯度两种，后者在策略优化方面效果更好。基于梯度策略的强化学习算法采用梯度式目标函数 $J(\theta)$ 选择动作，称为策略梯度。在 REINFORCE 算法[78]中，目标函数是期望反馈，采用对数导数 $\nabla \lg \pi_{\theta}=\frac{\nabla \pi_{\theta}}{\pi_{\theta}}$，策略梯度公式如下：

$$\nabla_{\theta} J(\theta)=\mathbb{E}_{\pi_{\theta}}[Q^{\pi_{\theta}}(s, a) \nabla_{\theta} \lg \pi_{\theta}] \tag{2.27}$$

由于计算整个梯度会损失效率，REINFORCE 采用常用的随机梯度下降技术逼近更新参数 θ 时的梯度。在每次蒙特卡洛迭代中，在时刻 t 采用反馈 R_{t} 作为 $Q^{\pi_{\theta}}(s_{t}, a_{t})$ 的估计值，进行 θ 更新：

$$\theta \leftarrow \theta+\alpha \nabla_{\theta} \lg \pi_{\theta} R_{t} \tag{2.28}$$

具体来说，θ 在以 R_{t} 为权值的 $\nabla_{\theta} \lg \pi_{\theta}$ 指导下进行更新。因此，当逼近策略梯度对应于较大的奖励 R_{t} 时，梯度在指导通过算法结构在更新参数时被强化。

蒙特卡洛策略梯度具有高易变性。为了减少易变性，演员—评论家算法采用状态值方程 $V^{\pi_\theta}(s)$ 作为基准。因此，用优势函数[85] $A^{\pi_\theta}(s,a) = Q^{\pi_\theta}(s,a) - V^{\pi_\theta}(s)$ 在策略梯度中代替 $Q^{\pi_\theta}(s,a)$：

$$\nabla_\theta J(\theta) = \mathbb{E}_{\pi_\theta}[A^{\pi_\theta}(s,a)\nabla_\theta \lg \pi_\theta] \tag{2.29}$$

优势矩阵可以是正值或负值，正负值决定了更新的方向：与动作相同/相反方向，表示服从于较高/较低的奖励（与平均值对比）。

2.2 强化学习模型

强化学习 Agent 有两种实现方式：① 基于模型的强化学习，依据状态从 s_t 到 s_{t+1} 的转移概率 T 进行学习；② 无模型强化学习，通过探索环境进行学习。无模型强化学习可以分为两大类：基于值的强化学习和基于策略的强化学习。在基于值的强化学习中，Agent 在每次迭代中更新值函数；在基于策略的强化学习中，Agent 每次迭代使用策略梯度更新策略（如图 2.5 所示）。

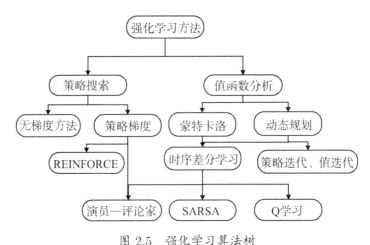

图 2.5　强化学习算法树

2.2.1　Q 学习

Q 学习是经典的强化学习算法，是强化学习算法中基于值的算法。$Q(s,a)$ 是指在某一时刻的 $s\ (\in S)$ 状态下，采取动作 $a\ (\in A)$，能够获得收益的期望，环境会根据 Agent 的动作反馈相应的回报 r，因此 Q 学习的主要思想就是将状态与动作构建成一张 Q 表来存储 Q 值，然后根据 Q 值来选取能够获得最大收益的动作（如图 2.6 所示）。Q 表是 Q 学习算法的核心，记录了每个状态下采取不同动作所获取的最大长期奖励期望，由此可以知道每一步的最佳动作是什么。Q 表的每一列表示一个动作，每一行表示一个状态，每个格子的值就是此状态下采取此动作获得的最大长期奖励期望。Q 学习使用了时序差分法，能够进行离线学习，使用贝尔曼方程可以对马尔可夫过程求解最优策略。

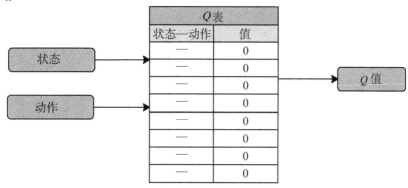

图 2.6　强化学习 Q 表

时序差分法结合了蒙特卡洛的采样方法和动态规划方法的自展法（利用后继状态的值函数估计当前值函数），使其可以适用于无模型的算法，且是单步更新，速度更快。Q 学习的时序差分计算公式如下：

$$\delta_t^i(s_t^i, a_t^i) = r_{t+1}^i(s_{t+1}^i) + \gamma \max_{a \in A} Q_t^i(s_{t+1}^i, a) - Q_t^i(s_t^i, a_t^i) \tag{2.30}$$

其中，$0 < \gamma < 1$ 是折损因子；折损奖励 $\gamma \max\limits_{a \in A} Q_t^i(s_{t+1}^i, a)$ 表示在时刻 $t+1$ 预期收到的最高累积奖励。

通过贝尔曼方程求解马尔可夫决策过程的最佳决策序列，状态值函数可以评价当前状态的好坏，每个状态的值不仅由当前状态决定，而且由后面的状态决定，因此由状态的累计奖励求期望就可得出当前 s 的状态值函数。

根据以上推导可以对 Q 值进行计算，而得到 Q 值就可以进行学习，也就是 Q 表的更新过程，采用时序差分法的方法进行更新。Q 值更新函数如下：

$$Q_{t+1}^i(s_t^i, a_t^i) \leftarrow (1-\alpha)Q_t^i(s_t^i, a_t^i) + \alpha[r_{t+1}^i(s_{t+1}^i) + \gamma \max_{a \in A} Q_t^i(s_{t+1}^i, a)] \tag{2.31}$$

2.2.2　SARSA

SARSA 算法是一种在线策略的强化学习算法，在值函数近似表示的相关研究中受到较多的关注。在时刻 t，Agent 处于状态 s_t，执行动作 a_t 后，

获得奖惩值 r_t, 转移到下一个状态 s_{t+1} 及所选的动作 a_{t+1}, 不断重复这一过程, 根据与环境交互得到的奖励值来更新 Q 表。Agent 更新 Q 值基于 $Q_t^i(s_{t+1}^i, a_{t+1}^i)$。SARSA 的时序差分计算公式:

算法 2: Q 学习

---

1   初始化 Q 表

2   for episode do

3   for time t do

4   for Agent i do

5   观察状态 s_t^i

6   选择动作 a_t^i

7   执行动作 a_t^i

8   观察新状态 s_{t+1}^i

9   获得奖励 $r_{t+1}^i(s_{t+1}^i)$

10   根据公式 2.31更新 Q 表

11   end

12   end

13   end

$$\delta_t^i(s_t^i, a_t^i) = r_{t+1}^i(s_{t+1}^i) + \gamma Q_t^i(s_{t+1}^i, a_{t+1}^i) - Q_t^i(s_t^i, a_t^i) \qquad (2.32)$$

Q 值更新函数:

$$Q_{t+1}^i(s_t^i, a_t^i) \leftarrow (1-\alpha)Q_t^i(s_t^i, a_t^i) + \alpha[r_{t+1}^i(s_{t+1}^i) + \gamma Q_t^i(s_{t+1}^i, a_{t+1}^i)] \qquad (2.33)$$

SARSA 除了其目标值与 Q 学习算法有所不同之外, 其他的都相同。因此, SARSA 属于在线策略类的算法, SARSA 是在过程中学习的, 而且自始至终只有一个策略, 使用了两次动作选择方法来选择 $Q(s,a)$ 和 $Q(s',a')$, Q 学习选择 $Q(s,a)$ 时用了动作选择方法(如 ϵ-greedy 方法), 计算 $Q(s',a')$ 时用的是 Q 值最大所对应动作, 而真正选择时又不一定会选择 Q 值最大所对应动作, 因此 Q 学习和动作选择分别采用了两套不同的策略。Q 学习通过 Max 的函数, 总是在寻找能最快获得最大反馈的方式, 因此它比较激进, 而 SARSA 却相对谨慎。

算法 3: SARSA

1　初始化 Q 表

2　foreach episode do

3　　foreach time t do

4　　　foreach Agent i do

5　　　　观察状态 s_t^i

6　　　　选择动作 a_t^i

7　　　　执行动作 a_t^i

8　　　　观察新状态 s_{t+1}^i

9　　　　选择动作 a_{t+1}^i

10　　　　获得奖励 $r_{t+1}^i(s_{t+1}^i)$

11　　　　根据公式 2.33更新 Q 表

12　　　end

13　　end

14　end

2.2.3　Max-plus

Max-plus 算法让 Agent 学习邻居的信息，特别是局部优化后的收益，而不是强化学习中稳定的信息，如奖励、Q 值。Agent 计算并最大化局部最优化收益之和，以最大化全局收益[19]。Max-plus 强化学习优化全局收益值，采用分布式模型，以优化交通相位序列。

算法 4: Max-plus

1　初始化 Q 表

2　foreach time do

3　　foreach Agent do

4　　　观察当前状态

5　　　计算全局收益值

6　　　选择动作

7　　　计算延迟奖励

8　　　更新 Q 值

9　　　计算收益信息并发送给邻居

10　　end

11　end

以交通信号控制优化为例，状态 s_t^i 表示三类信息：排队长度、当前相位、当前相位划分。动作 a_t^i 表示下一个时间被激活的相位。延迟代价（负奖励）$r_{t+1}^i(s_{t+1}^i)$ 表示基于三种信息计算奖励率：正常和死锁情况下的绿灯信号、绿灯和红灯情况下对应的排队长度、绿灯到红灯切换导致的延误。奖励率是动作的加权奖励值与其他动作的加权奖励值的比值。动作的奖励率越高，说明该动作比其他动作能获得的性能越高。

每个 Agent 采用传统的 Q 学习方法学习本地的收益值，Q 值 $f_t^i(a_t^i) = Q_t^i(a_t^i)$。Agent i 发送收益信息 $u_t^{ij}(a_t^j)$ 给邻居 $j \in J^i$，执行的动作是 a_t^j。收益信息 $u_t^{ij}(a_t^j)$ 表示 Agent i 采用最佳动作收到的最大收益；当邻居 j 执行作为最优联合动作一部分的最优动作 $a_t^{i,*}$ 时，该动作不一定是局部最优动作。Agent i 与邻居交换收益信息，直到全局收益收敛到最佳值。

假设 i 和 j 有相似的动作集 $A = A^i = A^j$，收益信息如下：

$$u_t^{ij}(a_t^j) = \max_{a^j \in A} \left[f_t^i(a_t^i) + f_t^{ij}(a_t^i, a_t^j) + \sum_{k \in J^i \backslash j} u_t^{ki}(a_t^i) \right] + c_{ij} \tag{2.34}$$

其中，$J^i \backslash j$ 为不包含 j 的 i 的邻居集合；$f_t^{ij}(a_t^i, a_t^j)$ 为 i 采取 a_t^i 和 j 采取 a_t^j 时的收益值；$u_t^{kj}(a_t^j)$ 为 i 从 k 收到的收益信息；c_{ij} 为标准化值，防止收益信息过大。

Agent i 的全局收益值 $g_t^i(a_t^i)$ 如下：

$$g_t^i(a_t^i) = f_t^i(a_t^i) + \sum_{j \in J^i} u_t^{ij}(d_t^i) \tag{2.35}$$

2.2.4　演员—评论家模型

根据 Agent 学习的对象不同，评论家 Agent 可以分为基于值的 Agent 和基于策略的 Agent。基于值的 Agent 显式地学习值函数，隐式地学习策略，策略是从值函数推算出来的。基于策略的 Agent 直接学习策略，即直接给一个状态，就会输出这个动作的概率；基于策略的 Agent 也并没有学习值函数。把基于值的 Agent 和基于策略的 Agent 结合起来，就有了演员—评论家 Agent，这类 Agent 把策略函数和价值函数都进行学习，然后通过两者的交互得到最佳的行为。

传统上，强化学习依据奖励更新 Q 值。演员—评论家强化学习方法采用时序差分修正延迟奖励，可以加快学习过程。并且，更新 Q 值和计算时序差分的过程是分开进行的，通过演员、评论家分别实现。评论家计算"状态—动作"对的时序差分以修正该对的延迟奖励，而演员采用时序差分代替延迟奖励以更新"状态—动作"对的 Q 值。

以交通信号控制优化为例说明该算法的主要流程，在文献 [86] 中，通过优化本地 Q 值解决单个交叉路口的交通相位序列不合理和相位时长划分不合理的问题，且采用集中式架构。演员—评论家强化学习模型嵌入到每个路口，算法流程如下：

算法 5: 演员—评论家

1　for time t do
2　　for Agent i do
3　　　　评论家
4　　　　观察当前状态 s_t^i
5　　　　根据公式选择动作 $a_t^{i,*}$
6　　　　获得延迟奖励 $r_{t+1}^i(s_{t+1}^i)$
7　　　　计算时序差分 $\delta_t^i(s_t^i, a_t^i)$
8　　　　演员
9　　　　使用公式更新 Q 值 $Q_{t+1}^i(s_t^i, a_t^i)$
10　　end
11　end

状态 s_t^i 表示排队长度和当前交通相位。动作 a_t^i 表示下一时刻是保持当前相位或切换到下一个相位。奖励 $r_{t+1}^i(s_{t+1}^i)$ 表示平均等待时间。算法主要步骤如下。

（1）评论家计算时序差分

根据值函数对演员采用的动作进行批评：

$$V_t^i(s_t^i) = \max_{a \in A} Q_t^i(s_t^i, a) \tag{2.36}$$

时序差分表示"状态—动作"对的两个连续的 Q 值之差：

$$\delta_t^i(s_t^i, a_t^i) = r_{t+1}^i(s_{t+1}^i) + V_t^i(s_{t+1}^i) - V_t^i(s_t^i) \tag{2.37}$$

当 $\delta_t^i(s_t^i, a_t^i) \to 0$ 时，$Q_{t+1}^i(s_t^i, a_t^i) \approx Q_t^i$，趋于收敛。

（2）演员采用 $\delta_t^i(s_t^i, a_t^i)$ 更新 Q 值

采用如下公式：

$$Q_{t+1}^i(s_t^i, a_t^i) \leftarrow Q_t^i(s_t^i, a_t^i) + \alpha \delta_t^i(s_t^i, a_t^i) \tag{2.38}$$

最优动作 $a_t^{i,*}$ 的选择采用玻尔兹曼公式：

$$P_t^i(s_t^i, a) = \frac{\exp^{Q_t^i(s_t^i, a)/\tau}}{\sum_k \exp^{Q_t^i(s_t^i, b)/\tau}} \tag{2.39}$$

2.2.5 其他算法

2.2.5.1 Multistep Backup 强化学习

传统上，强化学习基于当前状态 s_t^i 选择最优动作 $a_t^{i,*}$，然而动作可能会影响一系列接续的状态，如 $s_t^i, s(t+1)^i, s(t+2)^i$。Multistep Backup 强化学习允许 Agent 回看，这种情况下，一定范围的接续状态在学习过程中起作用。采用资格踪迹方法，多个时刻的状态值会对时序差分产生影响：

$$\delta_t^i(s_t^i, a_t^i) = r_{t+1}^i(s_{t+1}^i) + \gamma Q_t^i(s_{t+1}^i, a_{t+1}^i) - Q_t^i(s_t^i, a_t^i) \qquad (2.40)$$

资格踪迹表示每个到达的状态都具有短期的记忆（或踪迹），否则就随时间逐渐减弱。

在文献[87]中，优化局部 Q 值解决单个交叉路口相位序列不合理和时长划分不合理的问题；模型嵌入一个或多个非冲突交通流向的组合，算法流程如下。

算法 6: Multistep Backup

1   for episode do

2   观察当前状态

3   根据公式选择动作

4   for $t_T = 1$; $t_T \leqslant |T|$; $t_T + +$ do

5   获得延迟奖励 $r_{t+t_T}^i(s_{t+t_T}^i)$

6   根据公式计算时序差分 $\delta_{t+t_T}^i(s_{t+t_T}^i, a_{t+t_T}^i)$

7   根据公式计算资格踪迹 $e_{t+t_T}^i(s_{t+t_T}^i, a_{t+t_T}^i)$

8   end

9   使用公式更新 Q 值 $Q_T^i(s_t^i, a_t^i)$

10   end

该算法基于 SARSA 构建，学习回合定义为从某非冲突流向的绿灯开始到绿灯结束。状态 s_t^i 表示信息的若干位数，包括绿灯激活时当前相序、当前相位的时间已度过的长度和最大时长、当前路口和邻居的占有率，以及车辆时间间隔。动作 a_t^i 表示保持当前相位或切换相位。奖励表示车辆延误的增加或减少。

学习回合 $T = 1, 2, \cdots, t_T, \cdots, |T|$ 的 Q 值 $Q_T^i(s_t^i, a_t^i)$，更新 Q 值需要用到时序差分 $\delta_t^i(s_t^i, a_t^i), \delta_{t+1}^i(s_{t+1}^i, a_{t+1}^i), \cdots, \delta_{t+T}^i(s_{t+T}^i, a_{t+T}^i)$，以及 $e_t^i(s_t^i, a_t^i)$，$e_{t+1}^i(s_{t+1}^i, a_{t+1}^i), \cdots, e_{t+|T|}^i(s_{t+|T|}^i, a_{t+|T|}^i)$，$Q$ 值更新公式如下：

$$Q_T^i(s_t^i, a_t^i) \leftarrow Q_t^i(s_t^i, a_t^i) + \alpha\delta_t^i(s_t^i, a_t^i)e_t^i(s_t^i, a_t^i)$$
$$+ \alpha\delta_{t+1}^i(s_{t+1}^i, a_{t+1}^i)e_{t+1}^i(s_{t+1}^i, a_{t+1}^i) \tag{2.41}$$
$$+ \cdots + \alpha\delta_{t+|T|}^i(s_{t+|T|}^i, a_{t+|T|}^i)e_{t+|T|}^i(s_{t+|T|}^i, a_{t+|T|}^i)$$

资格跟踪 $e_t^i(s^i, a^i)$ 通过设定值到每时刻的"状态—动作"对，以增加"状态—动作"对 (s^i, a^i) 的信用，更新公式如下：

$$e_t^i(s^i, a^i) = \begin{cases} 1, & s^i = s_t^i \text{ 且 } a^i = a_t^i \\ 0, & s^i = s_t^i \text{ 且 } a^i \neq a_t^i \\ \gamma\varphi e_{t-t|T|}^i(s^i, a^i), & s^i \neq s_t^i \end{cases} \tag{2.42}$$

其中，$\varphi \in [0, 1]$，为踪迹衰减函数。

2.2.5.2　具有函数逼近功能的强化学习

在传统的强化学习中，维度灾难是一个重要的主题。函数逼近保持和存储较小范围的特征，而不是大量的"状态—动作"对。例如，Prashanth 等[14]采用函数逼近追踪了 200 个特征量，代替 $|S| \times |A| = 10^{100}$ 个"状态—动作"对，有效缩短了学习时间。该方法优化了全局系统性能，以解决相位序列和相位时长划分不合理的问题，采用集中式方式，将模型嵌入中心控制器中，可以将其视为信号控制器。

算法 7: 具有函数逼近功能的强化学习

1　for time t do

2　　for Agent i do

3　　　　观察当前状态 s_t^i

4　　　　根据公式选择动作 $a_t^{i,*}$

5　　　　获得延迟奖励 $r_{t+1}^i(s_{t+1}^i)$

6　　　　根据公式计算时序差分 $\delta_t^i(s_t^i, a_t^i)$

7　　　　根据公式计算更新 θ_{t+1}^i

8　　　　使用公式更新 Q 值 $Q_t^i(s_t^{i,1}, s_t^{i,2}, a_t^i) \approx \boldsymbol{\theta}_t^{i\mathsf{T}} \times \sigma_t^i(s_t^{i,1}, s_t^{i,2}, a_t^i)$

9　　end

10　end

算法 7 基于 Q 学习模型，将有函数逼近的强化学习嵌入一个中心控制器 i。状态 $s_t^i = [s_t^{i,1}, s_t^{i,2}]$ 表示二元组信息，即车道的排队长度和红灯时间。动作 a_t^i 表示下一时刻要激活的交通相位。负奖励 $r_{t+1}^i(s_{t+1}^i)$ 表示车道红灯时长和排队长度。在该模型中，每个特征表示"状态—动作"对的值。例如，某

个特征值 0.5 表示为 $\left[\Psi_q^1 < s_t^{i,1} < \Psi_q^2, s_t^{i,2} > \Psi_r^1, a_t^i = \text{green}\right]$。

通过可调的 d 元组权值向量 $\boldsymbol{\theta}_t^{i\text{T}} = (\theta_t^{i,1}, \cdots, \theta_t^{i,d})$，即 $\boldsymbol{\theta}_t^i$ 的转置来逼近 Q 值，$Q_t^i(s_t^{i,1}, s_t^{i,2}, a^i) \approx \boldsymbol{\theta}_t^{i\text{T}} \times \sigma_t^i(s_t^{i,1}, s_t^{i,2}, a^i)$，且 $\sigma_t^i(s_t^{i,1}, s_t^{i,2}, a^i) = \left[\sigma_t^{i,1}(s_t^{i,1}, s_t^{i,2}, a^i), \cdots, \sigma_t^{i,d}(s_t^{i,1}, s_t^{i,2}, a^i)\right]$ 对应于某个 "状态—动作" 对。因此，Q 值 $\boldsymbol{\theta}_t^{i\text{T}} \times \sigma_t^i(s_t^{i,1}, s_t^{i,2}, a^i)$ 是 d 维的，特征与某个特殊状态 s_t^i 和动作 a_t^i 分别表示 $n_{f,s_t^i}^i$ 和 $n_{f,a_t^i}^i$。时序差分表示连续估计值之差：

$$\delta_{t+1}^i(s_t^i, a_t^i) = r_{t+1}^i(s_{t+1}^i) + \gamma \max_{a \in A^i} \boldsymbol{\theta}_t^{i\text{T}} \sigma_t^i(s_{t+1}^i, a) - \boldsymbol{\theta}_t^{i\text{T}} \sigma_t^i(s_t^i, a) \tag{2.43}$$

Agent i 更新其可调权值向量 $\boldsymbol{\theta}_t^i$，描述每个特征的影响：

$$\boldsymbol{\theta}_{t+1}^i = \boldsymbol{\theta}_t^i + \left[\alpha \times \sigma_t^i(s_t^{i,1}, s_t^{i,2}, a^i) \times \delta_{t+1}^i(s_t^i, a_t^i)\right] \tag{2.44}$$

并选择具有最大值的动作：

$$a_t^{i,*} = \underset{a \in A}{\text{argmax}} \left[\boldsymbol{\theta}_t^{i\text{T}} \times \sigma_t^i(s_t^i, a)\right] \tag{2.45}$$

该模型能够提高通行量，缩短等待时间。Chu 等[88] 和 Yin 等[89] 采用了类似的函数逼近方法。

2.2.5.3　基于模型的强化学习

传统上，强化学习是无模型的方法，不计算环境状态转移的概率。尽管如此，有模型的方法仍然可以用来提高学习速度或收敛效率。常见的方式是模型可以用来计算转移概率。例如，状态转移概率 $P(s_t^i, a_t^i, s_{t+1}^i)$ 如下：

$$P(s_t^i, a_t^i, s_{t+1}^i) = \frac{N_t(s_t^i, a_t^i, s_{t+1}^i)}{N_t(s_t^i, a_t^i)} \tag{2.46}$$

公式 2.46 表示在状态 s_t^i 时采取动作 a_t^i 转换到状态 s_{t+1}^i 的概率。其中，$N_t(s_t^i, a_t^i, s_{t+1}^i)$ 和 $N_t(s_t^i, a_t^i)$ 分别表示在时刻 t 已出现 $(s_t^i, a_t^i, s_{t+1}^i)$ 和 (s_t^i, a_t^i) 的次数。

下面介绍两类基于模型的强化学习方法，这两类方法分别描述了环境模型[90] 和动作选择模型[91]。

(1)Khamis 模型。在文献[92] 中，基于模型的强化学习方法优化了全局系统性能以解决信号配时序列不合理和相位时长划分不合理的问题，该方法主要针对网格网络采用集中式结构。基于模型的强化学习方法采用贝叶斯方法估计环境的模型或状态转移概率。将基于模型的强化学习嵌入每个车辆中，以保持一个车辆的总等待时间和估计值一致。信号控制器从每个车辆获取信息并进行相位选择。该强化学习模型的动作是由信号控制器做出的。由于该强化学习模型是嵌入车辆的，因此计算复杂度非常低，信号控制器并不需要存储和追踪"状态—动作"对。

	算法 8: Khamis 模型

1 for time t do

2 　 for Agent i do

3 　　　 每个车辆 Agent i 保持追踪等待时间:

4 　　　 观察当前状态 s_t^i

5 　　　 观察当前动作 s_t^m

6 　　　 更新模型 $P(s_t^i, a_t^m, s_{t+1}^i)$ 和 $P(a \mid s_t^i)$

7 　　　 获得延迟奖励 $r_{t+1}^i(s_{t+1}^i)$

8 　　　 使用公式更新 Q 值 $Q_{t+1}^i(s_t^i, a_t^m)$

9 　　　 发送 Q 值到信号控制器 m

10 　 end

11 　 for 控制器 m do

12 　　　 每个信号控制器 m 选择相位

13 　　　 收到自身路口的车辆发送的 $Q_{t+1}^i(s_t^i, a_t^m)$

14 　　　 根据公式选择动作

15 　 end

16 end

状态 s_t^i 表示当前相位和车辆的两种信息:路口等待车辆的物理位置和车辆目的地的物理点。动作 a_t^m 表示当前相位的类型:红灯或绿灯。奖励 $r_{t+1}^i(s_{t+1}^i)$,因此采用权重因子表示每个因素对 Q 值的影响。以平均行程时间为例:当车辆移动时,车辆的奖励为 0;当车辆停止或等待时,车辆的惩罚奖励为 1。Q 值 $Q_{t+1}^i(s_t^i, a_t^m)$ 持续记录车辆从出发地到目的地的总估计时间。控制器 m 在状态 s_t^i 执行动作 s_t^m 时估计等待时间。

Q 值更新公式如下:

$$Q_{t+1}^i(s_t^i, a_t^m) \leftarrow \sum_{s_{t+1}^i} \left[P(s_t^i, a_t^m, s_{t+1}^i) \times \sum_{f \in F} \left(\eta_f^i \times r_{t+1}^{i,f}(s_{t+1}^i) \right) + \gamma V_t^i(s_{t+1}^i) \right] \tag{2.47}$$

其中,$f \in F$ 为影响奖励的一个因素;η_f^i 为影响奖励的因素 $f \in F$ 的权重因子,较高的 η_f^i 表示因素 f 对 Q 值的影响较大。值函数 $V_t^i(s_{t+1}^i)$ 如下:

$$V_t^i(s_{t+1}^i) = \sum_{a \in A^m} \left[P(a \mid s_t^i) \times Q_t^i(s_t^i, a) \right] \tag{2.48}$$

表示车辆在状态 s_t^i 下的等待时间。

在该基于模型的方法中，后验概率如下：

$$P(s_t^i, a_t^m, s_{t+1}^i) = \frac{2}{N_t(s_t^i) \times N_t(s_{t+1}^i)} \times N_t(s_t^i, a_t^m, s_{t+1}^i) \tag{2.49}$$

基于贝叶斯规则，表示环境模型 (或状态转移概率)。$N_t(\cdot)$ 为从开始到时刻 t 组件 · 出现的次数。

信号控制器 m 计算路口每个车辆 $i \in I$ 的值之和：$\sum_i \left[Q_t^i(s_t^i, a_t^m = \text{red}) - Q_t^i(s_t^i, a_t^m = \text{green}) \right]$，并选择能最小化车辆等待时间的交通相位：

$$a_t^{m,*} = \operatorname*{argmax}_a \sum_i \left[Q_t^i(s_t^i, a_t^m = \text{red}) - Q_t^i(s_t^i, a_t^m = \text{green}) \right] \tag{2.50}$$

该算法能够提升交通通行量、平均速度，也可以缩短等待时间。Wiering 等[6]在相关研究中采用了相似的模型。

(2) El-Tantawy 模型。El-Tantawy 等[91]优化全局 Q 值，以解决相位序列不合理和相位时长划分不合理的问题，且采用分布式模型，建立邻居 Agents 策略的模型，Agent 考虑邻居的最优动作，因此是基于 MARL 的方法，且模型嵌入每个路口。

算法 9: El-Tantawy 模型

1　for time t do
2　　for Agent i do
3　　　　观察当前状态 s_t^i
4　　　　观察邻居 $j \in J^i$ 的当前状态 s_t^j 和当前动作 a_t^j
5　　　　更新模型 $P(s_t^i, s_t^j, a_t^i)$
6　　　　根据公式选择动作 $a_t^{i,*}$
7　　　　获得延迟奖励 $r_{t+1}^i(s_{t+1}^i, s_{t+1}^j)$
8　　　　使用公式更新 Q 值 $Q_{t+1}^i(s_t^i, s_t^j, a_t^i, a_t^j)$
9　　end
10　end

状态 s_t^i 表示三元组信息：每个相位的最大排队长度、当前相位已执行的时长和绿灯被激活时当前相位编号。动作 a_t^i 表示下一个时刻被激活的相位。奖励 $r_{t+1}^i(s_{t+1}^i, s_{t+1}^j)$ 表示路口车辆延误的降低值。

对于每个邻居 $j \in J^i$，Agent i 使用计数器计算"状态—动作"对的概率如下：

$$P(s_t^i, s_t^j, a_t^j) = \frac{N_t(s_t^i, s_t^j, a_t^j)}{N_t(s_t^i, s_t^j)} \tag{2.51}$$

较高的概率 P 意味着在联合状态 (s_t^i, s_t^j) 下，邻居 j 采取动作 a_t^j 的概率更高。

Q 值更新函数如下：

$$
\begin{aligned}
Q_{t+1}^i(s_t^i, s_t^j, a_t^i, a_t^j) &\leftarrow (1-\alpha)Q_t^i(s_t^i, s_t^j, a_t^i, a_t^j) \\
&+ \alpha\left[r_{t+1}^i(s_{t+1}^i, s_{t+1}^j) + \max_{a^i \in A^i} P(s_t^i, s_t^j, a_t^j) \times Q_t^i(s_t^i, s_t^j, a_t^i, a_t^j)\right]
\end{aligned}
\tag{2.52}
$$

并选择具有最大值的动作：

$$
a_t^{i,*} = \underset{a^i \in A^i}{\operatorname{argmax}} \sum_{j \in J^i} \sum_{a^j \in A^j} \left[Q_{t+1}^i(s_t^i, s_t^j, a_t^i, a_t^j) \times P(s_t^i, s_t^j, a^j)\right]
\tag{2.53}
$$

该算法可以增加通行量、缩短平均延误时间、平均等待时间和排队长度。

2.3　动作选择模型

在强化学习中，探索和利用是两个核心问题。探索是指如何去探究环境，通过尝试不同的行为来得到最佳策略，从而得到最大奖励。因为在强化学习刚开始时，Agent 不知道它采取了某个行为会发生什么，所以只能通过试错去探索。因此，探索就是通过试错来理解采取的行为到底可不可以得到好的奖励。利用是指不尝试新的东西，而采取已知可得到最大奖励的行为。因此，就面临权衡：怎么通过牺牲一些短期的奖励来获得对动作效果更好的理解，从而学习到更好的策略。

2.3.1　ϵ-greedy 算法

以 $1 - \epsilon$ 的概率选择 greedy 动作：

$$
a_t = \begin{cases} a_t^*, & \text{概率为}1 - \epsilon \\ \text{随机动作}, & \text{概率为}\epsilon \end{cases}
\tag{2.54}
$$

a_t^* 为当前能获得最大奖励的动作，即对应 Q 值最大的动作。

2.3.2　玻尔兹曼算法

Agent i 在状态 s_t^i 下选择动作 a 的概率：

$$
P_t^i\left(s_t^i, a\right) = \frac{\exp^{Q_t^i(s_t^i, a)/\tau}}{\sum\limits_k \exp^{Q_t^i(s_t^i, b)/\tau}}
\tag{2.55}
$$

较高的温度 τ 会增加"探索"动作。

2.3.3　UCB 算法

基于 UCB 指数进行动作选择：

$$a_t^{i,*} = \operatorname*{argmax}_{a \in A} \left\{ -Q_t^i(s_t^i, a) + \sqrt{\frac{\ln N_t(s^i)}{N_t(s^i, a)}} \right\} \tag{2.56}$$

其中，$N_t(s^i, a)$ 为时刻 t 状态 s^i 被访问的次数，较小的 $N_t(s^i, a)$ 会增加"探索"。

2.4　深度学习

在高维"状态—动作"空间条件下，强化学习算法难以计算出所有状态的值函数或策略函数。尽管一些线性函数逼近方法能解决此类问题，但是此类算法的计算能力非常有限。在高维复杂的系统中，强化学习方法无法从环境中学习用于函数逼近的信息特征。深度学习可以逐级表示越来越抽象的概念或模式，以图像为例，它的输入是一堆原始像素值。深度学习模型中，图像可以逐级表示为特定位置和角度边缘、由边缘组合得出的花纹、由多种花纹进一步汇合得到的特定部位的模式等。最终，模型能够较容易根据更高级的表达完成给定的任务，如识别图像中的物体。值得一提的是，作为一类表示学习，深度学习可以自动找出每一级表示数据的合适方式。

端到端学习也称为端到端训练，是指在学习过程中不进行分模块或分阶段训练，直接优化任务的总体目标。在端到端学习中，一般不需要明确地给出不同模块或阶段的功能，中间过程不需要人为干预。端到端学习的训练数据为"输入—输出"对的形式，无须提供其他额外信息。因此，端到端学习和深度学习一样，都要解决贡献度分配问题。综上所述，深度学习的外在特点是端到端训练。也就是说，并不是将单独调试的部分拼凑起来组成系统，而是将整个系统组建好之后一起训练。除端到端训练以外，一些研究正在尝试从含参数统计模型转向完全无参数模型。当数据非常稀缺时，需要通过简化对现实的假设来得到实际的模型；当数据充足时，就可以更好地拟合现实无参数模型来替代这些含参数模型，以此得到更精确的模型，但会降低模型的可解释性。

深度学习的主要作用是从大量数据中提取有价值的数据模式，并从其逐渐学习到更为复杂抽象的深层特征，不依赖人工的特征工程，这也是深度学习在大数据时代受欢迎的一大原因。深度神经网络经过训练可以学习最佳策略或值函数。不同的神经网络结构，如卷积神经网络 (convolutional neural network，CNN) 和循环神经网络 (recurrent neural network，RNN)，常用于在高维状态空间中训练强化学习算法[93]。

随着神经科学、认知科学的发展，科研人员逐渐了解人类的智能行为均与大脑活动有关。人类的大脑是可以产生意识、思想和情感的器官。受到人脑神经系统的启发，早期的神经科学家构造了一种模仿人脑神经系统的数学模型，简称神经网络。在机器学习领域，神经网络是指由很多人工神经元构成的网络结构模型，人工神经元之间的连接强度是可学习的参数。人工神经元网络与生物神经元类似，由多个节点互相连接而成，可以用来对数据之间的复杂关系进行建模。不同节点之间的连接被赋予了不同的权重，每个权重代表了一个节点对另一个节点的影响大小。每个节点代表一种特定函数，来自其他节点的信息经过其相应的权重综合计算，输入激活函数中并得到新的活性值。从系统观点来看，人工神经元网络是由大量神经元通过极其丰富和完善的连接而构成的自适应非线性动态系统。

深度神经网络的结构对深度强化学习的学习过程有着较大影响。深度神经网络允许使用非线性的策略函数，其强大的特征提取及拟合函数能力可使强化学习应用至复杂的决策问题中，如图 2.7 所示。

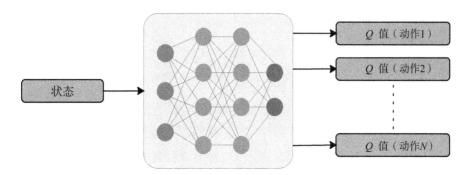

图 2.7　神经网络在深度强化学习中的作用

在应对视觉图像信息和时间序列信息时，深度神经网络可大幅度节省处理数据所耗费的时间，使深度强化学习减少其所需的训练次数；另外一类的神经网络模型是自动编码器，通过学习获得高维数据到低维子空间的一种编码，编码后的数据可以通过解码重构，通常用于数据清洗[94]。深度神经网络是一种特征递进式的学习算法，浅层的神经元直接从输入数据中学习一些低层次的简单特征；而深层的特征则基于已学习到的浅层特征继续学习更高级的特征，从计算机的角度学习深层的语义信息。深层的网络隐藏单元数量相对较少，隐藏层数目较多，如果浅层的网络想要达到同样的计算结果，则需要指数级增长的单元数量。

2.4.1　深度学习与强化学习的区别

深度学习与强化学习的区别在于目标和应用。深度学习是一种用于识别和分类数据的技术，而强化学习则是一种用于决策和控制的技术。两种方法也存在着一些交叉和结合的应用，比如在强化学习中会使用深度学习技术来处理环境感知数据。

2.4.2　激活函数

激活函数对模型学习、理解非常复杂和非线性的函数具有重要作用。激活函数可以引入非线性因素。如果不使用激活函数，则输出信号仅是简单的线性函数。线性函数一级多项式、线性方程的复杂度有限，从数据中学习复杂函数映射的能力很小。没有激活函数，神经网络将无法学习和模拟其他复杂类型的数据，如图像、视频、音频等。激活函数可以将当前特征空间通过一定的线性映射转换到另一个空间，让数据能够更好地被分类。假若网络中全部是线性部件，那么线性的组合还是线性的，与单独线性分类器无异，因而就无法用非线性来逼近任意函数。网络层使用非线性激活函数，以便使网络更加强大，提高其能力，使之可以学习复杂的事物、复杂的数据，以及表示输入输出之间非线性的复杂的任意函数映射。同时，使用非线性激活函数，能够在输入输出之间生成非线性映射。

当激活函数是非线性时，两层的神经网络就可以逼近所有的函数。但如果激活函数是恒等激活函数，即 $f(x) = x$，就不满足这个性质，而且如果移动定位协议（mobile location protocol,MLP）使用的是恒等激活函数，那么整个网络跟单层神经网络是等价的；当优化方法是基于梯度的时候，就体现了可微性；当激活函数是单调时，单层网络能够保证是凸函数；当激活函数满足 $f(x) = x$ 时，如果参数的初始化是随机的较小值，那么神经网络的训练将会很高效。当激活函数输出值是有限时，基于梯度的优化方法会更加稳定，因为特征的表示受权值的影响更显著；当激活函数的输出是无限时，模型的训练会更加高效，但在该情况下一般对应较小的学习率。

2.4.2.1 常见激活函数

（1）Sigmoid 型激活函数

Sigmoid 型激活函数是指一类 S 形曲线函数，为两端饱和函数，常用的 Sigmoid 型函数有 Logistic 函数和 tanh 函数。Sigmoid 型函数近似为线性函数，当输入值靠近两端时，对输入进行抑制。输入越小，越接近于 0；输入越大，越接近于 1。该特点也和生物神经元类似，生物神经元对一些输入会产生兴奋 (输出为 1)，而对另一些输入产生抑制 (输出为 0)。Sigmoid 型函数皆为一条平滑的曲线，输出随着输入发生连续性的变化。而阶跃函数以 0 为界，输出发生急剧性的变化，Sigmoid 函数的平滑性对深度神经网络的学习具有重要意义。

1) Logistic 函数

Logistic 函数定义为 $f(x) = \dfrac{1}{1 + \mathrm{e}^{-x}}$，其值域为 $(0, 1)$。函数图像如图 2.8 所示。

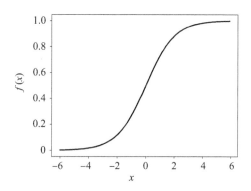

图 2.8　Logistic 函数

因为 Logistic 函数的性质，所以使用了 Logistic 函数的深度神经网络具有以下两点性质：① 其输出直接可以看作是概率分布，能够使神经网络更好地和统计学习模型进行结合；② 用来控制神经元输出信息的数量。

2) tanh 函数

函数的定义为 $f(x) = \tanh(x) = \dfrac{\mathrm{e}^x - \mathrm{e}^{-x}}{\mathrm{e}^x + \mathrm{e}^{-x}}$，值域为 $(-1, 1)$。函数图像如 2.9 所示。

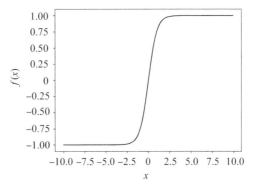

图 2.9 tanh 函数

tanh 函数的输出是零中心化的，而 Logistic 函数的输出恒大于 0。非零中心化的输出会使得后一层的神经元的输入发生偏置偏移，并进一步使得梯度下降的收敛速度变慢。

（2）Softmax 激活函数

Softmax 激活函数定义为 $P(i) = \dfrac{\exp(\boldsymbol{\theta}_i^{\mathrm{T}} \boldsymbol{x})}{\sum\limits_{k=1}^{K} \exp(\boldsymbol{\theta}_i^{\mathrm{T}} \boldsymbol{x})}$，函数图像如 2.10所示。

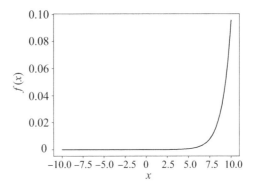

图 2.10 Softmax 激活函数

其中，$\boldsymbol{\theta}_i$ 和 $\boldsymbol{x}$ 为列向量，$\boldsymbol{\theta}_i^{\mathrm{T}} \boldsymbol{x}$ 被换成关于 x 的函数 $f_i(x)$。通过 Softmax 激活函数，可以使得 $P(i)$ 的范围为 $[0,1]$。在回归和分类问题中，通常 $\boldsymbol{\theta}$ 是待求参数，通过寻找使 $P(i)$ 最大的 $\boldsymbol{\theta}_i$ 作为最佳参数。该函数的作用就是使得 $P(i)$ 在负无穷到 0 的区间趋向 0，在 0 到正无穷的区间趋向 1。同样，Softmax 激活函数加入了 e 的幂函数正是为了两极化：正样本的结果将趋近于 1，而负样本的结果趋近于 0。可以把 $P(i)$ 看作是样本属于类别的概率，便于应用于多类别场景。可以说，Softmax 激活函数是 Logistic 函数的一种泛化，通常被称为 Logits 或者 Logit scores，可以把输入处理成 0 到 1 之间，并且能够把输出归一化到和为 1；这意味着 Softmax 激活函数与分类的概率分布等价。

（3）ReLU 激活函数

ReLU 激活函数定义为 $f(x) = \max(0, x)$，值域为 $[0, +\infty)$，函数图像如图 2.11所示。

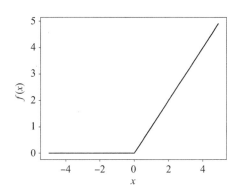

图 2.11　ReLU 激活函数

目前 ReLU 激活函数 (修正线性单元) 是深度神经网络中最常使用的激活函数，因为采用 ReLU 激活函数的神经元只需要进行加、乘和比较的操作，计算上更加高效。ReLU 激活函数被认为有生物上的解释性，比如单侧抑制、宽兴奋边界 (即兴奋程度可以非常高)。在生物神经网络中，同时处于兴奋状态的神经元非常稀疏。人脑中在同一时刻大概只有 1 %~ 4%的神经元处于活跃状态。Sigmoid 型激活函数会导致非稀疏的神经网络，而 ReLU 激活函数却具有很好的稀疏性，大约 50 %的神经元会处于激活状态。在优化方面，相比于 Sigmoid 型函数的两端饱和，ReLU 激活函数为左饱和函数，且在 $x > 0$ 时导数为 1，在一定程度上缓解了神经网络的梯度消失问题。

但是 ReLU 激活函数的输出是非零中心化的，给后一层的神经网络引入偏置偏移，会影响梯度下降的效率。此外，ReLU 神经元在训练时比较容易"死亡"，即在训练时，如果参数在不恰当的更新后，第一个隐藏层中的某个 ReLU 神经元在所有的训练数据上都不能被激活，那么这个神经元自身参数的梯度永远都会是 0，在以后的训练过程中永远不能被激活。这种现象称为"死亡" ReLU 问题，并且有可能发生在其他隐藏层。

2.4.2.2 激活函数的选择方式

选择适合的激活函数并不容易，需要考虑的因素很多，通常的做法是，如果不确定哪个激活函数效果更好，可以对激活函数进行尝试，然后在验证集或者测试集上进行评价。

常见的选择情况有以下几种：① 如果输出是 0、1 值 (二分类问题)，则输出层选择 Sigmoid 激活函数，然后其他的所有单元都选择 ReLU 激活函数；② 如果在隐藏层上不确定使用哪种激活函数，那么通常使用 ReLU 激活函数。有时也会使用 tanh 激活函数，但 ReLU 激活函数的优点是当其为负值的时候，导数等于 0；③ 除了输出层是二分类问题外，基本不会用 Sigmoid 激活函数；④ tanh 激活函数几乎在所有场景有较好的表现；⑤ ReLU 激活函数为最常用的默认函数，如果不确定用哪个激活函数，就使用 ReLU 激活函数或者 Leaky ReLU 函数，再去尝试其他的激活函数；⑥ 如果遇到了"死亡"神经元问题，则可以使用 Leaky ReLU 函数。

2.4.3 Dropout 正则化问题

深度学习可能存在过拟合问题，即高方差，其最容易想到的解决方法是正则化；另一个解决方法就是准备更多数据，这也是非常可靠的办法，但可能无法准备足够多的训练数据。相比之下，正则化有助于避免过拟合，或者减少网络误差。

在机器学习中，人们非常关心模型的预测能力，即模型在新数据上的表现，且不发生过拟合现象。通常使用正则化技术来防止发生过拟合现象。正则化是机器学习中通过显式地控制模型复杂度来避免模型过拟合、确保泛化能力的一种有效方式。如果将模型原始的假设空间比作"天空"，那么"天空"中飞翔的"鸟"就是模型可能收敛到的最优解。施加了模型正则化，就好比将原假设空间（"天空"）缩小到一定的空间范围（"笼子"），可能得到的最优解能搜索的假设空间也变得相对有限。有限的假设空间自然对应的模型复杂度不太高，也自然对应了有限的模型表达能力。这就是"正则化是有效防止模型过拟合的"一种直观解析。

Dropout 是一种可以用于减少神经网络过拟合的结构。在每次训练当中 Dropout 会随机减掉一些神经元。越大的神经网络就越有可能产生过拟合，因此，随机删除一些神经元可以防止神经网络过拟合，也就是让拟合的结果没那么准确。神经元个数较多容易产生过拟合，因此可在神经网络结构添加

Dropout。

假设要训练如图 2.12所示的原始神经网络。

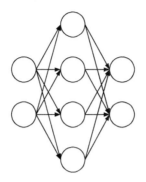

图 2.12　原始神经网络

设定神经网络层 Dropout 的概率，如图 2.13所示，根据相应的概率去掉一部分的神经元，随之开始训练，更新未被去掉的神经元和权重的参数并将其保留。

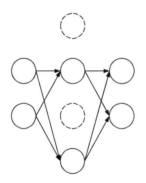

图 2.13　删除后的神经网络

参数完全更新后，首先重新根据相应的概率去掉一部分神经元，然后开始训练。如果新用于训练的神经元已经在第一次中训练过，那么继续更新它的参数，而在第二次训练时删除第一次训练时已经更新参数的神经元，保留它的权重不做修改，直到第 n 次训练进行 Dropout 时将其删除。

然而 Dropout 的一大缺点就是代价函数不再被明确定义，每次迭代都会随机移除一些节点。定义明确的代价函数每次迭代后都会下降，因为所优化的代价函数实际上并没有明确定义，或者很难计算。

在深度学习中，使用较多的正则化技术是 L2 正则化[95]。L2 约束通常对稀疏的有尖峰的权重向量施加大的惩罚，而偏好于均匀的参数。其作用是鼓励神经单元利用上层的所有输入，而不是部分输入。因此 L2 正则项加入之后，权重的绝对值大小就会整体倾向于减少，尤其不会出现特别大的值（如噪声），即网络偏向于学习比较小的权重。因此 L2 正则化在深度学习中也被称作权重衰减，也有一种观点认为这种衰减是对权值的一种惩罚，L2 正则化也称作惩罚项。L1 正则化[96]除了和 L2 正则化同样可以约束数量级外，还能起到使参数更加稀疏的作用，稀疏化的结果使优化后的参数一部分为 0、另一部分为非零实值。非零实值的那部分参数既可起到选择重要参数或特征维度的作用，又可起到去除噪声的作用。此外，L1 正则化和 L2 正则化可以联合使用，这种形式也被称为 "Elastic 网络正则化"[97]。

2.4.4 多层感知机

神经网络类型众多，其中最为重要的是多层感知机，也是最早的具有机器学习思想的神经网络，是由弗兰克·罗森布拉特于 1957 年发明[98]的。单个感知机 (或神经元) 可以被想象成逻辑回归，简单的感知机如图 2.14所示。感知机接收多个输入信号再输出信号。这里所说的"信号"可以想象成像电流或河流那样具备"流动性"的角度。像电流流过导线，向前方输送电子一样，感知机的信号也会形成流，向前方输送信息。

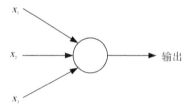

图 2.14　简单感知机结构

x_1, x_2, x_3 为感知机的输入，其输出（output）为：

$$
\text{output} = \begin{cases} 0, & \sum_i w_i x_i \leqslant \text{threshold} \\ 1, & \sum_i w_i x_i > \text{threshold} \end{cases}
\tag{2.57}
$$

感知机的多个输入信号都有各自固有的权重，这些权重发挥着控制各个信号重要性的作用。也就是说，权重越大，对应该权重的信号的重要性就越高。假如把感知机想象成加权投票机制，比如三位评委给一位歌手打分，分数分别为 4 分，1 分，−3 分，这三位评委的权重分别是 1，3，2，则该歌手最终

得分为 $4 \times 1 + 1 \times 3 + (-3) \times 2 = 1$。按照比赛规则，选取的阈值（threshold）为 3，说明只有该歌手的综合评分大于 3 时，才可顺利晋级。

多层感知机由感知机发展而来，主要的特点是拥有多个神经元层，因此也叫深度神经网络。相比于单层的感知机，多层感知机的第 i 层的每个神经元和第 $i-1$ 层的每个神经元都有连接。输出层可以不只有一个神经元。隐藏层可以只有一层，也可以有多层。多层感知机如图 2.15 所示。

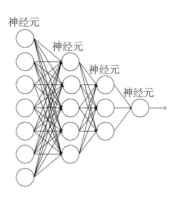

图 2.15　多层感知机结构

因为输入仅单方向地向前处理，所以 MLP 也被称为前馈神经网络。MLP 由三层组成，分别是输入层、隐藏层和输出层。输入层仅接收输入，隐藏层处理输入，输出层生成结果。因此，这些网络被普遍称为通用函数逼近器[99]，MLP 能够学习将任何输入映射到输出的权重。

在利用 MLP 解决图像分类问题时，首先要将二维图像转换成一维向量，然后对模型进行训练。然而这样做有两个缺点：① 随着图像尺寸的增大，可训练参数的数量会急剧增加。② MLP 会丢失图像的空间特征（空间特征是指图像中像素的排列）。在所有神经网络中，存在共同问题，即梯度消失与爆炸[100]。该问题与反向传播算法[101]有关。反向传播算法通过寻找梯度来更新神经网络的权值。因此，在非常深的神经网络（具有大量隐藏层的网络）中，梯度会随着向后传播而消失或爆炸。MLP 无法捕获处理序列数据所需的输入数据中的顺序信息。

2.4.5　卷积神经网络

卷积神经网络是受生物学上感知域机制的启发而提出的。感知域机制[102]主要是指听觉、视觉等神经系统中一些神经元的特性，即神经元只接受其所支配的刺激区域内的信号。在视觉神经系统中，视觉皮层中神经细胞的输出依赖于视网膜上的光感受器。视网膜上的光感受器受刺激兴奋时，会将神经冲动信号传到视觉皮层，但不是所有视觉皮层中的神经元都会接受这些信号。神经元的感知域是指视网膜上的特定区域，只有这个区域内的刺激才能够激活该神经元。

卷积神经网络是一种用来处理局部和整体相关性的计算网络结构，被应用在图像识别、自然语言处理甚至语音识别领域，因为图像数据具有显著的局部与整体关系，所以其在图像识别领域的应用获得了巨大的成功。目前的卷积神经网络一般是由卷积层、池化层和全连接层交叉堆叠而成的前馈神经网络，使用反向传播算法进行训练。

$W_1 \times H_1 \times 3$ 对应原始图像或经过预处理的像素值矩阵，3 对应红绿蓝（red、green、blue，RGB）图像的通道；K 表示卷积层中卷积核（滤波器）的个数；$W_2 \times H_2$ 为池化后特征图的尺度，在全局池化中尺度对应 1×1；$(W_2 \cdot H_2 \cdot K)$ 是将多维特征压缩到一维之后的大小，C 对应的则是图像类别个数，如表 2.1所示。

表 2.1　卷积神经网络的组成

CNN 结构层次	输出尺寸	作用
输入层	$W_1 \times H_1 \times 3$	卷积网络的原始输入，可以是原始或预处理后的像素矩阵
卷积层	$W_1 \times H_1 \times K$	参数共享、局部连接，利用平移不变性从全局特征图提取局部特征
激活层	$W_1 \times H_1 \times K$	将卷积层的输出结果进行非线性映射
池化层	$W_2 \times H_2 \times K$	进一步筛选特征，可有效减少后续网络层次所需的参数量
全连接层	$(W_2 \cdot H_2 \cdot K) \times C$	将多维特征展平为二维特征，通常低维度特征对应任务的学习目标

（1）输入层

输入层通常是输入卷积神经网络的原始数据或经过预处理的数据，可以是图像识别领域中原始三维的多彩图像，也可以是音频识别领域中经过傅里叶变换的二维波形数据，甚至可以是自然语言处理中一维表示的句子向量。以图像分类任务为例，输入层输入的图像一般包含 RGB 三个通道，是由长宽分别为 H 和 W 组成的三维像素值矩阵 $H \times W \times 3$，卷积网络会将输入层的数据进行一系列卷积、池化等操作进行特征提取和转化，最终由全连接层对特征进行汇总和结果输出。由于计算能力、存储大小和模型结构的不同，卷积神经网络每次可以批量处理的图像个数也不尽相同，若指定输入层接收到的图像个数为 N，则输入层的输出数据为 $N \times H \times W \times 3$。

（2）卷积层

在 MLP 中 Dense 层是标志性特征，在 CNN 中卷积核的卷积操作是标志性特征。卷积层通常用以对输入层输入数据进行特征提取，通过卷积核矩阵对原始数据中隐含关联性的一种抽象。卷积操作原理上其实是对两张像素矩阵进行点乘求和的数学操作，其中一个矩阵为输入的数据矩阵，另一个矩阵则为卷积核 (滤波器或特征矩阵)，求得的结果表示为原始图像中提取的特定局部特征，卷积操作过程如图 2.16所示。

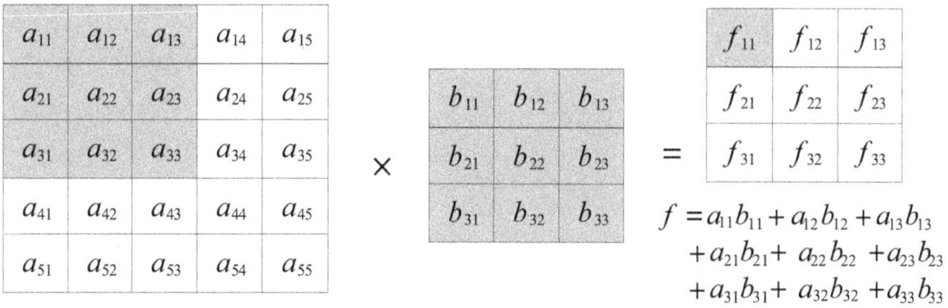
a11 a12 a13 a14 a15
a21 a22 a23 a24 a25
a31 a32 a33 a34 a35
a41 a42 a43 a44 a45
a51 a52 a53 a54 a55
×
b11 b12 b13
b21 b22 b23
b31 b32 b33
=
f11 f12 f13
f21 f22 f23
f31 f32 f33
f = a11b11 + a12b12 + a13b13
+a21b21+ a22b22 +a23b23
+a31b31+ a32b32 +a33b33

图 2.16　卷积计算过程

Network in network(NIN)[103] 是第一篇探索 1×1 卷积核的论文，这篇论文在卷积层中使用 MLP 替代传统线性的卷积核，使单层卷积层内具有非线性映射的能力，也因其网络结构中嵌套 MLP 子网络而得名。NIN 将不同通道的特征整合到 MLP 自网络中，让不同通道的特征能够交互整合，使通道之间的信息得以流通，其中的 MLP 子网络恰恰可以用 1×1 的卷积进行代替。

GoogLeNet[104] 则采用 1×1 卷积核来减少模型的参数量。在原始版本的模块中，每一层网络都采用了更多的卷积核，大大增加了模型的参数量。此时在每个较大卷积核的卷积层前引入 1×1 卷积，可以通过分离通道与宽高卷积来减少模型参数量。

卷积层中需要用到卷积核 (滤波器或特征检测器) 与图像特征矩阵进行点乘运算，利用卷积核与对应的特征感受域进行划窗式运算时，需要设定卷积核对应的大小、步长、个数和填充的方式，如表 2.2所示。

表 2.2 卷积神经网络的基本参数

参数名	作用	常见设置
卷积核大小 (kernel size)	定义了卷积的感知域	之前常设为 5，如 LeNet-5；现在多设为 3，通过堆叠 3×3 的卷积核来达到更大的感受域
卷积核步长 (stride)	定义了卷积核在卷积过程中的步长	常见设置为 1，表示滑窗距离为 1，可以覆盖所有相邻位置特征的组合；当设置为更大值时表示对特征组合降采样
填充方式 (padding)	在卷积核尺寸不能完美匹配输入的图像矩阵时需要进行一定的填充策略	设置为"SAME"时表示对不足卷积核大小的边界位置进行某种填充（通常零填充），以保证卷积输出维度与输入维度一致；当设置为"VALID"时则对不足卷积尺寸的部分进行舍弃，输出维度就无法保证与输入维度一致
输入通道数 (in channels)	指定卷积操作时卷积核的深度	默认与输入的特征矩阵通道数（深度）一致；在某些压缩模型中会采用通道分离的卷积方式
输出通道数 (out channels)	指定卷积核的个数	若设置为与输入通道数相同大小，可以保持输入输出维度的一致性；若为比输入通道数更小的值，则可以减少整体网络的参数量

早期的卷积神经网络 (如 LeNet-5、AlexNet[105]) 用到了一些较大的卷积核 (11×11 和 5×5)，但受限于当时的计算能力和模型结构的设计，无法将网络叠加得很深，因此，卷积网络中的卷积层需要设置较大的卷积核以获取更大的感知域。但是这种大卷积核会导致计算量大幅增加，不利于训练更深层的模型，计算性能也会相应地降低。之后的卷积神经网络 (如 VGG、GoogLeNet[106]等) 发现通过堆叠两个 3×3 卷积核可以获得与 5×5 卷积核相同的感知域，同时参数量会更少 ($3 \times 3 \times 2 + 1 < 5 \times 5 \times 1 + 1$)，$3 \times 3$ 卷积核被广泛应用在许多卷积神经网络中。因此可以认为，在大多数情况下通过堆叠较小的卷积核比直接采用单个更大的卷积核会更加有效。

但是，更大的卷积核并非没有作用，某些领域在应用卷积神经网络时仍然可以采用更大的卷积核。例如，在自然语言处理领域，由于文本内容不像图像数据可以对特征进行很深层的抽象，因此特征提取只需要较浅层的神经网络即可。在将卷积神经网络应用在自然语言处理领域时，特征提取通常都是较为浅层的卷积层组成，但是文本特征有时又需要有较广的感知域以使模型能够组合更多的特征 (如词组和字符)，此时直接采用更大的卷积核更好。

综上所述，卷积核的大小并没有绝对的优劣，需要视具体的应用场景而定。但是极大和极小的卷积核都是不合适的，单独的 1×1 极小卷积核只能用作分离卷积，而不能对输入的原始特征进行有效组合，极大的卷积核通常会组合过多的无意义特征从而浪费了大量的计算资源。

（3）池化层

池化层又称为降采样层，作用是对感受域内的特征进行筛选，提取区域内最具代表性的特征，能够有效地降低输出特征尺度，进而减少模型所需要的参数量。池化层按操作类型通常分为最大池化、平均池化和求和池化，分别提取感知域内最大、平均与总和的特征值作为输出，其中最常用的是最大池化。池化操作通常也叫作子采样或降采样，在构建卷积神经网络时，池化操作往往会用在卷积层之后，通过池化来降低卷积层输出的特征维度，有效减少网络参数的同时还可以防止过拟合现象。池化操作可以降低图像维度的原因，本质上是图像具有一种"静态性"的属性，即在一个图像区域有用的特征极可能在另一个区域同样有用。

（4）激活层

激活层负责对卷积层抽取的特征进行激活，由于卷积操作是由输入矩阵与卷积核矩阵进行相差的线性变化关系，因此需要激活层对其进行非线性的映射。激活层主要由激活函数组成，即在卷积层输出结果的基础上嵌套非线性函数，使输出的特征图具有非线性关系。卷积网络中通常采用 ReLU 来充当激活函数，能够限制小于 0 的值为 0，同时使大于等于 0 的值保持不变。

（5）全连接层

全连接层负责对卷积神经网络学习提取到的特征进行汇总，将多维输入映射为二维输出，高维度表示样本批次，低维度常常对应任务目标。

2.4.6　循环神经网络

时间序列数据是指在不同时间点上收集到的数据，这类数据反映了某一事物、现象等随时间变化的状态或程度。神经网络在训练数据足够、算法模型优越的情况下，给定特定的 x，就能得到期望的 y。一般的神经网络处理单个的输入，前一个输入和后一个输入完全无关。但在实际应用中，某些任务需要能够更好地处理序列的信息，即前面的输入和后面的输入具有一定的关联关系。

例如，在理解一句话的意思时，单独地理解这句话的每个词并不足以理解整体意思，通常需要处理这些词连接起来的整个序列；在处理视频时，也不能只单独地分析每一帧，而要分析这些帧连接起来的整个序列。同样地，循环神经网络（RNN）能够较好地处理序列信息[107]，解决类似的问题。

2.4.6.1 经典 RNN 结构

在进一步了解 RNN 之前，先给出最基本的单层网络结构，输入是 x，经过变换 $Wx+b$ 和激活函数 f 得到输出 y，如图 2.17 所示。

图 2.17　单层网络结构

在实际应用中，会遇到自然语言、语音等序列形的问题，假设其中的一组序列，如图 2.18所示。

图 2.18　单个序列形

诸如此类的序列数据用原始的神经网络难以建模，基于此 RNN 引入了隐状态 h，h 可对序列数据提取特征，接着再转换为输出。对于给定输入序列 $T=(x_1,x_2,\cdots,x_n)$，循环神经网络通过 h_t：$h_t = f(h_{t-1},x_t)$ 更新带反馈边的隐藏层的活性值。

首先，进行 h_1 的计算：$h_1 = f(Ux_1 + Wh_0 + b)$。

循环神经网络中，每个步骤使用的参数 U，W，b 相同，h_2 的计算方式和 h_1 类似：$h_2 = f(Ux_2 + Wh_1 + b)$，如图 2.19 所示。

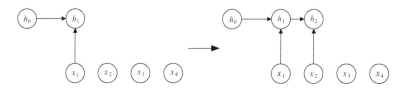

图 2.19　序列计算过程

h_3，h_4 的计算过程类似，最终得到全部 h_t 结果，如图 2.20 所示。

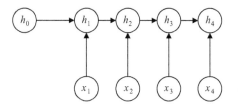

图 2.20 序列计算结果

得到 h_t 后，计算 RNN 的输出 y_1，采用 Softmax 作为激活函数，根据 $y_n = f(Wx + b)$ 得 y_1：$y_1 = \text{Softmax}(Vh_1 + c)$，如图 2.21 所示。使用和 y_1

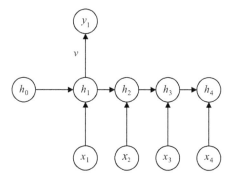

图 2.21 y_1 计算过程

相同的参数 V，c，得到 y_t 的输出结构，如图 2.22 所示。以上即为最经典的

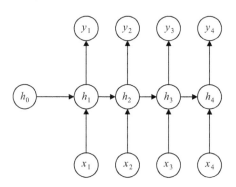

图 2.22 输出结果

RNN 结构，其输入为 x_1，x_2，x_3，x_4，输出为 y_1，y_2，y_3，y_4，实际中最大值为 y_n。为了便于理解和展示，在此只计算四个输入和输出。从以上结构可看出，RNN 结构的输入和输出等长。

2.4.6.2 RNN 特点

RNN 主要用于处理序列数据。对于传统神经网络模型，从输入层到隐藏层再到输出层，层与层之间一般为全连接，每层之间神经元是无连接的。但是传统神经网络无法处理数据间的前后关联问题。例如，为了预测句子的下一个单词，一般需要该词之前的语义信息，因为一个句子中的前后单词存在语义联系。RNN 中当前单元的输出与之前步骤的输出也有关，因此称 RNN 为循环神经网络。具体的表现形式为当前单元会对之前的步骤信息进行储存并应用于当前输出的计算中。

标准的 RNN 结构如图 2.23 所示，图中每个箭头代表进行一次变换，即箭头连接带有权值。隐藏层的神经元之间也带有权值，且权值共享。理论上，RNN 能够对任何长度序列数据进行处理，但是为了降低复杂度，在实践中往往假设当前的状态只与之前某几个时刻状态相关。

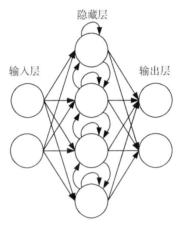

图 2.23　循环神经网络结构

2.4.7　长短时记忆网络

RNN 在处理长期依赖（时间序列上距离较远的节点）时会遇到巨大的困难，因为计算距离较远的节点之间的联系时会涉及雅可比矩阵的多次相乘，由此造成梯度消失或者梯度膨胀。为了解决该问题，研究人员提出了多个解决方法，如回声状态网络（echo state network, ESN）[108]、增加渗漏单元等。其中最成功、应用最广泛的是门限 RNN，而长短期记忆网络（long short-term memory, LSTM）网络就是门限 RNN 中最著名的一种。渗漏单元通过设计连接间的权重系数，从而允许 RNN 累积距离较远节点间的长期联系；而门限 RNN[109]则泛化了该思想，允许在不同时刻改变该系数，且允许网络忘记已经累积的信息。

2.4.7.1　LSTM 与 RNN 区别

所有 RNN 均具有重复神经网络模块的链式形式。在标准的 RNN 中，重复的模块只有非常简单的结构，如 tanh 层，如图 2.24所示。LSTM[110]虽然具有同样的结构，但是重复的模块拥有不同的结构，如图 2.25所示。不同于单一神经网络层，各层以特殊的方式进行交互。

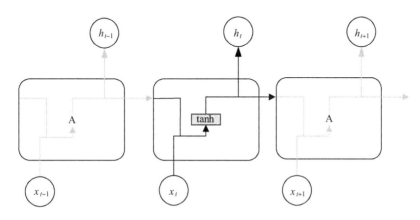

图 2.24　链式 RNN

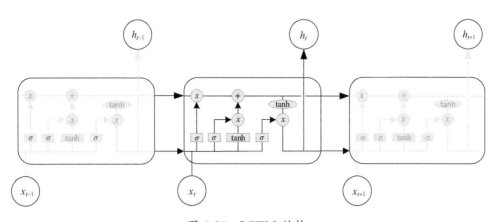

图 2.25　LSTM 结构

图 2.25 中每一条黑线都传输着一整个向量，从一个节点的输出到其他节点的输入。圈代表点向操作，如向量的和，而矩阵就是学习到的神经网络层。合起来的线表示向量的连接，没有合起来的线表示内容被复制，然后分发到不同的位置。

2.4.7.2　LSTM 结构

LSTM 的关键是细胞状态，水平线在图上方贯穿，细胞状态类似于传送带，能直接在整个链上运行，只有少量的线性交互。LSTM 通过称为"门"的结构来去除或者增加信息到细胞状态。"门"是一种让信息选择式通过的方法，包含一个 Sigmoid 神经网络层和一个点乘操作。

LSTM 拥有三个"门"，分别是忘记层门、输入层门和输出层门，以此保护和控制细胞状态。

1. 忘记层门

忘记层门是指将细胞状态中的信息选择性地遗忘，会读取 h_{t-1} 和 x_t，输出在 0 到 1 之间的数值给每个细胞状态 C_{t-1}，其中 1 表示"完全保留"，0 表示"完全舍弃"，如图 2.26所示。

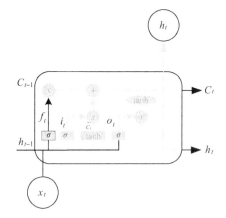

图 2.26　LSTM 忘记层门

其中，

$$f_t = \sigma(W_f \cdot [h_{t-1}, x_t] + b_f) \tag{2.58}$$

2. 输入层门

输入层门是指将新信息选择性记录到细胞状态中。Sigmoid 层称为"输入门层"，决定哪些值将要更新。tanh 层创建新候选值向量 $\tilde{C}_t$ 加入状态中，将 C_{t-1} 更新为 C_t，将旧状态与 f_t 相乘，再加上 $i_t \times \tilde{C}_t$ 得到新的候选值，根据更新每个状态的程度进行变化，如图 2.27所示。

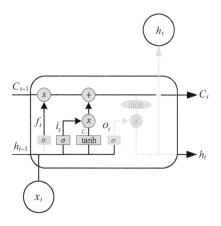

图 2.27　LSTM 输入层门

其中：

$$i_t = \sigma[W_i(h_{t-1}, x_t) + b_i] \tag{2.59}$$

$$\tilde{C}_t = \tanh[W_c(h_{t-1}, x_t) + b_c] \tag{2.60}$$

$$C_t = f_t \times C_{t-1} + i_t \times \tilde{C}_t \tag{2.61}$$

3. 输出层门

输出层门是指确定隐藏层 h_t 所输出的值，通过 Sigmoid 层来确定将细胞状态的哪部分输出，将细胞状态通过 tanh 进行处理，并将之与 Sigmoid 门的输出相乘，最终仅输出确定输出的部分，如图 2.28所示。

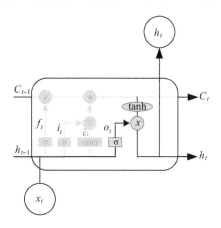

图 2.28　LSTM 输出层门

其中，

$$o_t = \sigma(W_o \cdot [h_{t-1}, x_t] + b_o) \tag{2.62}$$

$$h_t = o_t \times \tanh(C_t) \tag{2.63}$$

2.4.7.3　GRU 结构

门控循环单元（gated recurrent unit，GRU）是 LSTM 的一种变体，比 LSTM 的网络结构更加简单。GRU 神经网络结构将忘记层门和输入层门合成了单一的更新门，并混合了细胞状态和隐藏状态，如图 2.29所示。

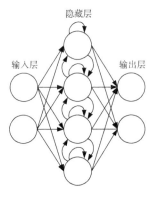

图 2.29　GRU 结构

其中，

$$z_t = \sigma(W_z[h_{t-1}, x_t]) \tag{2.64}$$

$$r_t = \sigma(W_r[h_{t-1}, x_t]) \tag{2.65}$$

$$\widetilde{h}_t = \tanh(W[r_t \times h_{t-1}, x_t]) \tag{2.66}$$

$$h_t = (1 - z_t) \times h_{t-1} + z_t \times \widetilde{h}_t \tag{2.67}$$

2.4.8　图神经网络

传统的深度学习方法在提取欧氏空间数据的特征方面取得了巨大的成功，但许多实际应用场景中的数据属于非欧氏空间；传统的深度学习方法在处理非欧氏空间数据上的表现差强人意。例如，CNN 只能在欧几里得数据（如二维图片和一维文本数据）上进行处理，而这些数据只是图结构的特例，难以推广到一般性的图结构上。图是一种数据结构，常见的图结构包含节点和边。图神经网络（graph neural network，GNN）是深度学习在图结构上的分支，是一种连接模型，其通过网络中节点之间的信息传递的方式来获取图中的依存关系，并通过从节点任意深度的邻居来更新该节点状态。

2.4.8.1　与传统神经网络的区别

（1）**节点**。CNN 和 RNN 等都需要根据节点的特征，按照一定的顺序进行排列，但图结构并没有天然的顺序。因此，GNN 采用在每个节点上分别传播的方式进行学习，由此忽略了节点的顺序，相当于 GNN 的输出会随着输入的不同而不同。

（2）**边**。传统的神经网络不是直观表达节点间的依存关系，而是通过不同节点特征来间接地表达节点之间的关系，而依赖信息只作为节点的特征。GNN 则可以通过图形结构进行传播，而不仅是将其作为节点特征的一部分，通过邻居节点的加权求和来更新节点的隐藏状态。

（3）**推理**　人脑中的推理过程几乎是基于从日常经验中提取的图形，传统神经网络已经显示出通过学习数据分布来生成合成图像和文档的能力，但仍然无法从大型实验数据中学习推理图。GNN 探索从场景图片和故事文档等非结构性数据中生成图形，进一步提高神经网络模型推理能力。

2.4.8.2　循环图神经网络

循环图神经网络 (RecGNNs) 的目的是学习具有循环神经结构的节点。节点不断地与邻居交换信息，最终达到稳定平衡，如图 2.30所示。

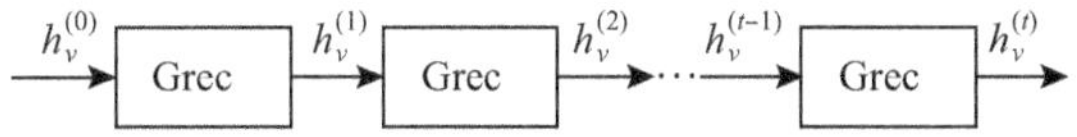

图 2.30　循环图神经网络 (RecGNNs)

GNN* 基于一种信息扩散机制，通过反复交换邻域信息来更新节点的状态，直到达到稳定平衡。节点的隐藏状态以公式 2.68 中的方式反复更新：

$$h_v^{(t)} = \sum_{u \in N(v)} f(x_v, x_{(v,u)}^e, x_u, h_u^{(t-1)}) \tag{2.68}$$

其中，$f(\cdot)$ 为参数函数；$h_v^{(0)}$ 为随机初始化的变量。求和运算使 GNN* 适用于所有节点，即使邻居的数量不同并缺少固定排序。为了保证收敛性，递归函数 $f(\cdot)$ 必须是收缩映射，在将两点投影到潜在空间后，缩小其间的距离。在 $f(\cdot)$ 为神经网络的情况下，必须对参数的雅可比矩阵增加惩罚项。当满足收敛准则时，将最后一步的节点隐藏状态转发到读出层。GNN* 交替进行节点状态传播阶段和参数梯度计算阶段，以最小化训练目标。

门控图神经网络（gated graph neural network，GGNN）采用门控递归单元作为递归函数，将递归次数减少到固定的步数。其优点是不需要约束参数就可以确保收敛性。节点隐藏状态由其以前的隐藏状态和邻近的隐藏状态进行更新，定义如下：

$$h_v^{(t)} = \mathrm{GRU}(h_u^{(t-1)}, \sum_{u \in N(v)} W h_u^{(t-1)}) \tag{2.69}$$

其中，$h_v^{(0)} = x_v$。GGNN 使用时间反向传播算法来学习模型参数，对于大型图来说可能存在问题，因此 GGNN 需要在所有节点上多次运行循环函数，需要将所有节点的中间状态进行存储。

2.4.8.3 卷积图神经网络

卷积图神经网络 (ConvGNN) 将卷积的操作从网格数据推广到图形数据，其主要思想是通过聚合节点 v 本身的特征 x_v 和邻居的特征 x_u 来生成节点 v 的表示，其中，$u \in N(v)$ 即节点 v 的邻居集合。与 RecGNN 不同的是，ConvGNNs 堆叠多个图卷积层来提取更高级别的节点表示。ConvGNNs 在建立复杂的 GNN 模型中发挥了关键作用。

ConvGNN 不是迭代具有收缩约束的节点状态，而是使用每一层中具有不同权重的固定数量的层来解决循环相互依赖，如图 2.31所示。随着图卷积与其他神经网络结合的研究不断增多，ConvGNN 的使用量正快速增加。ConvGNN 可分为两类：基于光谱的和基于空间的。基于光谱的方法通过从图信号处理的角度引入滤波器来定义图卷积，图卷积操作可理解为从图信号中去除噪声。

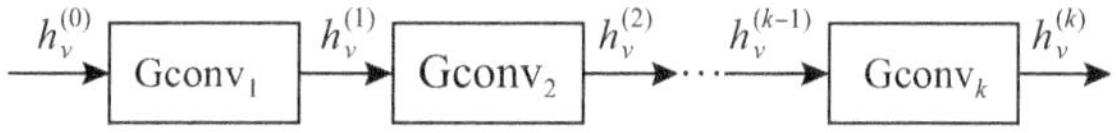

图 2.31　卷积图神经网络 (ConvGNNs)

基于光谱 CNN 图卷积层定义为：

$$\boldsymbol{H}_{:,j}^{(k)} = \sigma(\sum_{i=1}^{f_{k-1}} \boldsymbol{U} \Theta_{i,j}^{(k)} U^{\mathrm{T}} H_{:,j}^{(k-1)}) \qquad (j = 1, 2, \cdots, f_k) \tag{2.70}$$

其中，k 为图层索引，$\boldsymbol{H}^{(k-1)} \in \mathrm{R}^{n \times f_{k-1}}$ 为输入图信号，$\boldsymbol{H}^{(0)} = \boldsymbol{X}$；$f_{k-1}$ 为输入通道的数量，f_k 为输出通道的数量，$\Theta_{i,j}^{(k)}$ 为可学习参数的对角线矩阵。由于拉普拉斯矩阵的特征分解，光谱 CNN 面临着三个限制：第一，对图的任何扰动都会导致特征基的变化；第二，学习到的过滤器严重依赖具体域，意味着不能应用于具有不同结构的图；第三，特征分解具有 $O(n^3)$ 的计算复杂度。

基于空间的图卷积将中心节点的表示与其邻居的表示进行卷积，从而得到中心节点的更新表示，如图 2.32所示。

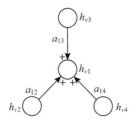

图 2.32　基于空间的卷积图神经网络

2.4.8.4　图注意力网络

图注意力网络（graph attention network，GAT）[111]可通过注意力机制来对邻居节点进行聚合操作，实现对不同邻居权重的自适应分配，从而大大提高了图神经网络模型的表达能力。假设图中任意节点 v_i 在第 l 层所对应的特征向量为 h_i，$h_i \in \mathrm{R}^{d^{(l)}}$，其中 $d^{(l)}$ 表示节点的特征长度。经过以注意力机制为核心的聚合操作之后，输出的是每个节点新的特征向量 h_i'，$h_i' \in \mathrm{R}^{d^{(l+1)}}$，$d^{(l+1)}$ 表示输出的特征向量的长度，将该聚合操作称为图注意力层（graph attention layer，GAL），如图 2.33 所示。

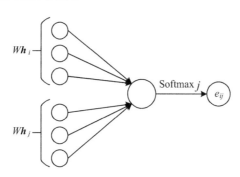

图 2.33　图注意力层

假设中心节点为 v_i，设邻居节点 v_j 到 v_i 的权重系数为：

$$e_{ij} = a(\boldsymbol{W}\boldsymbol{h}_i, \boldsymbol{W}\boldsymbol{h}_j) \tag{2.71}$$

其中，$\boldsymbol{W} \in \mathrm{R}^{d^{(l+1)} \times d^{(l)}}$ 为该层节点特征变换的权重参数；$a(\cdot)$ 为计算两个节点相关度的函数。为了更好地分配权重，需要将与所有邻居计算出的相关度进行归一化处理，具体形式为 Softmax 归一化：

$$a_{ij} = \text{Softmax}_j(e_{ij}) = \frac{\exp(e_{ij})}{\sum\limits_{v_k \in N_{(v_i)}} \exp(e_{ik})} \tag{2.72}$$

则节点 v_i 新的特征向量为：

$$\boldsymbol{h}_i' = \sigma\Big(\sum_{v_j \in N_{(v_i)}} \alpha_{ij} \boldsymbol{W} \boldsymbol{h}_j\Big) \tag{2.73}$$

2.4.8.5 R-GCN

上文中介绍的所有 GNN 的变体均没有考虑节点之间关系的区别，相较于同构图，现实生活中的图数据往往是异构的，即图里面存在不止一种类型的关系。关系图卷积神经网络（relational graph convolational networks，R-GCN）将图卷积神经网络拓展到此类场景的图数据中。

R-GCN[112] 基于 GCN 的聚合邻居的操作，又增加了聚合关系的维度，使得节点的聚合操作变成双重聚合的过程（见公式 2.74）。

$$\boldsymbol{h}_i^{(l+1)} = \sigma\Big(\sum_{r \in R} \sum_{v_j \in N_{v_i}^{(r)}} \frac{1}{c_{i,r}} \boldsymbol{W}_r^{(l)} \boldsymbol{h}_j^{(l)} \boldsymbol{W}_o^{(l)} \boldsymbol{h}_i^{(l)}\Big) \tag{2.74}$$

R-GCN 考虑的是异构图建模，在处理邻居的时候，以关系因素对邻居进行分类操作：对于每一种关系的邻居引入不同的权重参数，分别对属于同一关系类型的邻居聚合之后，再进行一次总的聚合，如图 2.34所示。

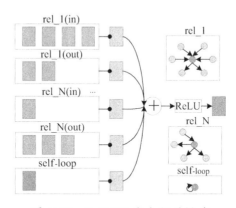

图 2.34　R-GCN 聚合邻居操作

2.4.9　Transformer 模型

Transformer 模型是一种基于自注意力机制的神经网络模型，主要用于处理序列数据，如文本、语言信号、图像或视频等。Transformer 模型避免了重复出现的模型架构，完全依赖于注意机制来描述输入和输出之间的全局依赖关系。

　　大多数竞争性的神经序列传导模型都有编码器—解码器结构。编码器将符号表示的输入序列 $(x_1, \cdots, x_n)$ 映射到连续表示的序列 $z = (z_1, \cdots, z_n)$。给定 z，解码器生成符号的输出序列 $(y_1, \cdots, y_m)$。在每一步中，模型都是自回归的，在生成下一个符号时，使用之前生成的符号作为附加输入。Transformer模型遵循这种整体架构，对编码器和解码器使用堆叠的自注意层和点级的全连接层。

　　编码器由 $N = 6$ 个相同的层组成，每个层都有两个子层：一个子层是多头自注意机制；另一个子层是简单的、位置级全连接前馈网络。在两个子层周围使用残差连接，然后进行层归一化。也就是说，每个子层的输出是 LayerNorm$[x+$Sublayer $(x)]$，其中 Sublayer$(*x*)$ 是由子层本身实现的函数。为了方便剩余的连接，模型中的所有子层和嵌入层都会产生尺寸 $d_{\mathrm{model}} = 512$ 的输出。

　　解码器也由 $N = 6$ 个相同的层组成，除了编码器层中的两个子层外，解码器还插入第三个子层，该子层对编码器堆栈的输出执行多头注意。与编码器类似，解码器在每个子层周围使用剩余连接，然后进行层归一化。还要修改解码器堆栈中的自注意子层，以防止关注后续的位置。这种掩蔽操作，加上输出嵌入位置偏移，确保了对位置 i 的预测只能依赖小于 i 的输出。

　　注意函数将查询和"键—值"对映射到输出，其中查询、键、值和输出都是向量。输出计算为值的加权和，其中分配给每个值的权重由查询与相应键的兼容性函数计算。

　　Transformer 模型以三种不同的方式使用多头注意力。在"编码器—解码器"注意层中，查询来自上一个解码器层，内存密钥和值来自编码器的输出，允许解码器中的每个位置都参与输入序列中的所有位置。模拟了序列到序列模型中典型的"编码器—解码器"注意机制，编码器包含自注意层。在自注意层中，所有的键、值和查询都来自同一位置，是编码器中上一层的输出。编码器中的每个位置都可以处理编码器上一层中的所有位置。类似地，解码器中的自注意层允许解码器中的每个位置关注解码器中的所有位置，包括当前位置。屏蔽 Softmax 输入中与非法连接相对应的所有值，可以实现防止解码器中向左的信息流，以保持自回归特性。

2.5 强化学习在交通信号控制中的应用

2.5.1 主要变量定义

Agent 可以定义为交通信号控制器、车辆、车道或交通环境。

2.5.1.1 状态

状态 $s_t^i \in S^i = \left\{ s_1^i, \cdots, s_{n_s}^i, \cdots, s_{\|S^i\|}^i \right\}$，$s_t^i = \left[s_t^{i,1}, s_t^{i,2} \right]$ 可以是多元组。假设路口 i 有四个流向 $D^i = [1, 2, 3, 4]$，每个流向有一个车道 $d^i \in D^i$。表示状态的交通参数如下。

（1）**排队长度**。表示排队长度的方法有以下三种。状态 $s_t^{i,d^i} = \left[s_t^{i,1}, s_t^{i,2}, s_t^{i,3}, s_t^{i,4} \right]$ 表示排队长度 $n_{q,t}^{i,d^i}$，并可以划分为同等的水平。低：$s_t^{i,d^i}: n_{q,t}^{i,d^i} < \Psi_q^1$。中：$s_t^{i,d^i}: \Psi_q^1 < n_{q,t}^{i,d^i} < \Psi_q^2$。高：$s_t^{i,d^i}: \Psi_q^2 < n_{q,t}^{i,d^i}$。状态数为 4^4；状态 s_t^{i,d^i} 可以表示相对排队长度 $d^i \in D^i$；状态 s_t^{i,d^i} 可以表示最大排队长度 $d^i \in D^i$。

（2）**红灯时长**。红灯开始之后的时长，用于阻止红灯激活时间过长。

（3）**当前交通相位**。表示当前交通相应的序号，当前的交通相位情况。

（4）**相位划分**。表示分配给相位的时间区间。

（5）**排队车辆的物理位置**。停车次数。

（6）**车辆目的地的物理位置**。车辆速度。

2.5.1.2 动作

$a_t^i \in A^i = \left\{ a_1^i, \cdots, a_{n_a}^i, \cdots, a_{\|A^i\|}^i \right\}$，主要有两类表示方法。

（1）**交通相位类型相关**。相位激活可以是以固定顺序激活，也可以是以无固定顺序激活。

（2）**相位时长相关**。增加或缩短相位时长。

2.5.1.3 延迟奖励

奖励（$r_{t+1}^i \in \mathbf{R}^i$）有以下三种计算方法。

（1）**加和奖励**。$r_{t+1}^i = r_{t+1}^1 + r_{t+1}^2$，奖励由两部分组成，且优先级相同。

（2）**加权奖励**。$r_{t+1}^i = \left[\eta_1 \times \left(r_{t+1}^{i,j,1} + r_{t+1}^{i,j,2} \right) \right] + \left[(1 - \eta_1) \times \left(r_{t+1}^{i,k,1} + r_{t+1}^{i,k,2} \right) \right]$，$0 \leqslant \eta_1 \leqslant 1$ 提供不同的优先级，例如车道 j 比车道 k 优先级高。

（3）**具有多重权值的加权奖励**。

$$r_{t+1}^{i} = \left[\eta_1 \times \left[\eta_2 \times r^{i,j}t+1,1 + (1-\eta_2) \times r^{i,k}t+1,1 \right] \right]$$
$$+ \left[(1-\eta_1) \times \left[\eta_2 \times r^{i,j}t+1,2 + (1-\eta_2) \times r^{i,k}t+1,2 \right] \right] \tag{2.75}$$

其中 $0 \leqslant \eta_1, \eta_2 \leqslant 1$ 提供不同的优先级，例如，较大的 η_1 可以缩短排队长度，较小的 η_1 可以缩短红灯时长，较大的 η_2 可以确保车道 j 具有较高的优先级。

奖励可以用车辆延误的变化、等待时间、合适的绿灯时间、排队长度变化、相位转换导致的延误来表示。

（1）**车辆延误的变化**。当车辆延误情况减少时，奖励 Agent。表示延误变化的方法有两种：奖励 $r_{t+1}^{i,j}$ 是路口 i 车道 j 的车辆总延误的绝对值（单位：秒）；奖励 $r_{t+1}^{i,j}$ 是相对值，可以是差值或比值，$r_{t+1}^{i} = t_{v,t}^{i} - t_{v,t+1}^{i}$ 表示车辆总延误之差，或 $t_{v,t}^{i} = t_{v,ref}^{i}$ 用期望值、参考值表示，或 $r_t^{i,d_i} = \dfrac{t_{v,t}^{i,d^i}}{\sum\limits_{c \in D^i} \left[t_{v,t}^{i,c} / |D^i| \right]}$，表示车道 d^i 上的延误比上全部车道上的平均延误。

（2）**等待时间**　若平均等待时间延长（红灯、拥堵或死锁导致），则惩罚 Agent。奖励 $r_{t+1}^{i} = 1/t_{w,t+1}^{i}$ 表示平均等待时间的倒数。

（3）**合适的路灯时间**。若 Agent 被惩罚，$r_{t+1}^{1} = -1$，当绿灯时长不适合时，会导致死锁或绿灯空放。若 Agent 被奖励，$r_{t+1}^{i} = 1$。

（4）**排队长度变化**。若 Agent 被奖励，当排队长度减少时，通过路口的车辆层增加。两种表示排队长度的方法：基于相对值，$n_{c,t}^{i} - n_{c,t+1}^{i}$ 为通过路口车辆数之差；奖励 $r_{t+1}^{i} = n_{c,t}^{i} - n_{q,t+1}^{i}$ 为通过路口的车辆数与排队长度的差值。

（5）**相位转换的代价**。如相位转换导致的延误等。

2.5.2　单一 Agent 应用

自 20 世纪 90 年代中后期以来，采用 Agent 学习算法进行交叉路口优化的研究受到越来越多的关注。Agent 通过与环境交互进行学习，获得最佳控制策略。最终的目标是实现对整个路网的优化控制，但是最初的工作是通过单一 Agent 控制单个交叉路口，如图 2.35所示。

最初采用强化学习实现单一交叉路口优化控制所使用的是 SARSA 算法，Thorpe 等[4] 考虑了两个场景：一个四车道无黄灯的交叉路口和 4×4 的路网，路网中的交叉路口单独更新各自的 Q 表。此后针对单交叉路口和多交叉路口路网的相关研究逐渐增多，其中，协调多 Agent 强化学习和多目标强化学习在该领域成为主流。Wen 等 [8] 提出了另外一种基于 SARSA 的单交叉路口优化控制算法，该算法采用随机控制机制，更适合用于真实交通场景，并使用车

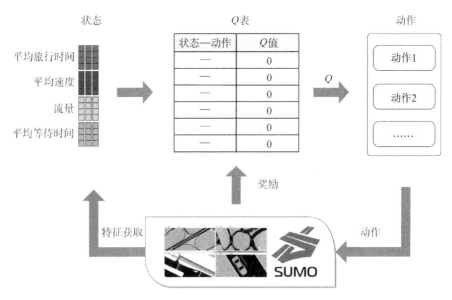

图 2.35　强化学习在交通控制中的应用

辆数形成稀疏离散值构造状态空间。Abdulhai 等[113] 提出了基于 Q 学习算法的单交叉路口优化控制方法，以排队长度作为状态，用两个动作周期之间的延误作为奖励，第一次采用简单二元动作模型，仅有相位切换。Camponogara 等[114] 提出了一种类似的 Q 学习强化学习模型，采用分布式 Q 学习技术，针对两个交叉路口分别进行 Q 值更新。El-Tantawy 等[115] 第一次将强化学习算法应用于真实交通场景，采用 Q 学习算法的三个不同的状态定义二值函数（绿灯时的到达车辆数和红灯时的排队车辆数）、排队长度和累积延误，并且采用可变相位动作模型取代二元动作模型；基于对研究内容的扩展，讨论了在线策略和离线策略强化学习算法[116]。Touhbi 等[117] 评估了排队长度、累积延误、流量三类奖励定义，分别在高和低交通需求情况下讨论了三种奖励定义的影响。此外，Lu 等[118] 和 Chin 等[119] 也采用 Q 学习进行了针对单一交叉路口优化控制的强化学习方法研究。

2.5.3　多 Agent 应用

很多现实中的问题需要通过相互作用的 Agent 进行学习才能得到解决。由于 Agent 需要考虑其他 Agent 的动作实现全局最佳方案，因此要求进行多 Agent 的学习。"状态—动作"维度随着 Agent 数量的增加而增加，因此系统任务分解是多 Agent 系统采用的主要方法之一。关于高维的多 Agent 强化学习方法有两个重要的概念：Agent 的稳定性和适应性[120]。当 Agent 在进行动作策略优化时，如果不考虑其他 Agent，宏观层面的最佳策略优化将会是难以实现且不稳定的。在多 Agent 强化学习中，分布式学习、合作学习、竞争学习等[120]方法都可以解决此类问题。

Agent 集合：$I = [1, 2, \cdots, |I-1|, |I|]$ 随着 Agent 个数增加，"状态—动作"对的数量呈指数倍增加。传统的强化学习方法为最大化本地 Q 值。MARL 将复杂的问题分解成若干较小的问题，通过 Agent 间合作和并行解决。MARL 的主要挑战是在移动目标和共享环境条件下，Agent 如何学习和选择动作。由于 Agent 的动作可能在相邻路口导致拥堵，因此 Agent 必须考虑其他 Agent 的最优选择，并相互协同。

由于 Agent 只有本地信息，因此需要学习邻居的状态、动作、奖励、Q 值；Agent 通过直接通信，或无须通信，建立环境模型，进行信息推断。

Agent 使用邻居信息更新各自的 Q 值。Agent 采用自己和邻居的延迟奖励计算加权延迟奖励之和，或采用值函数更新 Q 值：

$$
\begin{aligned}
Q_{t+1}^i(s_t^i, a_t^i) \leftarrow &(1-\alpha)Q_t^i(s_t^i, a_t^i) \\
&+ \alpha\left[r_{t+1}^i(s_{t+1}^i) + \gamma\sum_{j\in J^i}\eta^{i,j}\max_{a^j\in A}Q_t^j(s_t^j, a^j)\right]
\end{aligned} \tag{2.76}
$$

其中，J^i 为 i 的邻居集合。$\eta^{i,j}$ 为 Agent i 和 j 之间的权重，例如，$\eta^{i,j} = 1/|J^i|$，且 $\sum_{j\in J^i}\eta^{i,j} = 1$，每个邻居的 Q 值对 Agent i 的影响是相同的。

Agent 选择各自的动作时，要确保全局 Q 值能收敛到最优值（如纳什均衡）。全局 Q 值表示全局目标函数，即将每个 Agent 的 Q 值相加。在均衡态，每个 Agent 都采用最佳动作回应彼此。

在 Prabuchandran 等[121]的研究中，MARL 模型采用分布式方式，通过优化全局 Q 值优化相位序列。

状态 s_t^i 可表示为二元组 < 排队长度, 红灯时长 >。动作 a_t^i 表示为激活下一交通相位。延迟代价 $r_{t+1}^i\{s_{t+1}^i\}$ 表示为红灯时长和排队长度：

$$
r_{t+1}^i\{s_{t+1}^i\} = \eta_1\left(\frac{1}{|H^i|}\sum_{d^i\in D^i}t_{r,t+1}^{i,d^i}\right) + (1-\eta_1)\left(\frac{1}{|J^i|}\sum_{j\in J^i}\sum_{d^j\in D^j}\frac{n_{q,t+1}^{j,d^j}}{|D^j|}\right) \tag{2.77}
$$

其中，$|H^i|$ 为 Agent i 的相位数；D^i 为车道集合；J^i 为邻居集合；$0\leqslant\eta_1\leqslant 1$ 为权重因子；$t_{r,t+1}^{i,d^i}$ 为红灯总时长；$n_{q,t+1}^{j,d^j}$ 为排队长度。

Q 值更新公式如下：

$$Q_{t+1}^i\left(s_t^i, a_t^i\right) \leftarrow (1-\alpha)Q_t^i\left(s_t^i, a_t^i\right) + \alpha\left[r_{t+1}^i\left(s_{t+1}^i\right) + \gamma \max_{a \in A} Q_t^i\left(s_{t+1}^i, a\right)\right]$$
(2.78)

多交叉路口路网控制优化需要 Agent 之间进行协作学习，以实现整体网络的最佳控制策略。已有的很多研究主要关注如何用多 Agent 系统实现对交叉路口的协调控制，对于单个交叉路口的控制优化，多采用无模型的强化学习方法，如 Q 学习、SARSA 等。较早之前的多 Agent 方法研究多采用基于模型的强化学习算法，模型通常被描述为状态转移概率分布。Wiering[5]针对大规模交通网络研究了多 Agent 强化学习算法，基于车辆和交叉路口之间的协同，考虑了局部和整体的状态信息，提出了 TC-1、TC-2、TC-3 三种算法。状态空间定义为信号配时配置、车辆位置、车辆目的地。这种状态定义并不具有应用价值，因为车辆目的地在实际交通中难以获知。该模型通过循环更新值函数，实现最小化车辆等待时间。并且将结果与四个标准 TSC 模型一一进行了对比：固定配时控制、随机控制、最大排队优先和最多车辆模型。Steingrover 等[122]从不同角度对文献[5]中的 TC-1 模型进行了扩展，考虑了相邻交叉路口的拥堵信息，提出了 TC-SBC 模型和 TC-GAC 模型；前者在状态定义中增加了拥堵值，后者在计算值函数中引入了拥堵系数。Isa 等[123]通过在状态定义中增加拥堵和交通事故信息，对 TC-1 进行了扩展。上述几个模型都没有 Agent 之间的协作关系，也没有实现联合动作选择。

算法 10: MARL 模型

---

1 for Agent do

2 　　观察当前状态

3 　　选择动作

4 　　从邻居收到排队长度

5 　　收到总红灯时长

6 　　计算延迟奖励

7 　　更新 Q 值

8 end

Kuyer 等[124]介绍了一种 Agent 协作的算法，采用了 Max-plus 结构。在该模型中，Agent 通过相互协作在有限次迭代后实现最优联合动作。Bakker 等[125]提出了一种多 Agent 协作强化学习模型，观察多个路口的状态空间。该模型在系统由于传感器问题不能获取完整的状态信息时更有应用价值。上述

研究工作均采用文献 [5] 中的模型作为基准模型。

对于交通系统中单目标问题，例如，文献 [5] 中的单目标为减少车辆的等待时间，相关模型不能有效应对不同的交通条件。而强化学习模型能有效应对复杂环境中的多目标问题 [126]。Taylor 等 [127] 提出了一种非强化学习算法 DCEE，以应对 TSC 问题。Brys 等 [128] 和 Pham 等 [129] 采用具有 tile 编码的 SARSA 算法构建了一种多 Agent 强化学习模型，并在不同交通条件下与 DCEE 算法进行了对比。Khamis 等 [90] 研究了多目标交通信号控制强化学习模型，并在之前工作的基础上采用了七个目标，并提出了一种新的协作动作选择探索函数。Khamis 等 [130] 提出了一种基于模型的强化学习算法，采用贝叶斯状态转移概率作为模型，使用多目标用于定义奖励函数；同时 Khamis 等 [131] 采用了类似方式且使用了更多具体的目标。

在 DQN 提出之前，函数逼近方法常常在具有较大规模状态空间的 Q 函数中使用。例如，Prashanth 等 [13] 提出了两种具有函数逼近功能的 TSC 算法，分别基于 Q 学习算法和"演员—评论家"算法。Arel 等 [16] 提出了一种基于神经网络的强化学习算法，定义了局部 Agent 和全局 Agent，局部 Agent 是指通过最长排队优先算法进行交叉路口信号控制调节，全局 Agent 是指采用基于神经网络的 Q 学习算法控制交通信号，与 DQN 的思想非常接近。"演员—评论家"强化学习算法主要用于具有连续状态描述的场景中；离散化的状态可能会导致状态信息的缺失。Abdoos 等 [12] 提出了两层结构的多 Agent 强化学习，采用 Q 学习实现交叉路口 Agent，在第二层采用基于 tile 编码的函数逼近方法，以实现路网级别的控制方法。

一些研究通过相邻 Agent 之间进行协作实现联合最优性能。El-Tantawy 等 [132] 采用较小的交通网络作为应用场景，之后 El-Tantawy 等 [91] 提出了一种基于 Q 学习的多 Agent 强化学习算法实现路网协作优化，Agent 直接学习或间接学习协作动作。他们又采用了 59 个交叉路口的交通网络作为应用场景。Gokalan 等 [15] 提出了另一种基于协作的 TSC 模型，采用分布式 Q 学习 Agent，相邻 Agent 通过共享拥堵信息进行协作。Xu 等 [133] 在多 Agent 强化学习模型中采用了一种基于非零和马尔可夫博弈的协作模块，在每个迭代中 Agent 采用 Q 学习算法，Agent 之间的协作过程通过基于马尔可夫博弈的数学模型进行控制。Aziz 等 [134] 针对多交叉路口场景提出了一种新的强化学习算法，采用 R-马尔可夫平均奖励技术和多目标奖励定义，将实验结果与固定配时、适应性配时、Q 学习算法、SARSA 算法进行了对比。Chu 等 [135] 针对大规模交通网络提出了一种局部到中心的多 Agent 强化学习模型，在低密度下，区域间不需要进行合作，仅靠区域内的学习即可达到整体的学习效果。Araghi 等[136] 提出了一种基于 Q 学习的分布式多 Agent 强化学习控制器，实现了预测下个相位的绿灯长度。此外，Salkham 等[137] 和 Abdoos 等[138] 也针对多 Agent 强化学习进行了研究。

2.6 小 结

为了解决交通拥挤与阻塞问题，从 20 世纪 60 年代开始，发达国家就开始进行交通控制研究，这些研究主要通过建立交通流的数学模型，运用运筹学和最优控制理论来控制和优化整个交通系统。目前，尽管这些研究已经得到广泛应用，但由于交通系统的复杂性、交通流模型的局限性等因素，控制优化的效果并不是很理想。近年来，强化学习的发展为交通控制研究问题带来了新的解决思路。由于强化学习不需要对环境建模，并且能在个体与环境的相互作用中选择最优策略，因此被迅速应用到各个领域。交通控制场景很好地契合了强化学习框架。强化学习在交通控制方面的绝大多数研究集中在信号优化任务上。通过交通环境特征提取方法构建状态输入，优化目标多数与车辆等待时延和等待队列长度有关。Agent 动作的设置比较灵活，主要有相位序列、相位持续时间等，给 Agent 提供了最大的优化空间。总的来说，强化学习在信号控制上的优化不是全新的研究领域，但是依然有很多问题亟待解决，如大规模交通路网下的区域协调控制问题等。

第 3 章　深度多 Agent 强化学习

3.1　深度多 Agent 强化学习简介

机器学习可以看作数据转化为知识的过程[33]。学习算法的输入是训练数据，输出是某种知识。知识通常表示为能够完成某项任务的计算机程序。近十年来，在深度学习[93]的带动下，机器学习技术取得了长足的进步。深度学习有多种深度神经网络[139]，可以在高维数据中找到合理的表达[140]，从而使算法能通过训练执行任务，而不依赖人工制定规则。目前，已经有很多实际应用通过 DNN 实现技术进步，如机器视觉[141]、自然语言处理[142] 等。

此外，为了从数据中提取特征，AI 应用需要算法在已有知识的基础上进行决策，即采取何种动作使系统能以最佳效果实现某种功能。制定决策机制需要考虑两个问题：① 在进行决策的过程中，每一个时间步长不仅需要考虑动作对当前状态的影响，而且要考虑长期的影响。② 为了保证每次决策的有效性和安全性，还需要考虑其他系统带来的影响，毕竟任何系统都不可能单独存在于环境中，都需要应对环境中其他系统带来的影响。

由于适应性决策机制结构的需求，以及并行多学习过程的相互影响的复杂性，多 Agent 强化学习方法的研究越来越受到关注。在多 Agent 系统中，每个 Agent 通过与环境和其他 Agent 进行交互且期望获得长期最佳的收益，而多 Agent 强化学习能有效解决多 Agent 在共享随机环境中时序决策机制的问题。

3.1.1　多 Agent 强化学习

多 Agent 场景与单一 Agent 场景类似，每个 Agent 仍可通过试错过程试图解决时序决策问题，不同点在于，多 Agent 系统中环境状态的演进和奖励函数是由所有 Agent 的联合动作决定的 (如图 3.1所示)。Agent 不仅需要与环境交互，而且需要与其他 Agent 进行互动。多 Agent 的决策过程通常采用随机博弈理论[143]，即马尔可夫博弈[144] 进行描述。

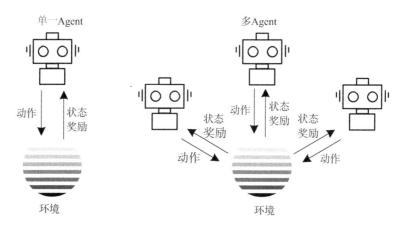

图 3.1　单一 Agent MDP(左) 和多 Agent MDP(右)

3.1.1.1　随机博弈

定义 3.1 (随机博弈).

随机博弈 (stochastic games，SG) 可以被看作 MDP（定义 2.1）的多玩家扩展，可以定义为 $\langle N, S, A^i, P, R^i, \gamma \rangle$，$i \in \{1, \cdots, N\}$：

- N：Agent 的个数，$N = 1$ 时退化为单一 Agent MDP，$N \gg 2$ 为多 Agent MDP。

- S：环境状态集合。

- A^i：Agent i 的动作集合。$\mathbb{A} := A^1 \times A^2 \times \cdots \times A^N$。

- $P : S \times \mathbb{A} \rightarrow \Delta(S)$：对于每个时间步长 $t \in T$，对给定 Agent 的联合动作 $\boldsymbol{a} \in \mathbb{A}$，环境状态从 $s \in S$ 转换到 s' 的概率。

- $R^i : S \times \mathbb{A} \times S$：环境状态从 $(s, \boldsymbol{a})$ 转换到 s' 后，Agent i 收到的奖励。奖励是标量值，最大值为 $R_{\max}$。

- $\gamma \in [0, 1]$：时间价值的折损因子。

通常采用上标 $(\cdot^i, \cdot^{-i})$[如 $\boldsymbol{a} = (a^i, a^{-i})$] 区分 Agent i 和其他 $N - 1$ 个 Agent。

随机博弈为 Agent 同时执行动作的决策场景提供了一种框架。博弈过程是有时序性的：在每个时间步长 t，环境状态为 s_t，每个 Agent 与其他 Agent 同时执行动作 a_t^i。所有 Agent 动作构成的联合动作最终使环境状态转移到下一个状态 $s_{t+1} \sim P(\cdot|s_t, \boldsymbol{a}_t)$，然后每个 Agent 从环境获得即时奖励/反馈 $R^i(s_t, \boldsymbol{a}, s_{t+1})$。在单一 Agent MDP 中，Agent 的目标是解决随机博弈问题：找到一种动作策略 (或博弈论中的混合策略[145])，$\pi^i \in \pi^i : S \rightarrow \Delta(A^i)$，使

Agent 执行时序动作系列得到最大化的折损累积奖励 (见公式 3.1)。$\Delta(\cdot)$ 是某集合上的概率简单体。在博弈论中, 当 $\Delta(\cdot)$ 替换为狄拉克度量时, 则 π^i 称为纯策略 (与混合策略相对)。

$$V^{\pi^i,\pi^{-i}}(s) = \mathbb{E}_{s_{t+1}\sim P(\cdot|s_t,a_t),a^{-1}\sim\pi^{-i}(\cdot|s_t)}\left[\sum_{t\geqslant 0}\gamma^t R_t^i(s_t,\boldsymbol{a}_t,s_{t+1})\middle| a_t^i\sim\pi^i(\cdot|s_t),s_0\right]$$
(3.1)

对比公式 3.1和公式 2.7可知, 在多 Agent MDP 中, Agent 的最优策略不仅受到自身策略的影响, 而且受到博弈中其他 Agent 策略的影响。

3.1.1.2　解决随机博弈问题

随机博弈可看作是以矩阵表示的普通形式博弈的序列, 如图 3.2所示, 每辆车有两个可选动作: 让行和冲过。每次两个动作的输出表示为普通形式博弈, 浅色代表行中的玩家的奖励值, 深色为列中玩家的奖励值。该博弈中的纳什均衡是和。如果两辆车不考虑对方仅考虑自己, 结果将会相撞。

图 3.2　普通形式博弈 (以路口为例)

在时刻 t 的随机博弈可以表示为矩阵形式的普通形式博弈。行对应了 Agent 1 的动作集 A^1, 列对应了 Agent 2 的动作集 A^2, 矩阵值是每个联合动作对应的奖励。在如图 3.2所示的场景中, 如果两个 Agent 仅关心自己的最佳奖励而不考虑其他 Agent 的收益, 则会选择动作 "冲过", 结果就是相撞。显然, 尽管学习过程中选择的奖励是最高的, 但这种结果是不安全的且对每个 Agent 均是次优的。因此, 若想解决博弈论的 SG 函数并真正最大化累积奖励, 每个 Agent 必须在作决策选择动作时考虑其他 Agent。

相比于解决 MDP 问题, 解决 SG 问题通常涉及解决非线性编程的方法。然而, 有两类特殊的双玩家整合折损奖励 SG 仍然可以看作 LP[146]。

- 单控制器 SG: 有某个 Agent 决定环境状态的转换, 当 $\boldsymbol{a}$ 的第 i 个值有 $\boldsymbol{a}[i] = a^i\ \forall s\in S, \forall\boldsymbol{a}\in\mathbb{A}$, 则 $P(\cdot|\boldsymbol{a},a) = P(\cdot|a^i,s)$。

- "分别奖励—状态独立转换" SG(SR-SIT SG): 状态和动作对奖励的影响没有关联, 转换函数仅依赖于联合动作, $\exists\alpha: S\to R, \beta: \mathbb{A}\to R$, 满足以下两个条件: ① $R^i(s,\boldsymbol{a}) = \alpha(s) + \beta(\boldsymbol{a}),\ \forall i\in\{1,\cdots,N\},\forall s\in$

$$S, \forall \boldsymbol{a} \in \mathbb{A}; \textcircled{2}\ P(\cdot|s', \boldsymbol{a}) = P(\cdot|s, \boldsymbol{a}),\ \forall \boldsymbol{a} \in \mathbb{A}, \forall s, s' \in S。$$

3.1.1.3 基于值的 MARL 方法

单一 Agent 的 Q 学习更新公式 2.13在多 Agent 场景中仍然可以使用。在第 t 次迭代中，对于每个 Agent i，给定从重放存储空间采样的转换数据 $\{(s_t, \boldsymbol{a}_t, R^i, s_{t+1})\}_{t \geqslant 0}$，仅需更新 $Q(s_t, \boldsymbol{a}_t)$ 的值，同时保持其他部分的 Q 函数不变：

$$Q^i(s_t, \boldsymbol{a}_t) \leftarrow Q^i(s_t, \boldsymbol{a}_t) + \alpha \times \left[R^i + \gamma \times \mathrm{eval}^i(Q(s_{t+1}, \cdot)) - Q^i(s_t, \boldsymbol{a}_t)\right] \quad (3.2)$$

与公式 2.13相比，最大值操作符被替换成了 $\mathrm{eval}^i(Q(s_{t+1}, \cdot))$，以表示 Agent 不仅应考虑自身状态，而且必须评估 $t+1$ 时刻其他 Agent 参与的阶段博弈，表示为所有 Agent 的 Q 函数集合。通过解决 $\mathrm{solve}^i(Q(s_{t+1}, \cdot))$ 可以获得最佳策略 $\pi^{i,*}$，即 $\pi^{i,*} = \mathrm{solve}^i(Q(s_{t+1}, \cdot))$。因此，可以将评估操作符写作：

$$\mathrm{eval}^i(Q(s_{t+1}, \cdot)) = V^i\big(s_{t+1}, \mathrm{solve}^i(Q(s_{t+1}, \cdot))\big) \quad (3.3)$$

综上所述，假设所有 Agent 处在相同的均衡状态下，solve^i 在某些均衡点提供 Agent i 的最佳策略部分，而 eval^i 给出 Agent i 在均衡下的长期预期奖励。

3.1.1.4 基于策略的 MARL 方法

由于多 Agent 系统的多个组成组合本质，基于值的方法很容易陷入维度灾难。应对这一问题就需要开发具有函数逼近能力的基于策略的方法。在基于策略的方法中，Agent 通过更新神经网络的参数 θ^i，学习其最佳策略 $\pi^i_{\theta^i} : S \to \Delta(A^i)$。$\theta = (\theta^i)_{i \in \{1, \cdots, N\}}$ 表示所有 Agent 的策略参数集合；$\boldsymbol{\pi}_\theta := \prod_{i \in \{1, \cdots, N\}} \pi^i_{\theta^i}(a^i|s)$ 表示联合策略。为了优化参数 θ^i，将策略梯度理论 (第 2.1.5节) 进行扩展以适应多 Agent 场景。记 Agent i 的目标函数为 $J^i(\theta) = \mathbb{E}_{s \sim P, \boldsymbol{a} \sim \boldsymbol{\pi}_\theta}[\sum_{t \geqslant 0} \gamma_t R^i_t]$，则有：

$$\nabla_{\theta^i} J^i(\theta) = \mathbb{E}_{s \sim \mu^{\pi_\theta}(\cdot), \boldsymbol{a} \sim \boldsymbol{\pi}_\theta(\cdot|s)}\left[\nabla_{\theta^i} \lg \pi_{\theta^i}(a^i|s) \times Q^{i, \boldsymbol{\pi}_\theta}(s, \boldsymbol{a})\right] \quad (3.4)$$

对具有连续动作集和确定策略，则为多 Agent 确定性策略梯度[147]，记作：

$$\nabla_{\theta^i} J^i(\theta) = \mathbb{E}_{s \sim \mu^{\pi_\theta}(\cdot)}\left[\nabla_{\theta^i} \lg \pi_{\theta^i}(a^i|s) \times \nabla_{a_i} Q^{i, \boldsymbol{\pi}_\theta}(s, \boldsymbol{a})|_{a = \pi_\theta(s)}\right] \quad (3.5)$$

在公式 3.4和公式 3.5中，联合策略 $\boldsymbol{\pi}_\theta$ 上的期望值意味着其他 Agent 的策略也已被考虑，符合实际应用问题的要求。

3.1.1.5 纳什均衡的解决思路

博弈论为多 Agent 强化学习提供了重要的解决思路。解决 MARL 问题的思路非常多，其中最著名的是非合作博弈论中的纳什均衡[148]。

在普通形式博弈中，NE 体现在联合策略组合 (strategy profile) $(\pi^{1,*}, \cdots, \pi^{N,*})$ 的均衡点上，Agent 依据对其他 Agent 的最佳反应进行动作选择。当考虑了所有其他玩家的策略，最佳反应就可以生成最佳输出。玩家 i 对 π^{-i} 的最佳反应是满足以下条件的策略集合：

$$\pi^{i,*} \in \mathrm{Br}(\pi^{-i}) = \left\{ \underset{\hat{\pi} \in \Delta(A^i)}{\operatorname{argmax}} \mathbb{E}_{\hat{\pi}^i, \pi^{-i}}[R^i(a^i, a^{-i})] \right\} \tag{3.6}$$

NE 描述的是当所有玩家完全理性时，所有玩家都不会偏离其最佳反应 $\pi^{i,*}$，其他玩家的策略是 $\pi^{-i,*}$。NE 通过最佳反应来进行描述，取决于相对奖励值，意味着在确定 NE 时不需要精确的奖励值。实际上，NE 在玩家奖励函数的正仿射变换下是不变的。纳什应用布劳威尔不动点理论，证明了对任意有限动作集的博弈总是存在混合策略的 NE[148]。以图 3.2中的场景为例，NE 是和。

对于 SG，通常使用马尔可夫精炼纳什均衡[149]，定义如下。

定义 3.2 (随机博弈的纳什均衡).

马尔可夫式的策略组合 $\boldsymbol{\pi}^* = (\pi^{i,*}, \pi^{-i,*})$ 是随机博弈的马尔可夫式精炼 NE，满足下列条件：

$$V^{\pi^{i,*}, \pi^{-i,*}} \geqslant V^{\pi^i, \pi^{-i,*}}, \ \forall s \in S, \forall \pi^i \in \pi^i, \forall i \in \{1, \cdots, N\} \tag{3.7}$$

马尔可夫式是对上一个状态，纳什策略是可计算且可获得的。精炼是指均衡，也是不论开始状态的子博弈精炼。考虑到 SG 的时序性特点，概括性的假设是必要的。之后，就可以认为马尔可夫式精炼 NE 等同于 NE。

混合策略 NE 存在于折损 SG 和平均奖励 SG[150]，可能不唯一。事实上，独一性检查是个多项式复杂程度的非确定性问题（non- deterministic polynomial 问题，NP 问题）[151]。采用 NE 作为优化问题的解决思路，可以将公式 3.3写作：

$$\mathrm{eval}_{\mathrm{Nash}}^i\big(Q(s_{t+1}, \cdot)\big) = V^i\big(s_{t+1}, \mathrm{Nash}^i(Q(s_{t+1}, \cdot))\big) \tag{3.8}$$

在公式 3.8 中，$\mathrm{Nash}^i(\cdot) = \pi^{i,*}$ 计算了 Agent i 的策略的 NE，$V^i(s, \{\mathrm{Nash}^i\})$ 是在均衡下 Agent i 从状态 s 开始转换的预期收益。公式 3.8和公式 3.2确定了 Nash-Q 学习算法的学习步骤[152]。公式 3.8 定义了最优

策略的学习集合的输出，对于每个单阶段博弈都能达到 NE。当 NE 不唯一的时候，Nash-Q 采用手动方式选择均衡项，即所有玩家都选择第一个 NE。此外，与常规 Q 学习类似，Nash-Q 操作符也被证明是一种压缩映射，且 NE 唯一时，随机更新规则能在所有状态收敛到 NE。Nash-Q 操作符定义如下：

$$(H^{\text{Nash}}Q)(s,a) = \sum_{s'} P(s'|s,a)\left[R(s,a,s') + \gamma \cdot \text{eval}_{\text{Nash}}^i\left(Q(s_{t+1},\cdot)\right)\right] \quad (3.9)$$

在两玩家整和博弈中寻找 NE 的过程可看作是线性互补问题，可以采用莱姆克—豪森（Lemke-Howson）算法解决[153]。然而，对于三个及以上玩家的博弈，并没有确切的解决方法。事实上，寻找 NE 的过程对计算能力要求很高。即使在两玩家博弈中，其计算复杂度仍是多项式奇偶性参数定向复杂性类中的难题[154]，从而使采用暴力或穷举搜索解决变得不可能，除非 P=NP。一般 SG 中 NE 问题非常难以求解，确定是否存在纯策略 NE 的复杂度是 PSPACE-hard；即使在有限时间区间的 SG 中，计算量仍然可达到 NP 难题[155]。此外，还可以采用函数逼近到 ε-NE 的方式，将寻找 NE 的问题转化为搜索不动点的优化问题。

3.1.2 MARL 面临的挑战

由于多 Agent 强化学习中存在同时学习的过程，因此相比于单 Agent 强化学习，MARL 在实际应用中面临更大的挑战。对比两玩家的经典 MARL 设置，解决多 Agent 强化学习问题面临更多的难题，主要有：① 计算复杂度；② 多维学习目标；③ 所有用于解决博弈问题的 MARL 算法中的非平稳问题；④ 仅有两玩家，尤其在两玩家零和博弈中。

3.1.2.1 计算复杂度

在多 Agent 的学习过程中，每个 Agent 在确定最佳反应时需要考虑其他 Agent 的动作，这一特征存在于每个 Agent 的奖励函数，用 Q 函数 $Q^i(s,\boldsymbol{a})$ 中的联合动作 $\boldsymbol{a}$ 表示（见公式 3.2）。联合动作空间的大小 $|A|^N$，随着 Agent 的个数呈指数倍增长，极大地限制了 MARL 方法的可计算性。因此，对于多 Agent 的整和博弈，找到有应用价值的解决思路是非常困难的。

解决上述问题常见的做法是通过假设在动作依存关系上的特定因素分解结构，使奖励函数或 Q 函数可以显著地得到简化。例如，在图形博弈中假设 Agent 的奖励仅被邻居影响[156]。这种假设直接使计算 NE 降为了多项式时间复杂度 $[O(n^k)]$[157]，相应的，解决问题的能力也随之降低，算法的应用范围也受到了很大的限制。

近期的研究趋势是在 Q 函数解析中发挥神经网络的作用[158]，这对解决博弈问题非常有帮助。

3.1.2.2　多维学习目标

与单一 Agent 强化学习方法对比，MARL 的学习目标是多维的，Agent 的目标无须采用同一个值描述。Bowling 等[159]将学习任务的目标分为两类，即理性和收敛性。理性确保 Agent 对其他 Agent 采取最佳可能反应；收敛性确保动态学习过程最终能达到稳定的策略。同时达到理性和收敛性就能达到 NE。

NE 意味着当 Agent 完全理性时，Agent 不会偏离联合最佳策略组合的不动点。然而，在实际应用中，Agent 的理性容易受到认知条件及决策问题处理等条件的限制。在一些场景中，完全理想假设被放宽到其他类型的解决思路，例如递归推理均衡，在具有有限分层思维的 Agent 中完成递归方式建模推理过程[160]、对特定 Agent 的最佳反应[161]、平均场博弈均衡[162]、进化稳定策略[163]、Stackelberg 均衡[164]、鲁棒均衡[165]等。

尽管大多数 MARL 算法设计能收敛到 NE，但仍难以达到有效的收敛效果[164]，经过验证的结论也是在很多假设条件基础上实现的[166]，还有一些不能收敛到 NE[167]。Zinkevich 等[168]提出了整和 SG 中值迭代方法的非收敛特征的辨识方法，并指出值迭代方法能够到达循环均衡。

"无遗憾"概念也称为博弈论理论中的 Hannan 一致性[169]，其通过后验方式与最佳可选策略进行收敛性评价，这种方法也为评估零和自我博弈中的收敛程度提供了标准。在具有非凸非凹损失设置的两玩家零和博弈中 (训练生存对抗网络[170])，梯度—下降—上升方法可以达到 Stackelberg 均衡[171]或局部差分 NE[172]。

在已有的研究中，相关的研究主要集中在单一 Agent 深度强化学习算法，如神经策略梯度方法[173]、神经 TD 学习算法[174]，关于多 Agent 强化学习方法目标收敛方面的研究相对较少，仍处于起步阶段。

3.1.2.3　非平稳

多 Agent 学习与单一 Agent 学习最大的差别在于平稳特征。由于多 Agent 强化学习中，Agent 需要根据自身情况、其他 Agent 的状况、环境的动态性进行决策策略改进，因此学习过程变得非平稳和难以解释。导致非平稳的主要原因是 Agent 不能区分状态转移是自身动作的真实输出还是受到其他 Agent 的动作的影响。尽管单一 Agent 学习有时可以获得较好的性能[175]，且能在单一 Agent 学习中具有理论收敛性，但是在多 Agent 学习中，适应单一 Agent 学习的马尔可夫性质假设不再适用，公式 2.8中平稳策略的状态占有率度量也不再存在。例如，MARL 中单一 Agent 策略梯度方法的收敛效果已经被证明在简单的线性二次型博弈中是非收敛的[172]。

由于在 TD 学习中大多数深度强化学习算法采用的重放存储，非平稳问题反而会变得更为严重[176]。在单一 Agent TD 学习，如公式 2.15 中，Agent 使用 TD error 的当前估计，并将之存入重放存储空间，然后从中采样用于更新值函数。在 MARL 中，由于 Agent 的值函数还依赖于其他 Agent 动作，因此，TD 学习的自助估计同样需要对其他 Agent 的动作进行采样，这就会导致两个问题：① 采样的动作几乎不能表示其他 Agent 的跨越不同状态的潜在策略的完整行为；② 在训练过程中 Agent 的策略会发生改变，因此采样的动作很快会过时。由此可见，从 Agent 重放存储中采样样本必须不断更新以反映当前的特性。这一过程会加剧非平稳性。

综上所述，非平稳性使得应用于单一 Agent 学习的数学方法不再适用于多 Agent 学习场景。但是，存在一种例外情况，即相似兴趣博弈，在其中 Agent 可以不需要考虑其他 Agent 的动作。

3.1.2.4 $N \gg 2$ 时的可计算问题

在两玩家博弈，特别是两玩家零和博弈中，主流的 MARL 算法能很好地解决组合复杂性、多维学习目标和非平稳的问题[177]。而上述问题在超过两个 Agent 的整和博弈中还没有得到有效解决。解决这些问题需要从三个领域存在突破 (如图 3.3所示)，即博弈论、深度学习、强化学习。博弈论为学习输出提供方法；深度学习为学习过程提供逼近器；强化学习用于描述 Agent 的动机。

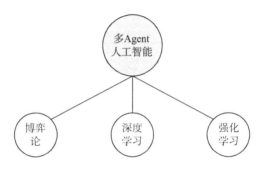

图 3.3　多 Agent 智能方法研究的三个领域

3.1.3　MARL 研究综述

3.1.3.1　MARL 算法分类

单一 Agent 强化学习算法通常根据解决方法的类型进行分类，如无模型和基于模型、有策略和无策略、TD 学习和蒙特卡洛学习。相比之下，由于存在多学习目标，单一 Agent 强化学习算法一般根据问题类型分类而不是解决方法的类型。

基于阶段博弈。常见的分类有团组博弈、零和博弈、整和博弈；还有其他的类型，如潜在博弈[178]、平均场博弈[179]。基于阶段博弈类型，分类可以根据玩家博弈次数进一步划分。重复博弈是指同样结构的博弈重复多次，其中的每次博弈被称为阶段博弈，多次博弈过程中不考虑状态转移。随机博弈是阶段博弈的序列，可以无限长，通过状态转移概率确定阶段博弈的顺序。由于解决整和随机博弈的时间复杂度至少是 PSPACE-hard[151]，因此 MARL算法通常对要解决博弈的类型非常明确。对于整和博弈，很少有 MARL 算法在没有很多假设前提下能够实现收敛[164]。

基于本地知识的层面。不同的本地知识获取权限会导致 Agent 不同的行为。MARL 算法基于本地知识常用的假设条件如表 3.1所示，依据假设的强度和现实程度划分为七个级别，其中有两种极端的情况，即 Agent 除了自身信息外不能获得任何其他信息，Agent 知道均衡点。此外，掌握 Agent 具体策略、奖励函数是比观察信息更重要的假设。实际上，只有在仿真环境中才能了解 Agent 的具体策略参数。从应用的角度看，获取其他 Agent 的奖励比获取其他 Agent 的动作更加不现实。

表 3.1　MARL 算法关于本地知识水平的一般性假设

水平	假设条件
0	Agent 观察所选取动作的奖励值
1	Agent 观察所有潜在动作的奖励值
2	Agent 感知其他 Agent 的动作
3	Agent 观察其他 Agent 的奖励值
4	Agent 感知其他 Agent 的具体策略
5	Agent 感知其他 Agent 的具体奖励函数
6	Agent 感知阶段博弈的均衡态

基于学习模式。MARL 算法中常见的学习模式如图 3.4 所示。其中，第

4 种学习模式通过构建单 Agent 控制器，将所有 Agent 的联合信息作为输入，将所有 Agent 的联合动作作为输出，以解决多 Agent 问题。在这种模式中，Agent 可以通过中心控制 Agent 与其他 Agent 交换信息。第 5 种学习模式允许 Agent 在训练和执行过程中与其他 Agent 交换信息，Agent 以离散方式仅依据自身的观察执行动作、进行决策。第 6 种学习模式可以看作是第 5 种学习模式的特例，Agent 通过时变网络进行连接，信息可以通过扩散到整个网络。最常用的是第 2 种学习模式，在该模式下 Agent 是完全离散的，没有信息交换，每个 Agent 独立进行决策。第 1 种和第 3 种学习模式都不允许交换信息，前者共享部分策略参数，后者在分组中共享部分策略参数。

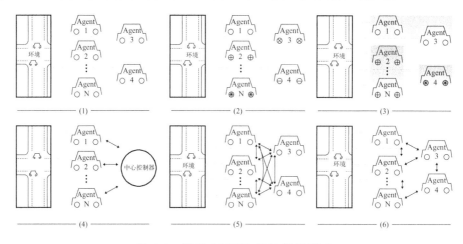

图 3.4 常见 MARL 算法学习模式

① 具有共享策略的独立学习者。 ② 具有独立策略的独立学习者。 ③ 小组内共享策略的独立学习者。 ④ 集中式：具有中央控制器控制 Agent，Agent 可以随时与其他 Agent 交换信息。 ⑤ 集中训练分布执行 (centralized training decentralized execution, CTDE)：在训练阶段，Agent 可以相互交换信息；执行阶段则相互独立。 ⑥ 网络化分布训练：训练过程中仅与相邻 Agent 交换信息；执行阶段则相互独立。

基于五个 AI 议题。Shoham 等[180]总结了 MARL 领域中五个最为重要的议题：① 计算性；② 可计算性；③ 标准化；④ 协同规范性；⑤ 非协同规范性。可计算性将学习算法视为以迭代方式计算博弈的某种属性，如解决思路。博弈论中的均衡性研究为标准化提供了基础，聚焦于如何确定均衡性中学习规则集。更确切地说，是确定哪种重复博弈策略是非均衡的，这种情况仅存在于重复博弈中。最后两个议题是比较常见的，即关注 Agent 如何进行学习的问题。第四个议题针对的是动态系统的分布式控制，需要在动态环境中进行离散化控制，本地控制器必须考虑其他 Agent 的策略。这种问题多数采用重复或随机博弈进行建模描述，在这种情况下不需要均衡性分析，Agent 不能偏离预定的算法。最后一个议题是 Agent 在重复或随机博弈中如何决策以获得高回报。这类议题的目标是确定从环境获得高奖励的有效策略，通常环境中的 Agent 存在分类，且学习过程仅考虑某几类的 Agent。

3.1.3.2　MARL 综述文献

Stone 等[181]在 2000 年对机器学习中的多 Agent 系统研究进行了综述，依据 Agent 是同构或异构，以及是否相互通信，将相关工作分为四个主要部分。Shoham 等[180]从强化学习的角度分析了强化学习与博弈论相结合的研究前景，并提出了著名的问题："如果强化学习是答案，那么什么是问题？"为了回答这个问题，Stone[182]强调 MARL 比博弈论方法更能适应多种构建方式，还指出 MARL 仍有更大的研究前景。Tuyls 等[183]也赞同 Stone[182]研究中的观点，认为将强化学习与博弈论结合进行研究的观点过于狭窄，MARL 还应该包括其他方法，如转化学习[184]、群体智能[185]、合作演化[186]等。Panait 等[187]基于团组学习和并发学习思想考察了协作 MARL 算法，内容涉及了进化计算、复杂系统等领域。Matignon 等[175]综述了全协作博弈的相关解决方法，尤其关注了基于 Q 学习及其拓展算法的孤立强化学习 Agent。与此观点相似，Jan't Hoen 等[188]考察了全协作博弈及全竞争博弈中的相关工作。Buşoniu 等[189]首次对 MARL 算法进行了完整的综述，包括基于值迭代方法和基于策略搜索方法，分析了两者的优势与劣势，不仅考虑了全协作和全竞争博弈，而且涉及了整和博弈中的不同算法的有效性问题。Nowé 等[190]针对相似的主题进行了综述，所覆盖的算法类型范围较小。Tuyls 等[191]和 Bloembergen 等[163]都对各种 MARL 算法进行了综述，对演化博弈理论和 MARL 算法之间的关系进行了深入阐述。Hernandez-Leal 等[192]针对非平稳性问题，对已有的 MARL 算法重新进行了分类。Da Silva 等[193]基于知识复用的角度对 MARL 算法进行了综述，将所有算法分为 Agent 内部和 Agent 之间两类，分别对应于知识重用依赖自身或其他 Agent。

随着深度神经网络方法的发展，深度多 Agent 强化学习方法已经成为该领域研究的热点之一，如图 3.5所示。

Nguyen 等[194]对深度学习技术如何解决多 Agent 系统中的问题的相关研究进行了综述，这些问题包括部分观察、连续状态—动作空间和转化学习

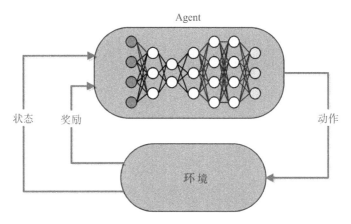

图 3.5　深度多 Agent 强化学习控制框架

等。Oroojlooyjadid 等[195]对 Deep MARL 在全协作博弈中的应用研究进行了很全面的综述。Hernandez-Leal 等[196]对经典的多 Agent 系统关注的研究方向，如涌现行为、学习通信、对抗建模等，引入 Deep MARL 研究领域，作为新的研究方向。Zhang 等[177]针对具有网络化结构的离散化 MARL、平均场 MARL 和随机潜在博弈中的 MARL 进行了综述，关注理论收敛性和复杂性分析等主题。在应用层面，Müller 等[197]考察了 152 个多 Agent 系统在各个领域的应用。Campos-Rodriguez 等[198]针对多 Agent 技术在工业自动化领域的应用进行了综述。Derakhshan 等[199]关注了无线传感器网络的相关应用；Shakshuki 等[200]考察了智能医疗领域中多 Agent 的应用；Kober 等[32]考察了机器人控制相关应用研究，并对可应用于实际工程中的强化学习算法进行了综述。

3.2　多 Agent 协调

协调和规划是多 Agent 系统领域中常见的两个术语。协调是指 Agent 通过某种相互作用，生成可行的规划步骤。规划则是指收集从给定初始状态达到预定目标所需的可行步骤。因此，协调是多 Agent 领域解决复杂现实问题的重要概念，通常包括的类型有合作和竞争两种。合作是指在单个 Agent 能力有限或任务目标条件限制下，通过提高 Agent 的性能以完成复杂的任务目标的过程。竞争是指两个 (或组)Agent 的任务目标存在冲突。

随着人工智能方法的发展，多 Agent 协调相关研究引入了强化学习的方法。在强化学习方法中，不需要提供训练数据，可以采用评论家根据执行动作之后的奖励向学习算法进行反馈。在多 Agent 场景中，强化学习需要在 Agent 联合状态—动作空间中进行[201]。

3.2.1　面向多 Agent 合作的博弈论

由于多智能体系统（multi-agent system,MAS）中每个 Agent 潜在影响其他 Agent 的决策，因此博弈论 (game theory,GT) 能够形式化分析 MAS 的策略情况[65]。本研究考虑了两类博弈：静态博弈和动态博弈，分别定义如下。

定义 3.3 (静态博弈).

具有 m 个玩家的静态博弈可定义为元组 $\langle m, A_1, \cdots, A_m, r_1, \cdots, r_m \rangle$，其中 $A_i, i \in [1, m]$ 为玩家 i 的有限动作集合；$r_i : \times_{i=1}^m A_i \to \mathrm{R}, i \in [1, m]$ 为玩家 i 的奖励函数，$\times$ 为笛卡尔积符号。

静态博弈包括常和博弈、零和博弈、整和随机博弈。在常和博弈中，两个玩家奖励之和为常数 1，如图 3.6所示。

图 3.6　常和博弈

零和博弈是常和博弈的一种特殊情况[202]，两个玩家的奖励之和为常数 0，意味着一个玩家收获的等于另一个玩家损失的。在一些情况下，博弈没有纯策略 NE，但每个博弈都具有混合策略 NE[148]。在整和随机博弈中，所有玩家的奖励之和不是 0，也不是常数。

定义 3.4 (重复博弈).

当重复进行静态博弈时，即是重复博弈。

静态博弈中，Agent 在联合状态下执行各自的动作，Agent 不具有任何状态转移，因此，静态博弈也被称为无状态博弈。而动态博弈定义如下。

定义 3.5 (动态博弈).

具有 m 个 Agent 的动态博弈可定义为五元组 $\langle m, \{S\}, \{A\}, r_i, p_i \rangle$，其中，$\{S\} = \times_{i=1}^m S_i$ 为联合状态空间，$\{A\} = \times_{i=1}^m A_i$ 为联合动作空间，$r_i = \{S\} \times$

$\{A\} \to \mathrm{R}$ 为 Agent i 的联合状态—动作的奖励函数，$P_i = \{S\} \times \{A\} \to [0,1]$ 为 Agent i 的状态转移函数。

假设 Agent $i \in [1, m]$，从其动作集合 A_i 中选择动作 a_i 进行重复博弈，所有的 Agent 分别同时选择的动作形成了联合动作 $A \in \times_{i=1}^{m} A_i$。设 $\pi_i(a_i)$ 为 Agent i 选择动作 $a_i \in A_i$ 的概率。

当 $\pi_i(a_i) = 1$ 时，则 Agent i 的策略 π_i 在 $a_i \in A_i$ 下是确定的。m 个 Agent 的策略组合定义如下：

$$\pi = \{\pi_i, i \in [1, m]\} \tag{3.10}$$

策略组合 π_{-i} 表示除 Agent i 外的其他 Agent 的策略集合。

$$\pi_{-i} = \{\pi_1, \cdots, \pi_{i-1}, \pi_{i+1}, \cdots, \pi_m\} \tag{3.11}$$

由定义可知，有 $\pi = \pi_{-i} \cup \pi_i$。

由定义 3.3和 3.5可知，动态博弈和静态博弈的区别是增加了状态转移。在静态博弈中，Agent 寻找相互之间的一种平衡条件或均衡，不会采取单边的偏离行为。相关研究中常见的均衡性包括纳什均衡、相关均衡（correlated equilibrium,CE）、斯塔克伯格均衡（Stackelberg equilibrium,SE）。

在理解均衡性之前，设 Agent 在给定的状态 s 时具有动作集 A，且有在状态 s 下对应最大奖励的动作 $a^* \in A$ 表示最优或最贪婪的动作。这些在每个状态下的最优动作的集合称为最优策略。在某个特定状态下，当 Agent 执行动作时，该动作就是纯策略。混合策略是纯策略之上的随机选择结果。

3.2.1.1 纳什均衡

纳什均衡是多 Agent 交互系统的一种策略思路，最终使所有 Agent 的决策形成稳定的策略格局，没有任何 Agent 能偏离此格局而获得更大的收益。纳什均衡的定义见定义 3.6,其具有两种类型,即纯策略 NE（pure strategy Nash equilibrium, PSNE）和混合策略 NE（multiplex single nucleaotide extention, MSNE）。纯策略 NE 是策略组,它使得任何 Agent 单方面偏离自己的均衡策略都无利可图（单方面偏离是指仅有某个 Agent 偏离而其他 Agent 不偏离它们的均衡策略）。

定义 3.6 (纳什均衡).

NE 是一种稳定联合动作，在具有 m 个相互 Agent 的系统的某个联合状态 S 下，且在 NE 下，所有 Agent 都服从于同一最优联合动作，没有 Agent 偏离该联合动作。对于 PSNE，该联合动作为 $A_N = \langle a_i^* \rangle_{i=1}^{m}$，联合动作 $S \in S$。

对于 MSNE, Agent 以概率 $p^*(A) = \pi_{i=1}^m p_i^*(a_i)$ 执行该联合动作 $A = \langle a_i \rangle_{i=1}^m$, 其中 $p_i^* : \{a_i\} \to [0,1], p^* : \{A\} \to [0,1]$。

设 $a_i^* \in \{a_i\}$ 为 Agent i 在状态 s_i 时的最优动作, 且 $A_{-i}^* \subseteq A$ 为除 Agent i 之外的其他 Agent 在联合状态 $S = \langle s_j \rangle_{j=1, j \neq i}^m$ 时的最优联合动作组合, $Q_i(S, A)$ 为 Agent i 在联合状态 S 时的联合 Q 值。则有 PSNE 在联合状态 S 时的条件为:

$$lQ_i(S, a_i^*, A_{-i}^*) \geqslant Q_i(S, a_i, A_{-i}^*), \forall i$$
$$\Rightarrow Q_i(S, A_N) \geqslant Q_i(S, A'), \forall i \left[A_N = \langle a_i^*, A_{-i}^* \rangle, A' = \langle a_i, A_{-i}^* \rangle \right] \quad (3.12)$$

且 MSNE 在联合状态 S 时的条件为:

$$Q_i(S, p_i^*, p_{-i}^*) \geqslant Q_i(S, p_i, p_{-i}^*), \ \forall i, \quad (3.13)$$

其中, $Q_i(S, p) = \sum_{\forall A} p(A) Q_i(S, A)$, 且 $p_{-i}^*(A_{-i}) = \prod_{j=1, j \neq i}^m p_j^*(a_j)$ 是从除 Agent i 之外的其他 Agent 的联合动作组合中进行选择的联合概率。

ⓐ 固定 $A_1 = L$、$A_2 = L/F$; ⓑ 固定 $A_2 = F$、$A_1 = L/F$; ⓒ 固定 $A_1 = L$、$A_2 = L/F$; ⓓ 固定 $A_1 = F$、$A_2 = L/F$; ⓔ 纳什均衡、FL、LF。

在联合状态 S 下, Agent 如图 3.7所示的方法估计 $\text{PSNE} A_N = \langle a_i^*, A_{-i}^* \rangle$, 或如图 3.7估计 $\text{MSNE} \langle p_i^*(a_i), p_{-i}^*(A_{-i}) \rangle$。

3.2.1.2　PSNE

假设在单阶段博弈中有两个 Agent R1 和 R2, 且每个 Agent 有两个动作, 动作集均为 $\{L, F\}$, 则联合动作集为 $\{LL, LF, FL, FF\}$, 是 Agent 动作集的笛卡尔积, 如图 3.7 至图 3.9 所示。

联合状态—动作空间的 Agent R1 和 R2 的奖励表如图 3.9a 和图 3.9b 所示。状态—动作表的行表示联合状态, 联合状态是个体状态的序列, 有 S 和 S'; 每一列对应一种联合动作 A, A 可以是联合动作集中的任何动作。联合“状态—动作”对相应的记录称作联合“状态—动作”值。为了估计联合状态 S' 下的 PSNE, 状态 S' 下联合动作对应的奖励是奖励矩阵中对应的值, 如图 3.9c 和 3.9d。奖励矩阵的每个值为联合状态 S' 关于 R1 和 R2 的个体动作的奖励, 如图 3.8所示。每个记录表示两个 Agent 的奖励, 第一个是 R1 的, 第二个是 R2 的, 如图 3.9e 所示。

联合状态 S' 下 R1 和 R2 的奖励矩阵如图 3.7a-d 所示。如图 3.7a 所示, 假设 R2 已经选择了动作 L, R1 进行动作选择, 这种情况下 R1 优先选择动作 F 并获得奖励值 1。相似地, 如图 3.7b 所示, 假设 R2 已选择了动作 F,

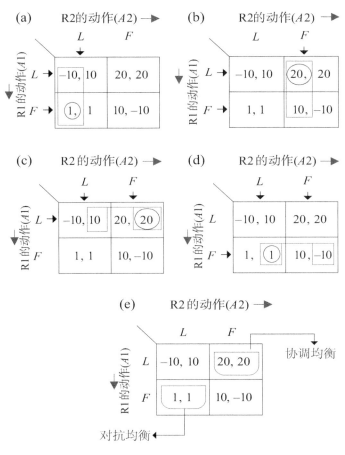

图 3.7　纯策略纳什均衡估计

R1 获得奖励值 20；图 3.7c 和 3.7d 分别显示当 R1 选择了 L 和 F 时，R2 获得的奖励是 20 和 1。图 3.7e 中标注的共同选择的方格即为 PSNE。计算两个 Agent 博弈的 PSNE 需要三个步骤：① 固定 R1 的动作，选择 R2 的最佳奖励；② 固定 R2 的动作，选择 R1 的最佳奖励；③ 如果上述的选择落在相同的方格内，则 PSNE 即为联合动作对应的共同所选的方格。因此，就得到了两个 PSNE：$\langle F, L \rangle$ 和 $\langle L, F \rangle$。对于 $\langle F, L \rangle$，两个 Agent 都收到了奖励 1，如果任意 Agent 试图改变其动作选择，将导致其奖励从 1 降为 -10，并且对方的奖励将从 1 升到 10。因此，联合动作 $\langle F, L \rangle$ 是一种敌对均衡，是在竞争关系下的 PSNE。而联合动作 $\langle L, F \rangle$ 则是协同均衡，是在合作关系下的 PSNE，单方面的改变动作选择会导致双方的奖励都降低。

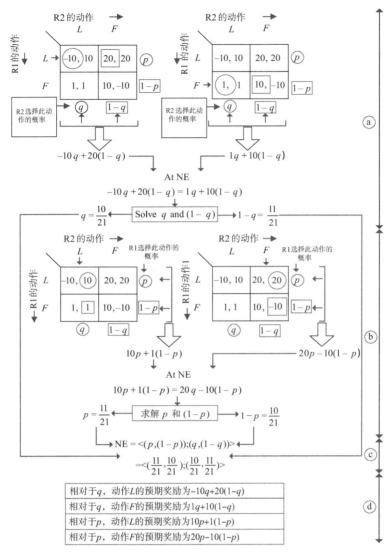

图 3.8　混合策略纳什均衡估计

3.2.1.3　MSNE

MSNE 是随机的，在 MSNE 中，Agent 以一定概率随机选择纯策略。假设 R1 分别以概率 p 和 $1-p$ 选择动作 L 和 F，R2 以概率 q 和 $1-q$ 选择动作 L 和 F；相应的 MSNE 对应的奖励如图 3.9 所示。在 MSNE 中，相对于 q，动作 L 和 F 的预期奖励是相等的；服从于 p 和 $1-p$ 的两个预期奖励如图 3.9a 所示。混合策略的预期奖励值是所有纯策略的预期奖励值加权和。R1 对于概率 q 时以概率 p 选择动作的预期奖励和 R2 对于概率 p 时以概率 q 选择动作的预期奖励如图 3.9d 所示。最终，MSNE 是 $< (p, (1-p)); (q, (1-q)) >$，如图 3.9c 所示。在 MSNE 时两个 Agent 的预期奖励如表 3.2所示。

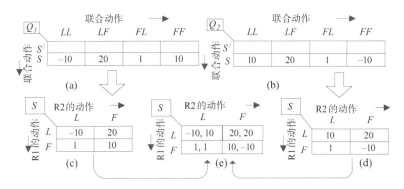

图 3.9　联合 Q 表到奖励矩阵的映射关系

表 3.2　MSNE 时 R1、R2 的预期奖励

R1 选取 p 时的预期奖励	$p[-10q + 20(1-q)] + (1-p)[1q + 10(1-q)]$
R2 选取 q 时的预期奖励	$q[10p + 1(1-p)] + (1-q)[20p - 10(1-p)]$

3.2.1.4　相关均衡

纳什均衡中，每个玩家均可独立地进行策略选择。然而，这种方式有时并不会达到很好的收益，因为差的策略也会被选到。其实，玩家可以"约定"，不去选择差的策略，以提高收益。相关策略中，玩家的策略选择不是独立的。与混合策略在每个玩家的策略集上加上概率分布不同，相关策略是在所有玩家的策略组合上加上概率分布。相关均衡是比纳什均衡更一般化的概念，其通常有四种变形，即实用均衡、平等均衡、共和均衡、自由均衡[203]。

相关均衡的概率分布不是任意设置的，只有在一定的分布下才会达到相关均衡，即每个 Agent 都没有动机偏离约定的选择，也即，当 Agent i 选择策略 a_i，a_i 的期望收益高于选择任何策略 $a_i' \neq a_i$ 的期望收益。如果 Agent i 不偏离约定的策略 a_i，其期望收益为 $\sum_{a_{-i}} p(a_i, a_{-i}) u(a_i, a_{-i})$。若偏离了约定选择了 a_i'，那么博弈结果就会变为 a_i', a_{-i}，且这个博弈结果出现的概率为 $p(a_i, a_{-i})$，即 (a_i, a_{-i}) 的概率，因为只有 Agent i 改变了约定的策略。所以其期望收益为 $\sum_{a_{-i}} p(a_i, a_{-i}) u(a_i' a_{-i})$。

与 NE 类似，相关均衡（CE）中也有纯策略 CE 和混合策略 CE。如图 3.10所示为纯策略平等均衡计算过程。

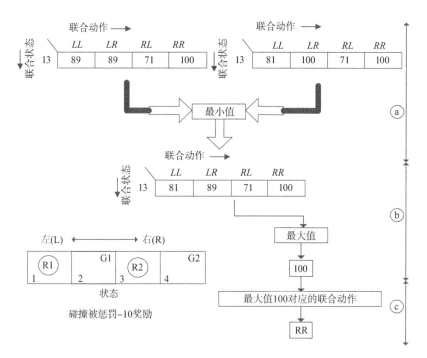

图 3.10　纯策略平等均衡计算

3.2.2　多 Agent 强化学习方法分类

基于任务类型，多 Agent 强化学习方法可以分为合作型、竞争型和混合型三种[204]，如图 3.11所示。合作型和混合型方法可以针对静态博弈或动态博弈的情况进行扩展分类。混合型静态算法依据 Agent 的策略和最优策略搜索方式进行分类。基于直接策略搜索的算法依据学习率进行分类，如固定学习率、可变学习率。动态混合策略算法分为均衡相关和均衡无关两类。

3.3　博弈论与深度强化学习

近年来，随着机器学习的发展，博弈论应用的场景越来越复杂，研究者们开始有意识地将其与机器学习联系起来。总的来说，博弈论在机器学习研究中的作用主要有三个[191]：① 解释机器学习模型的原理与思想；② 建立适合的学习策略；③ 预测人类参与者 (人机交互时) 的行为。

严格来说，博弈论主要是研究理性决策者之间的冲突与合作的数学模型。具体来说，博弈论涉及的"博弈"主要可以根据五个特征进行分类：合作性 (玩家是否可以与其他玩家联合)、对称性 (玩家们是否有相同的目标)、信息

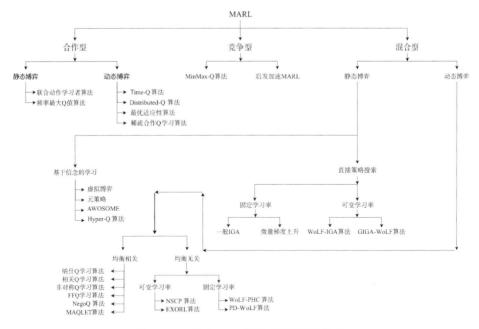

图 3.11 多 Agent 强化学习算法分类

完整性 (玩家能否知道其他玩家的决策与动向)、同步性 (玩家的动作是同时进行的，还是一个玩家的动作在另一个玩家的动作之后的)，以及零和性 (一个玩家得分是否会导致另外一个玩家减分)。基于上述分类，不同的方法论可以应用在不同的博弈中。

很多问题都可以被看作是"博弈"，本质上与 AI 是互通的，AI 的终极目的就是让计算机能像人类一样进行博弈 (如玩游戏)，如图 3.12所示。

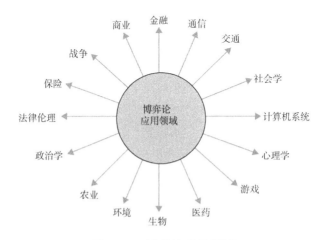

图 3.12 博弈论应用领域

很多在博弈论中出现的概念都被引用到了机器学习中，NE 是就是其中的重要概念。NE 是指博弈中的状态,当处于该状态时,在其他玩家决策不变的情况下,任何玩家改变当下的决策,都无法得到更多的好处。换句话说,如果所有玩家都把自己的决策告诉其他玩家,其他玩家都不会变更自己的方案,这时候就达到了 NE。这与机器学习中的最优解极其类似。

传统的机器学习大多可以被看作优化问题,需要找到能够搜索最优解的算法。然而,机器学习与传统优化问题的不同在于,通过机器学习得到的模型要避免过度拟合数据,以使其在尚未遇到的情况中也有很好的表现。即需要机器学习算法对未知数进行预测,这种要求一般称为泛化,这也是深度学习中的许多工程需要对优化问题附加约束的原因,这些约束又称为"先验",在优化问题中则被称为正则化。

这些正则化来自哪里?如何选择良好的正则化?如何处理不完全的信息?博弈论的思想在解决这些问题时就很重要了。泛化有时被称为"结构风险最小化",即在不知道验证集数据的情况下,降低训练集风险的策略构建机制来处理泛化。

在机器学习,尤其是分类方法中,很多传统方法都有博弈论的影子。如支持向量机就可以看作是双人的零和博弈,这种优化类的机器学习算法可以看作是寻找 NE(每个类选择一个超平面),在这个平面存在的情况下,可以最好地完成分类任务;线性回归可以看作是非合作博弈,每个类都希望自己的损失最低;Adaboost 则可以看作是利用合作、非同步博弈论进行在线学习。

体现博弈最明显的算法是生存对抗网络(generative adversarial network,GAN)中的对抗学习。GAN 有两个部分,即生成器和判别器,如图 3.13所示。生成器尽最大的努力去欺骗判别器,而判别器则尽最大的努力判别图片是否由生成器生成。在提出 GAN 的原始论文中,有说明这是一个 MinMax 游戏,而其最终的目标就是找到这个游戏的 NE,但该论文中并没有明显提及这个游戏的分类,因此 GAN 虽然有博弈论的影子,但是还没有彻底继承博弈论的优点。GAN 很难训练,而且训练出的结果也很难判断是否是鞍点。一些研究聚焦如何把 GAN 具象成更具体的游戏博弈,从而获得更好的结果。例如,Oliehoek 等[205]提出了一种 GAN 博弈,明确地将 GAN 定义为一种零和博弈。

GAN 非常类似于双玩家博弈。在博弈过程中,玩家 (两个模型) 互相挑战,第一个玩家伪造样本以混淆另一个玩家,而第二个玩家则试图在识别正确的样本方面变得越来越好,并重复此游戏,在每次迭代中更新学习参数,以

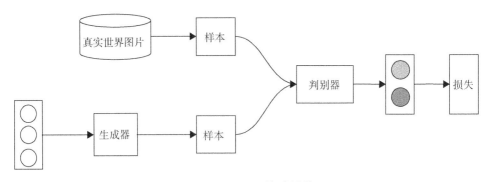

图 3.13　GAN 算法结构

减少总损失 (有更多的经验)。训练的最终目的是找到这个游戏的 NE, 达到 NE 时两个模型都已经在最大程度上完成了自己的任务, 无法再进行改进, 任何参数的更新都会导致自己损失的增加。

　　强化学习旨在通过与环境 (可以是虚拟的, 也可以是真实的) 的交互来使 Agent 学习。强化学习一开始是根据马尔可夫过程提出的, 使 Agent 处于不确定的固定环境中, 并试图通过奖励/惩罚机制来学习到最优策略。在单一 Agent 的情况下, 强化学习方法被证明是收敛的。但是, 如果将多个 Agent 放置在同一环境中, 情况就复杂多了。假设用智能车来改善城市的交通情况, 每辆车的决策都会影响其他车的决策与表现, 比如智能车与智能车之间很可能会发生冲突, 因为对于两辆智能车而言, 沿着某条路线行驶都是最方便 (获得最多的奖励) 的。

　　上述例子中, Agent 之间倾向于竞争关系。而在实际应用中, Agent 之间的关系还可能是合作关系或半合作半竞争关系。Agent 间复杂的关系和 Agent 之间的影响让 MARL 变得极其复杂。这时, 博弈论的引入就会使建模变得轻松很多, 在这种情况下, 可以把智能车看作是不同的玩家, 而此时 NE 则代表了不同智能车之间的平衡点。具体来说, MARL 可以分成三种 "博弈"。

① 静态博弈: Agent 无法知道其他 Agent 所做的决策, 故而可以认为所有 Agent 的决策是同步的, 相互之间不受影响。

② 随机博弈: 有很多不同的阶段, 每个阶段都是博弈, 上文提到的囚徒困境就可以看作是其中阶段的博弈。

③ 重复博弈: MARL 系统中各个阶段的博弈都很相似。

3.3.1　整和博弈中的学习方法

解决整和博弈问题的计算复杂度与团组博弈和零和博弈的计算复杂度完全不同。在静态两玩家正常型博弈中，找到 NE 的计算复杂度是有向图的多项式校验参数完全问题[206]。

3.3.1.1　数学编程方法

针对离散状态动作的两玩家整和折损随机博弈问题，Filar 等[150] 采用非线性规划进行建模，其矩阵形式写作：

$$
\min_{\boldsymbol{V},\boldsymbol{\pi}} f(\boldsymbol{V},\boldsymbol{\pi}) = \sum_{i=1}^{2} \mathbf{1}_{|S|}^{\mathrm{T}} \Big[V^i - \Big(\boldsymbol{R}^i(\boldsymbol{\pi}) + \gamma \cdot \boldsymbol{P}(\boldsymbol{\pi}) V^i \Big) \Big]
$$

$$
\text{s.t.}
\begin{cases}
(a)\pi^2(s)^T \Big[\boldsymbol{R}^1(s) + \gamma \cdot \sum_{s'} \boldsymbol{P}(s'|s) V^1(s') \Big] \le V^1(s) \mathbf{1}_{|A^1|}^{\mathrm{T}}, \quad \forall s \in S \\
(b)\Big[\boldsymbol{R}^2(s) + \gamma \cdot \sum_{s'} \boldsymbol{P}(s'|s) V^2(s') \Big] \pi^1(s) \le V^2(s) \mathbf{1}_{|A^2|}, \quad \forall s \in S \\
(c)\pi^1(s) \geqslant 0, \pi^1(s)^{\mathrm{T}} \mathbf{1}_{|A^1|} = 1, \quad \forall s \in S \\
(d)\pi^2(s) \geqslant 0, \pi^2(s)^{\mathrm{T}} \mathbf{1}_{|A^2|} = 1, \quad \forall s \in S
\end{cases}
$$

$$(3.14)$$

其中，$\boldsymbol{V} = \langle V^i : i = 1, 2 \rangle$ 为所有 Agent 的状态值函数的向量，$\boldsymbol{V}^i = \langle \boldsymbol{V}^i(s) : s \in S \rangle$ 为第 i 个 Agent 的值函数向量；$\boldsymbol{\pi} = \langle \boldsymbol{\pi}^i : i = 1, 2 \rangle$ 和 $\boldsymbol{\pi}^i = \langle \boldsymbol{\pi}^i(s) : s \in S \rangle$，即 $\boldsymbol{\pi}^i(s) = \langle \boldsymbol{\pi}^i(a|s) : a \in A^i \rangle$ 为描述第 i 个 Agent 在状态 $s \in S$ 时的随机策略的向量；$\boldsymbol{R}^i(s) = [\boldsymbol{R}^i(s, a^1, a^2) : a^1 \in A^1, a^2 \in A^2]$ 为 Agent i 在状态 s 下的奖励矩阵，行对应第二个 Agent 的动作，列对应第一个 Agent 的动作，且用 $\boldsymbol{R}^i(\boldsymbol{\pi}) = \boldsymbol{R}^i(\langle \boldsymbol{\pi}^1, \boldsymbol{\pi}^2 \rangle) = \langle \boldsymbol{\pi}^2(s)^{\mathrm{T}} \boldsymbol{R}^i(s) \boldsymbol{\pi}^1(s) : s \in S \rangle$ 表示联合策略 $\boldsymbol{\pi}$ 时对所有状态的预期奖励向量；$\boldsymbol{P}(s'|s) = [\boldsymbol{P}(s'|s, \boldsymbol{a}) : \boldsymbol{a} = \langle a^1, a^2 \rangle, a^1 \in A^1, a^2 \in A^2]$ 表示从当前状态 $s \in S$ 转换到下一状态 $s' \in S$ 的概率的矩阵，行是第二个 Agent 的所有动作，列是第一个 Agent 的动作，且用 $\boldsymbol{P}(\boldsymbol{\pi}) = \boldsymbol{P}(\langle \boldsymbol{\pi}^1, \boldsymbol{\pi}^2 \rangle) = [\boldsymbol{\pi}^2(s)\mathrm{T} \boldsymbol{P}(s'|s) \boldsymbol{\pi}^1(s) : s \in S, s' \in S]$ 表示联合策略 $\boldsymbol{\pi}$ 时对所有状态对的预期状态转移概率的矩阵。

上文所述状态的矩阵属于非线性规划，对 $\boldsymbol{V}$ 和 $\boldsymbol{\pi}$ 的优化问题的不等式约束条件是二次的。公式 3.14 中的目标函数旨在最小化给定策略 $\boldsymbol{\pi}$ 时对所有状态的 TD 误差，与传统的策略迭代方法中的策略估计步骤类似，其中的约束条件 (a) 和 (b) 是策略改进步骤，当得到最优值函数时满足公式 3.14。最后，约束条件 (c) 和 (d) 确保策略被正确描述。

尽管已经证明在平稳策略形式的整和随机博弈中存在 NE，但是在两玩家博弈中解决公式 3.14 的难度依然很大。首先，公式 3.14 具有非凸可行域；其次，仅公式 3.14 全局最优才对应 SG 的 NE，而一般的梯度下降方法可确保收敛到局部最优。与上述不同，Breton[207] 提出了一套具有线性约束和非线性目标的公式。Dermed[208] 将 NE 问题转化为多目标线性规划问题。Herings 等[209] 提出了一种算法，可追踪 N 个独立 MDP 的均衡点和 N 个玩家的 SG 之间的同伦路径（homotopy route），该算法可以获得随机博弈的纳什均衡点。只有当 SG 规模较小，且仅有两玩家时，所有相关的方法才是有效的。

3.3.1.2 基于值的方法

一系列基于值的方法被用于解决整和随机博弈，与集中式 Q 学习方法在每次迭代中逼近的解决思路不同，这些方法中大部分采用经典 Q 学习[27] 作为离散控制器。例如，公式 3.8 和公式 3.9 中的 Nash-Q 能够作为解决思路获得 NE，相关 Q 学习 Agent 采用相关均衡[203]，合作和竞争同时考虑协作和竞争均衡[210]。尽管很多算法能确保收敛性，但是相应的假设条件通常过于严格导致算法没有应用价值。Hu 等[152] 首次提出了 Nash-Q 学习算法，该算法要求 SG 的 NE 具有独一性，以确保收敛性。尽管这个假设条件很苛刻，但是仍然不能确保 Nash-Q 算法的收敛性[159]。之后，Hu 等[166] 强化了假设条件以确保收敛性，即每一次迭代中都要满足 NE 的独一性条件。Zinkevich 等[168] 总结了整个基于值迭代类型的方法都不适用于计算平稳均衡，包括了整和随机中的 NE 和相关均衡。

3.3.1.3 双时间尺度分析

由于离散 Q 学习算法在可计算性方面具有潜力，因此其在相关研究中越来越受到重视。尽管独立 Agent 在收敛性方面存在很大问题[211]，离散化方法采用双时间尺度随机分析仍取得了较大进展[212]，并在强化学习算法中得到了应用[213]。

在有不同时间演进速度的双耦合随机过程的系统中，如果在慢过程的任意固定值，快过程都能收敛到独一的有限点，则双时间尺度随机分析方法可以定量分析算法的渐进行为[212]。Leslie 等[214] 指出具有关联学习率的独立 Q 学习 Agent 可以突破导致不收敛的对称性，并可以在两玩家合作博弈、两玩家零和博弈、多玩家"赌便士"游戏中收敛到 NE。相似地，Prasad 等[215] 介绍了双时间尺度更新规则，在整和博弈中，当评论家比演员快时，可以确保训练过程达到平稳的局部 NE。Perkins 等[216] 提出了一种分布式演员—评论家算法，在解决具有连续动作的静态潜在博弈问题时是收敛的。Arslan[217] 提出了一种双时间尺度 Q 学习扩展算法，在具有弱非周期特征的随机博弈中具有收敛性。Heusel 等[218] 提出了用于训练 GAN 的双时间尺度更新规则，并实现了能对称收敛到 StackelBerg 均衡性的双时间尺度算法。

3.3.1.4　基于策略的方法

　　动态系统分析基于梯度的算法可以对收敛行为有较好的建模描述。然而，当应用在单一 Agent 中的分析方法应用到多 Agent 场景中时，会产生很多问题，这是由于多 Agent 博弈中基于梯度的学习方法不需要合理的梯度流，而梯度流是单一 Agent 中收敛到局部最小的关键前提。实际上，使用具有随机梯度下降的深度神经网络解决整和连续博弈会使问题难度增加。局部纳什均衡[219] 或差分纳什均衡[220] 是均衡性研究领域的重要概念，定义如下。

定义 3.7 (局部纳什均衡).

　　对于一个有 N 个玩家的连续游戏，表示为 $\{\ell_i : \mathrm{R}^d \to \mathrm{R}\}_{i \in \{1, \cdots, N\}}$，且每个 Agent 的损失 ℓ_i 是二次连续可微，参数是 $\boldsymbol{w} = (\boldsymbol{w}_1, \cdots, \boldsymbol{w}_n) \in \mathrm{R}^d$，每个 Agent 控制参数 $\boldsymbol{w}_i \in \mathrm{R}^{d_i}$，$\sum_i d_i = d$。设 $\boldsymbol{\xi}(\boldsymbol{w}) = (\nabla_{\boldsymbol{w}_1} \ell_1, \cdots, \nabla_{\boldsymbol{w}_n} \ell_n) \in \mathrm{R}^d$ 是关于各个 Agent 参数的损失的同时梯度 (simultaneous gradient)，设 $\boldsymbol{H}(\boldsymbol{w}) := \nabla_w \cdot \boldsymbol{\xi}(w)^{\mathrm{T}}$ 是该梯度的 $(d \times d)$ 黑塞 (Hessian) 矩阵，协作:

$$\boldsymbol{H}(\boldsymbol{w}) = \begin{pmatrix} \nabla^2_{\boldsymbol{w}_1} \ell_1 & \nabla^2_{\boldsymbol{w}_1, \boldsymbol{w}_2} \ell_1 & \cdots & \nabla^2_{\boldsymbol{w}_1, \boldsymbol{w}_n} \ell_1 \\ \nabla^2_{\boldsymbol{w}_2, \boldsymbol{w}_1} \ell_2 & \nabla^2_{\boldsymbol{w}_2} \ell_2 & \cdots & \nabla^2_{\boldsymbol{w}_2, \boldsymbol{w}_n} \ell_2 \\ \vdots & \vdots & \ddots & \vdots \\ \nabla^2_{\boldsymbol{w}_n, \boldsymbol{w}_1} \ell_n & \nabla^2_{\boldsymbol{w}_n, \boldsymbol{w}_2} \ell_n & \cdots & \nabla^2_{\boldsymbol{w}_n} \ell_n \end{pmatrix} \tag{3.15}$$

其中，$\nabla^2_{\boldsymbol{w}_i, \boldsymbol{w}_j} \ell_k$ 是二阶导数的 $(d_i \times d_j)$ 块。博弈的差分 NE 是 u^*，当 $\boldsymbol{\xi}(w^*) = 0$ 且 $\nabla^2_{\boldsymbol{w}_i} \ell_i \succ 0, \forall i \in \{1, \cdots, N\}$；当 $\det \boldsymbol{H}(w^*) \neq 0$(行列式) 时，则为局部 NE。

　　Mazumdar 等[221] 指出基于梯度的算法几乎可以避开整和博弈中局部 NE 的一些子集，甚至能避开非纳什平稳点。作为试验性研究，Balduzzi 等[222] 应用亥姆霍兹分解将博弈黑塞矩阵分解为潜在部分和亥姆霍兹部分；基于分解，Balduzzi 设计了一种基于梯度的方法，解决每个部分并将之组合为辛梯度调节算法 (symplectic gradient adjustment, SGA)，能够收敛零和博弈中的所有局部 NE 和整和博弈中的一部分 NE。Chasnov 等[223] 将两种情况分开考虑：① Agent 能精确对应具体的梯度 $\boldsymbol{\xi}(w)$；② Agent 仅有无偏梯度估计。针对 ①，算法在达到差分 NE 的过程中具有渐进收敛性；针对 ②，算法采用中心边界确保较高概率，使 Agent 在有限时间内收敛到稳定局部 NE 的附近。Fiez 等[171] 采用相同的结构研究了 StackelBerg 博弈，使 Agent 按次序进行梯度更新而不是同时进行决策，并建立了联系使梯度下降的均衡点，使零和博弈中的 StackelBerg 均衡。Mertikopoulos 等[224] 考察了无遗憾学习的局部收敛性，指出当且仅当 NE 满足变差稳定性属性时，可以得到局部 NE。

需要指出的是，上述针对无状态连续博弈中的基于梯度的方法并不能直接应用于解决 SG 问题。这主要原因是在连续博弈中的损失函数相关的假设在整和随机博弈中并不成立。即使在线性二次博弈中，值函数也不能保证整体光滑[225]。

3.3.2 多 Agent 博弈中的学习方法

设计 $N \gg 2$ 的多 Agent 系统中的学习算法是当前研究的难点，主要原因是维度灾难问题，这导致获得解决方法，如纳什均衡的计算复杂度非常大。然而，如果将 $N \to +\infty$ 个 Agent 看作是连续统一体，学习问题则可以解决。理论依据是多体交互问题通过平均场逼近方法可以有效转化为二体交互问题。平均场逼近方法源于物理学，主要研究大量组成部分的整体行为，其重要应用包括伊辛模型[226]，以及过度参数化的深度神经网络的学习动态性[227]。

平均场博弈论 (mean-field game,MFG) 研究的是大量对象之间的博弈，探索在竞争的环境中，对象如何选择最优的决策。例如，股市里大量根据其他用户行为交易股票的股民、海里游动的鱼群、在世界杯现场看足球赛的观众等。目前，平均场博弈论在经济、金融、机器学习等方面都有应用。那什么是平均场呢？平均场博弈是指在博弈的某个场景中，某个对象进行决策所依赖的信息来自该场景中所有对象的决策的概率分布，而不是对其他对象的决策进行的单个考虑。例如，去市场买菜，如果依据其他所有买菜和卖菜人的买卖行为来做自己买菜的决定，就会非常麻烦。而在平均场博弈论中，只需要根据菜的市场价来决定自己是否买菜，而市场价已经反映了市场中买卖的所有参与者对菜的买卖决策，因此菜的市场价可以看作是一种平均场，反映了市场中其他参与对象决策的概率分布。因此，根据市场价来决策缩短了做决定的时间，降低了难度。平均场博弈中，Agent 不关心其他 Agent 的动作，而将其他所有 Agent 的动作等效为虚拟的"平均单位"。不同于传统算法，平均场方法中主要的假设是 Agent 依据其他 Agent 的平均效果进行决策，但这一假设具有很大的局限性。在实际应用中，Agent 不可能获得所有其他 Agent 的信息，但却可以获得整体的信息[228]。

在不同类型的博弈中，应用平均场理论会有一些细微的差别。在非合作博弈中应用平均场方法，使 Agent 孤立地进行决策以最大化自身的奖励，且 NE 是解决方法，此类场景通常定义为平均场博弈[179,229]。在合作博弈中应用平均场方法，由于存在中心控制器对所有 Agent 进行合作控制以达到帕累托最优，因此此类博弈通常被称为平均场控制 (mean-field control, MFC)[230]，或 McKean-Vlasov 动态性控制。在标准 SG 和 MARL 中应用平均场逼近方法，在计算更新 Agent 的奖励函数或联合 Q 函数时，Agent 仅考虑自身状态和其他 Agent 的平均动作，称为平均场 MARL(mean-field multi-agent reinforcement learning MFMARL)[231]。

这几类方法的不同之处在于，MFG 先学习博弈的均衡性再考虑 $N \to +\infty$ 的限制，MFC 先考虑限制再进行均衡性优化，MFMARL 处于两者的中间。MFMARL 中的平均场是指有限数量 Agent 的状态或动作的经验平均值；平均场逼近可以在 N 非常大时收敛到原始博弈，N 无须为无限值。

MFMARL 最初是由 Yang 等[232]提出的多 Agent 强化学习算法，主要致力于极大规模的多 Agent 强化学习问题，以解决大规模 Agent 之间的交互及计算困难。多 Agent 强化学习问题不仅有环境交互问题，而且有 Agent 之间的动态影响，为了得到最优策略，每个 Agent 均需要考察其他 Agent 的动作及状态得到联合动作值函数。由于状态空间与动作空间随着 Agent 数量的增多而迅速扩大，因此这给计算和探索带来了非常大的困难。

MFMARL 算法借用了平均场论的思想，其对多 Agent 系统给出了近似假设：对于 Agent，其他所有 Agent 对其产生的作用可以用均值替代。这样就将 Agent 与其他 Agent 之间的相互作用简化为两个 Agent 之间的相互作用。如此极大地简化了 Agent 数量带来的模型空间的增大。应用平均场论后，学习在两个 Agent 之间是相互促进的：单个 Agent 最优策略的学习是基于 Agent 群体的动态；同时，集体的动态也可根据个体的策略进行更新。

第4章 演化网络博弈与强化学习结合下的区域交通优化

4.1 网络演化博弈中的合作行为

博弈论的基本要素为参与者、动作、策略、收益和博弈均衡。博弈论最核心的概念就是纳什均衡，它是指自私的个体在相互作用的博弈过程中最终达到的均衡状态，在此状态下，没有个体会因为私自改变策略而获益。博弈论的发展经历了经典博弈论、演化博弈论和网络演化博弈论三个阶段。经典博弈论要求参与者的行为是绝对理性的，即参与者始终选择收益最大的策略。除此之外，经典博弈论还认为参与者的绝对理性思维是所有参与者的共识。经典博弈论主要研究博弈最终达到的博弈均衡问题，其认为，参与者经过一次博弈进行最优决策就能达到博弈均衡状态。演化博弈论认为，所有参与者都不具有绝对的理性，收益低的策略和收益高的策略都有可能被其选择。演化博弈论主要研究博弈过程中的策略选择问题。所有参与者在演化博弈过程中都不会一次得到纳什均衡，而是在博弈的过程中逐渐调整策略，最终达到均衡状态。

上述讨论的演化博弈论中通常假设种群中的个体是以随机均匀的方式混合的。然而，在现实生活中个体之间的联系并非随机均匀的。本书以区域交通网络表示路口之间的联系方式，从而使演化博弈可以在网络上进行，这被称为网络演化博弈。网络演化博弈论是参与者在某一网络模型下，选择一种博弈模型，固定一种策略选择方式即演化规则进行博弈。因此，网络演化博弈论包含博弈模型、网络结构和演化规则这三个要素。

假设个体是有限理性的演化博弈论已经成功地从各种角度解释了合作的演化[233]。在规则网络上，Perc 等[234]研究了随机收益分布的不同分布对空间 PDG 合作演化的影响。Santos 等 [235] 比较了囚徒困境在 WS（watts-strogatz）小世界网络和随机网络上合作行为的差异，并首先研究了无标度网络上合作的发展，发现了 BA(Barabási-Albert) 无标度网络可以大大提高网络合作频率。Fu 等[236]基于 NW(Newman-Warts) 小世界网络模型研究发现适当的度异质性可以有效提高网络的合作频率。Lima 等[237]研究了基于个体的实体—联系图（entity-relationship diagram,ER 图) 上合作演化的模型。

除了网络结构外，许多其他机制也对合作行为和演化动力学产生了影响[238-239]。Wang 等[240]发现惩罚是维持自私个体之间合作的有效途径。Qin 等[241]将社会影响的概念引入模型中，以使合作者和背叛者在演化上是稳定的。Wu 等[242]发现引入邻居多样性能够促进社会困境中的合作行为。在现实世界中，生物个体和人类都表现出丰富的多样性或异质性，如学习异质性的个体学习[243]，收入矩阵中的异质性[244]、整合驱动的复制能力[245]、度矩阵的异质性[246]，依此类推。Wang 等[247]提出了一种意见动力学模型来研究个体的异质影响对全球共识的影响。在复杂网络上的演化博弈模型实验中研究发现，引入个体的异质性能够促进合作行为的出现并将其维持在较高的合作频率，以研究因徒困境[248]和公共物品博弈[249]中的合作行为。Perc[234] 提出了若干重新调节收益的方法，发现收益非均匀性太强的分布会阻碍合作。Jiang 等[250]发现在传统的演化博弈中，适当调节收益矩阵的不均匀性能够提高网络的合作频率。本书选择因徒困境模型，对不同的网络结构和演化规则进行了研究。

4.2　演化博弈中的个体异质性研究

城市交通网络结构、功能复杂，是一类典型的复杂网络，因此，本章首先研究了影响复杂网络合作频率的因素。近年来，个体异质性对进化博弈的影响已得到了广泛研究。尽管许多理论研究发现异构学习能力会影响合作频率，但对复杂网络中的个体学习能力的研究仍然很少。众所周知，个体的学习能力不仅受到其一阶邻居的影响，而且受到较高阶邻居甚至整个网络的影响。当前用来表示个体学习能力的方法是基于节点度中心性的表示方法，这导致当前大部分方法忽略了节点的全局中心性。基于上述问题，本章设计了一种用于描述异构学习能力的方法，该方法利用了与节点介数相关的因子 θ_x，通过调整 θ_x 中的参数 α 来调整个体的学习能力。

合作行为在现实中是普遍存在的[251]。然而，了解和解释自私个体之间在社会困境中代价高昂的合作行为的出现 [如因徒困境博弈 (prisoner's dilemma game,PDG) 和公共物品博弈] 仍然是一个难题[252]。在某种程度上，假设个体是有限理性的进化博弈理论已经成功地从各种角度解释了合作的演化[121]。Li 等[253] 系统地总结了促进合作的五种机制。在现实世界中，个体通常不与所有个体交互，而仅与某些其他个体交互，从而形成相应的网络结构。在具有一定结构的网络上，协作者可以形成集群以期互相帮助，这也产生了空间互惠性[16]。由 Axelrod[412] 撰写的"合作进化"首先发现了空间结构对合作行为的影响[254]。1992 年，Nowak 等 [413] 在网格上研究了囚徒困境博弈，发现空间结构可以增加合作频率[6]。复杂网络理论给空间演化博弈论提供了理论支持。

近年来，研究者在 PDG 上对各种结构的复杂网络 (如规则网络) 进行了广泛的研究：Szabó 等[113] 采用随机策略更新规则来研究囚徒在方格上的博弈行为；受到 Wu 等的启发[255-256]，Szolnoki 和 Szabó 在笼目（Kagome）格网和网格网络上研究了囚徒困境博弈中个体异质性对合作行为的影响[257]。Yu 和 Wang 通过将确定性数据包络分析有效规则与自适应规则进行交互，研究了方格上的 PDG[9]。对于小世界网络，作为工作的延续，Rusu 等[414] 通过分析囚徒困境在无标度网络上的演化动力学来研究聚类对合作组织的影响，聚类具有可调的价值。Fu 等[236] 也得出了类似的结论。Santos 等[235] 提出了囚徒困境游戏的偏好学习机制，与无优先权相比，增加优先权机制可以有效地提高巴拉巴西与阿尔伯特模型在无标度网络中的协作频率。Wang 等[258] 研究发现，与个体固有的不同态度有关的繁殖能力的多样性可以促使自私竞争者之间出现合作行为。

除了网络结构外，Lin 等[245] 受度异质性研究的启发，提出了一种基于节点介数的个人学习能力算法，以研究囚徒困境和公共物品博弈中的合作行为。该算法可根据玩家程度的不同去设计不同的学习能力，并观察网络合作频率的变化。因此，基于节点度的个体学习能力算法可以洞悉合作行为在社会困境中如何出现和发展。使用节点度表示个人的学习能力，意味着个人的学习能力仅与其一阶邻居的信息有关。

4.2.1 演化博弈模型

4.2.1.1 囚徒困境演化博弈模型

博弈论为描述和研究由自私个体组成的各种现实系统中合作的出现和维持提供了强大的数学框架。PDG 作为研究合作演化的典型案例，引起了学者们广泛的关注。在 PDG 中，两个参与者同时选择合作还是背叛，其囚徒困境收益矩阵如表 4.1所示。

表 4.1　收益矩阵

一	合作		背叛	
合作		R		T
	R		S	
背叛		S		P
	T		P	

其中，$T > R > P > S$。由此可以看到，在 PDG 中，为了获得最高的收益 T，无论合作者的决定是什么，背叛都是最好的选择。每个个体都是纯策略者并且只有两种策略，即 C(合作) 或者 D(背叛)，如下描述：

$$\boldsymbol{z}_x = \begin{bmatrix} 1 \\ 0 \end{bmatrix} \tag{4.1}$$

或

$$\boldsymbol{z}_y = \begin{bmatrix} 1 \\ 0 \end{bmatrix} \tag{4.2}$$

在博弈过程中，确定的个体总的收益是在迭代中遍历所有相互作用之后的总和，可以被表示为

$$\boldsymbol{P}_x = \sum_{y \in \Omega_x} \boldsymbol{z}_x^{\mathrm{T}} \boldsymbol{A} \boldsymbol{z}_y \tag{4.3}$$

其中，Ω_x 代表 x 最近的所有邻居，$\boldsymbol{z}_x$ 和 $\boldsymbol{z}_y$ 分别表示节点 x 和 y 的策略，$\boldsymbol{A}$ 是收益矩阵。

$$\boldsymbol{A} = \begin{bmatrix} 1 & 0 \\ b & 0 \end{bmatrix} \tag{4.4}$$

根据之前的研究，本章使用囚徒困境博弈的简化模型，选择 R=1，$P = S$=0，T=$b(1 \leqslant b \leqslant 2)$，$b$ 代表对合作者来说背叛的好处。因此，本章可以通过调整单个的参数 b 重新调整囚徒困境博弈中的收益矩阵。

4.2.1.2　个体全局属性相关的个体异构学习能力分析

个体可以是合作者，也可以是背叛者。所有配对的个人同时玩游戏，并根据上一节中提到的收益参数获得收益。在进化过程中，每个玩家都可以向邻居之一学习，并在每个回合中更新其策略。玩家 x 选择其邻居之一 y 的概率

可以定义为 $\dfrac{f(y)}{\sum\limits_{v} f(v)}$，其中总和超过 x 的邻居的集合。$f(\cdot)$ 可以是节点的度、介数或其他特征之一。该假设考虑到以下事实：互动更多的人通常在社会上具有更大的吸引力。换句话说，知名人士将比其他人具有更大的影响力。在最初阶段，每个个体选择合作或者背叛的概率是相同的。在进化过程中，每个个体被允许学习他的邻居中的一个，在每次迭代中以一定概率同步地更新他的策略。在之前研究的基础上，每个玩家 x 可以随机地选择邻居 y，则每个玩家 x 以一定的概率采取 y 的策略，而这个概率取决于他们的收益不同，这个概率由费米公式决定：

$$q = \frac{1}{1 + \mathrm{e}^{\frac{P_X - P_Y}{k}}} \tag{4.5}$$

其中，k 为广义的噪声因子，以允许非理性选择，与策略选择过程有关。在现阶段的研究中，k 被设置为 0.1。P_X 和 P_Y 分别表示个体 x 和 y 的总收益。根据进化论，q 反映了基于相对适合度的自然选择规则。本书通过考虑复杂网络 PDG 中学习能力的不均匀性来研究对合作演化的影响，介绍了与节点的全局中心性相关的个体的异构学习能力。因此，学习能力的公式使用重新定义的 q 表示：

$$q = \theta_x \frac{1}{1 + \mathrm{e}^{\frac{P_X - P_Y}{k}}} \tag{4.6}$$

在这里，前导因子 θ_x 代表个体 x 的异构学习能力，由下面的公式给出：

$$\theta_x = \left(\frac{B_x}{\sum\limits_{1}^{N} B_i}\right)^{\alpha} \tag{4.7}$$

其中，B 为节点的介数，α 为调整因子，可以控制玩家异构学习能力的分布格局。此外，α 的取值范围为 $[-3,3]$。

4.2.2　仿真实验及结果分析

4.2.2.1　四种复杂网络模型

在本章中，我们研究了复杂网络中节点的介数中心性对网络 PDG 演化的影响，使用四种典型模型构建网络（如图 4.1所示）。每个示例网络都有 20 个节点。

4.2.2.2　四种复杂网络特性的统计信息

复杂网络具有许多特殊性质，如平均最短路径、网络的平均节点介数、平均聚类系数、平均节点度、邻居连通性（又称模块）等。表 4.2显示了本章构

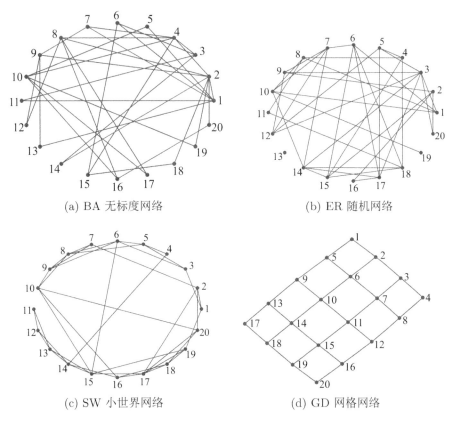

(a) BA 无标度网络　　　　　　　(b) ER 随机网络

(c) SW 小世界网络　　　　　　　(d) GD 网格网络

图 4.1　四种复杂网络模型

建的四种网络的属性参数。

表 4.2　四种复杂网络统计数据

	平均最短路径长度	平均节点度数	平均聚类系数	平均节点度
BA 无标度网络	2.67	0.07	0.01	3.4
ER 随机网络	2.10	0.06	0.18	4.11
SW 小世界网络	2.35	0.35	0.3	4.05
GD 网格网络	2.96	0.12	0	3.16

4.2.2.3　仿真实验与结果

　　实验部分讨论了本章的模型在四种复杂网络上的计算机仿真结果。其中一个重要的因素是合作频率 f_c，它表示网络上合作者的数量与所有节点数量的比值。显然，合作频率在 0 和 1 之间。当合作频率为 0 时，所有的个体都是背叛者；当合作频率为 1 时，则整个网络都是合作者。本实验在每个独立迭代的过程中，合作频率由 50 次步长的平均值来获得，每一次步长的结果由 10000 次步长的平均值来获得。仿真结果由 50 次平均值来决定。

首先，本章研究了如图 4.2所示不同参数 b 和调整参数 α 值对应的合作频率的总体变化。α 取值范围的含义如下：当 $\alpha > 0$ 时，对于相同的 α，路口的介数越大，路口的异质学习能力越强；当 $\alpha < 0$ 时，对于相同的 α，路口的介数越小，路口的异质学习能力越强。交通网络的合作频率取决于整个囚徒困境模型中参数 b 和调整系数 α 的大小。当 $\alpha = 0$ 时，该模型等效于标准 PDG。

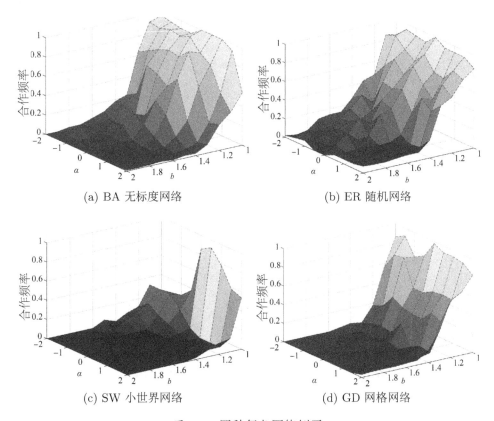

(a) BA 无标度网络　　　　　　　(b) ER 随机网络

(c) SW 小世界网络　　　　　　　(d) GD 网格网络

图 4.2　四种复杂网络例子

观察相同的 b 在不同 α 下的合作频率的变化可以看出 α 与合作频率之间的关系。对于这四种不同类型的复杂网络，在 b 的整个区域内，合作频率的变化趋势呈现出非单调的现象，随着 α 的增加，对应于不同 b 的最大值也不同。在 α 的中部，合作频率 f_c 达到最大值，并且在标准囚徒困境 ($\alpha=0$)

附近获得了最高合作频率。可见，合作频率取决于调整系数 α 和囚徒困境中参数 b 的大小。为了更清楚地观察 b 与合作频率之间的关系，本章进一步探索了合作频率作为 b 的函数的变化情况。

4.2.2.4 结果分析

对于 BA 网络上的囚徒困境博弈来说，结果如图 4.3 所示。在图 4.3（a）中，当 $\alpha < 0$ 时，随着 α 的减小，合作频率逐渐下降，当 $b \geqslant 1.9$ 时，交通网络中所有的路口都是背叛者，即全都不会采取合作策略。在图 4.3（b）中，当 $\alpha > 0$ 时，随着 α 的增加，合作频率逐渐下降，当 $b \geqslant 1.7$ 时，交通网络中所有的路口都是采取背叛即不合作的策略。因此，与 $\alpha < 0$ 或 $\alpha > 0$ 相比较，当 $\alpha = 0$ 时，交通网络整体的合作频率是最高的。

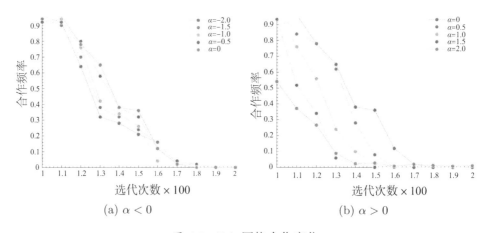

图 4.3　BA 网络合作变化

在 SW 网络中（如图 4.4 所示），在图 4.4（a）中，当 $\alpha < 0$ 时，随着 α 的减小，合作频率逐渐下降，当 $b \geqslant 1.4$ 时，交通网络的合作频率接近于 0，此时网络中的个体几乎是背叛者。在图 4.4（b）中，当 $\alpha > 0$ 时，随着 α 的增加，合作频率逐渐下降，当 $b \geqslant 1.3$ 时，交通网络的合作频率接近于 0，此时网络中的个体几乎是背叛者。因此，与 $\alpha < 0$ 或 $\alpha > 0$ 相比较，当 $\alpha = 0$ 时，网络整体的合作频率是最高的。

对于 ER 网络上的囚徒困境博弈来说结果如图 4.5 所示。当 $\alpha < 0$ 时，随着 α 的减小，合作频率逐渐下降，且下降趋势与 $\alpha = 0$ 时基本一致。当 $\alpha = 0$，且 $b = 2$ 时，交通网络中所有的路口都是背叛者，即都不采取合作策略。当 $\alpha > 0$ 时，随着 α 的增加，合作频率逐渐下降，但下降趋势与 $\alpha = 0$

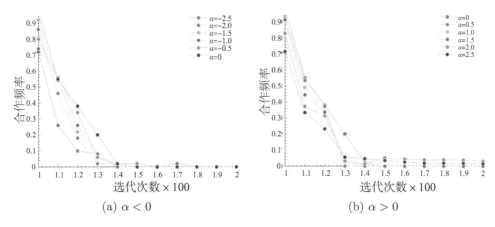

图 4.4　SW 网络合作频率变化

时完全不同，在 $b = 1.3$ 处合作频率急剧下降，当 $b \geqslant 1.4$ 时，交通网络的合作频率接近于 0，此时交通网络中所有的个体中仅存少数几个合作者，剩余的都是背叛者。与 $\alpha < 0$ 或 $\alpha > 0$ 相比较，当 $\alpha = 0$ 时，交通网络整体的合作频率是最高的。

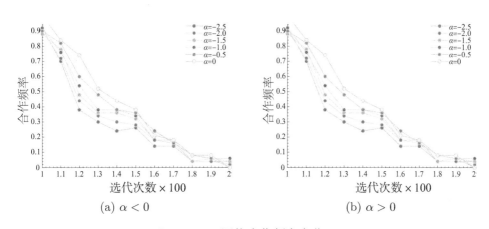

图 4.5　ER 网络合作频率变化

在 GD 网络上，结果如图 4.6所示，当 $\alpha = 0$ 时，合作频率随着 b 的增加而逐渐下降，当 $b \geqslant 1.4$ 时，网络上的合作频率为 0。当 $\alpha < 0$ 时，随着 α 的减小，合作频率在 $b = 1.1$ 处出现上升，随后逐渐下降，当 $b \geqslant 1.4$ 时，交通网络的合作频率接近于 0，此时网络中的个体几乎是背叛者。当 $\alpha > 0$ 时，随着 α 的增加，合作频率迅速降低，且下降速度极快，当 $b \geqslant 1.2$ 时，网络的合作频率接近于 0，此时交通区域中的路口几乎是背叛者。与 $\alpha < 0$ 或

$\alpha > 0$ 相比较，当 $\alpha = 0$ 时，路网整体的合作频率是最高的。

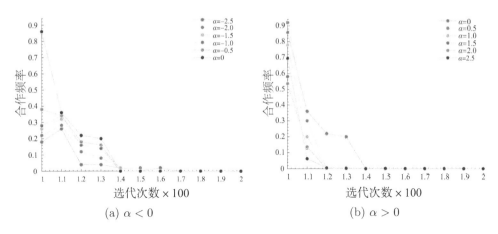

图 4.6　GD 网络合作频率变化

BA 网络的结果如图 4.7(a) 所示，更深入地揭示了合作者的消散机制，并且本章以合作频率为特征作为时间步长的函数。若要找到 α 与合作频率之间的关系，必须选择固定的 $b=1.5$ 作为 b 范围内的常数，因为选择中间值 b 可以更清楚地观察合作频率的变化趋势。图 4.7(a) 中可以看出，整个网络的合作频率先下降，然后达到稳定状态。在最初的阶段，每个路口都以相同的可能性选择合作或背叛。因此，一些介数较大的路口可能成为背叛者。本章假设节点介数大的路口 x 在整个网络中是背叛者，可以观察到，x 的一阶邻居(合作者) 给 x 带来了更高的回报，因此 x 有最大的收益，这会使得它能更容易地入侵其邻居中的合作者，换句话说，x 附近的邻居有更大的概率学习 x 的策略。这将导致节点介数大的路口 x 的一阶邻居均变成背叛者，进而使得二阶邻居中的合作者学习一阶邻居的策略而变成背叛者，然后导致整个交通网络的合作频率逐渐下降。

对于 SW 网络 [图 4.7(b)]、ER 网络 [图 4.7(c)]、GD 网络 [图 4.7(d)] 来说，在最初的阶段，交通网络的整体合作频率较高。因此，几个介数较大的路口可能成为背叛者，剩余的则都为合作者。当 $\alpha < 0$ 时，这些节点介数小的邻居路口的学习能力会增强，因此，它们将趋向于被节点介数大的背叛者影响和快速入侵，导致网络合作频率在低的 α 时迅速下降即又越低，合作频率会迅速下降。对于 $\alpha > 0$，高节点介数的路口的学习能力比低学习能力介数的学习能力更强，因此，背叛的传播速度下降，交通网络的合作频率也在维持较高水平一段时间之后才开始下降，随着 α 的增加，下降的速度逐渐变缓。然而，由于 θ_x 因子的影响，因此路口的学习能力比标准的囚徒困境弱。

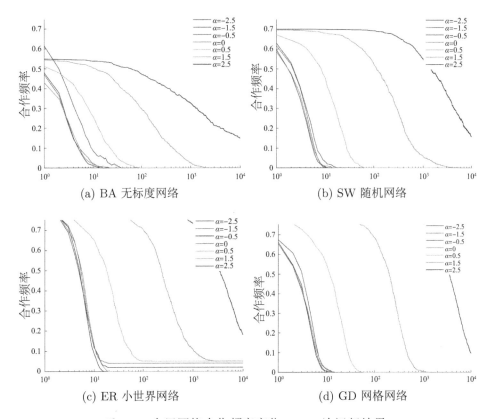

(a) BA 无标度网络　　　　　　(b) SW 随机网络

(c) ER 小世界网络　　　　　　(d) GD 网格网络

图 4.7　全局网络合作频率变化 10000 次运行结果

综上所述，当交通网络规模足够大、网络中的路口足够多时，在某一时刻，交通网络中的合作者将会得到机会入侵节点介数较大的路口 x。一旦节点介数大的路口成为合作者，那么 x 周围的邻居路口将会采取合作作为它们的策略。换句话说，一旦合作者入侵中心节点，那么它的适应性将会快速增加，很难被背叛者入侵。当 $\alpha < 0$ 时，节点介数小的路口由于学习能力增强，将会很轻易改变它们的策略，成为合作者；节点介数大的路口学习能力减弱，进而可以维持它们本身的合作策略，从而使整个交通网络的合作频率也得到维持。

本章提出方法的优点是引入了与介数有关的前置因子来代表路口的异构学习能力，考虑了路口在整个交通路网中的全局属性，并为理解节点的全局属性在演化博弈中的重要性提供了新的视角。缺点是由于计算机的仿真计算能力有限，本章构建的网络模型中的节点数不够，这可能导致获得的实验结果不够精确，只能表示大概的趋势。

综上所述，之前的实验分析表明，个体的异构学习能力可以提高合作频率。为了更详细地观察个体差异性，促进合作的微观动力学过程，本章将路口的全局属性引入个体学习能力中。本章的模型中设置了与路口的节点介数有关的影响因子 θ_x，以调整个体学习的不同行为。同时引入了参数 α，用来调整个体学习能力的大小。在实验中发现，引入与路口全局属性有关的异构学习能力可以显著地影响交通网络的合作频率。此外，在大部分情况下，交通网络的合作被抑制在低水平中。只有在参数 α 位于中间值水平的情况下，才可以显著地抑制背叛者的扩散，进而提高整个交通网络的合作频率。

在区域交通网络中，节点表示路网中的路口，节点的介数越大表示交通网络中最短路通过此路口的条数越多，节点介数大的路口将比其他路口具有更大的影响力，其重要性也就越强。从本章研究的结论可知，个体的全局属性对博弈策略的影响是巨大的，不考虑节点的全局属性、只考虑节点的局部属性是不全面的。基于此结论，在交通网络控制中，路口的控制策略选择需要考虑路口的全局属性。本章通过仔细地调查以个体全局属性为代表的学习能力在合作行为中的影响发现，网络中所有路口均可以通过降低学习能力来增强合作的持续性，尽管这将会延迟演化进程，但是能提高交通网络的合作频率。

4.3　基于 Q 学习的个体决策机制研究

自私个体间的合作行为形成演化博弈论为研究合作行为的起源及演化提供了强大的理论框架[248]。囚徒困境作为最典型的演化博弈模型，被广泛用于研究群体间的合作行为。很多机制能够促进"囚徒困境"博弈中的合作，如重复作用、空间效应、利他性等[260-266]。近年来，收益的分布对合作行为的影响引起了学者的关注[267]。此外，策略更新规则在合作演化的过程中也起着关键作用。对于博弈策略的更新方式，研究者们提出了不同的规则，如无条件模仿[268]、复制因子动力学[269]、费米规则[270]和吸气驱动策略更新规则等。Liu 等[271]提出了基于粒子群优化（particle swarm optimization, PSO）算法的个体策略更新规则，研究了囚徒困境和公共物品博弈下的合作行为。在大多数现有的研究中，个体以一定概率学习邻居的策略来改变自身的策略。然而，考虑到信息的私密性，个体在演化博弈过程中有时无法获取邻居的收益状况，只能通过从自己的经验中学习来作出决定。因此，引入强化学习方法进行策略选择已成为网络演化博弈研究的趋势。

强化学习是强大的机器学习方法之一，广泛用于解决对各种环境中的状态、行为、奖励和决策难以建模的问题[274]。常用的强化学习算法包括时间差异、动态编程[27]、SARSA 和 Q 学习[50]。Q 学习是由沃特金斯提出的一种具有代表性的强化学习算法，其不需要对所处的环境进行建模，并且具有能在 Agent 与环境的相互作用中在线使用的优良特性，非常适用于不完全信息博弈。因此，更多的研究开始将强化学习作为策略选择机制引入复杂网络演化博弈中。Jia 等[275]提出了一种具有可移动个体的新型空间演化雪堆博弈模型。在此模型中，个体每回合仅与最近的邻居互动，并基于强化学习过程做出决策。刘伟兵等[276]介绍了一种典型的强化学习算法——演化博弈 Q 学习，其个体基于内省来追求最佳决策，而不是基于传统演化博弈中的生死模仿过程。Zhang 等[277]将 Q 学习算法引入演化博弈中，提出了演化博弈中的多 Agent 强化学习模型，并基于 Q 学习给出了算法流程。徐琳等[278]在多 AgentQ 学习中引入协作学习，通过个体学习后进行通信 Q 值融合再学习，以实现提高算法性能和收敛速度。韩晨等[279]将 Q 学习与 Stackelberg 博弈模型结合，提出了一种基于分层 Q 学习的联合抗干扰学习算法，该算法具有很强的抗干扰能力。

实际上，个体进行策略更新的强化学习决策机制并不是唯一的，不同的强化学习决策机制会对网络合作频率产生不同的影响。因此，本章采用了三种不同的 Q 学习决策机制，即单纯以 ϵ 概率选择最优策略的 ϵ-greedy 决策机制、决策随机性随时间变化的 Boltzmann 决策机制，以及考虑个体全局属性的 Max-plus 决策机制，通过在规则网格网络、小世界网络、随机网络和无标度网络上进行 PDG-Q 学习来研究对合作演变的影响。除此之外，本章还在强化学习演化博弈中引入了参数 θ 来调节个体收益的均匀性。本章主要研究以下几个问题：引入 Q 学习是否能够提高网络的合作频率？不同的 Q 学习决策机制如何影响不同复杂网络的合作频率？在 Q 学习演化博弈中，个体收益的均匀性以及 Q 学习的参数会对网络合作频率产生怎样的影响？考虑个体的全局属性的 Q 学习决策机制是否能够提高网络的平均收益？

4.3.1 Q 学习演化博弈模型

4.3.1.1 演化博弈模型

本章构造了四种网络模型，即无标度网络、小世界网络、随机网络和规则网格网络。在建立了网络之后，每个网络的点都被个体占据。每个个体只有两种状态：背叛 (D) 或者合作 (C)。同样地，每个个体都是纯策略者并且只有以下两种策略：背叛 (D) 或者合作 (C)，如公式 4.8 描述：

$$z_x = \begin{bmatrix} 0 \\ 1 \end{bmatrix} \tag{4.8}$$

根据之前的研究，本章使用囚徒困境博弈的简化模型，选择 $R=1$，$P = S = 0$，$T = b(1 \leqslant b \leqslant 2)$，这里 b 代表对于合作者来说背叛的诱惑。因此，本章可以通过调整单个的参数 b 重新调整这个囚徒困境博弈。收益矩阵如公式 4.9：

$$A = \begin{bmatrix} 1 & 0 \\ b & 0 \end{bmatrix} \tag{4.9}$$

在迭代过程中，每个个体都和一阶邻居进行一次囚徒困境博弈，收益的累计取决于收益矩阵的因素。确定的个体总的收益是在迭代中遍历所有相互作用之后的总和，这可以被公式 4.10 表示为：

$$R_X = \sum_{y \in \Omega_x} z_x^{\mathrm{T}} A z_y \tag{4.10}$$

其中，Ω_x 为 b 最近的所有邻居，A 为收益矩阵。在经典的囚徒困境演化博弈模型中，个体的策略选择机制是玩家通过向前一轮中获得最高收益的邻居学习来改变他们的策略。然而，在实际博弈中，考虑到信息的私密性，在个体无法提前获取对方收益的情况下，玩家只能通过从自己的经验中学习来做出策略选择。

4.3.1.2 Q 学习规则

Q 学习是一种能处理动态环境中的不确定信息，使 Agent 选择最优策略，并能在 Agent 与环境的相互作用中在线使用的算法，这种优良的特性非常适合用在不完全信息博弈中。因此，研究人员选择把 Q 学习算法引入演化博弈模型中，作为演化博弈进程中个体的策略选择机制。

在演化博弈的最初阶段，每个个体选择合作或者背叛的概率是相同的。在演化过程中，每个个体通过自身的 Q 表来选择下一轮的策略，在迭代中同步地

更新其 Q 表和状态。Q 表的定义和更新过程如公式 4.11，Q 表是状态 (行)—动作 (列) 组合 $S \times A \to$ 的矩阵：

$$\boldsymbol{Q}_\tau = \begin{bmatrix} Q_{CC}(\tau) & Q_{CD}(\tau) \\ Q_{DC}(\tau) & Q_{DD}(\tau) \end{bmatrix} \tag{4.11}$$

有了这个矩阵，若节点 i 的状态和动作为 s 和 a 在第 τ 轮，则元素 Q_a^s 的更新如下：

$$Q_a^s(\tau + 1) = (1 - \alpha)Q_a^s(\tau) + \alpha[w(\tau) + \gamma \max Q_{a'}^{s'}(\tau)] \tag{4.12}$$

其中，$w(\tau)$ 代表个体本轮的奖励，由公式 4.13给出：

$$w(\tau) = (R_x/n)^\theta \tag{4.13}$$

其中，R_x 为个体与邻居博弈的收益总和，n 为邻居个数，$\theta \in (0, 1]$ 为用来调节个体收益均匀性的参数。$\alpha \in (0, 1]$ 为学习率，参数 $\gamma \in [0, 1)$ 是确定未来奖励重要性的折现因子。$\max Q_{a'}^{s'}(\tau)$ 是在下一个状态 s' 的行中的最大元素，是在 s' 状态下的最佳估计值。当个体 i 在第 τ 轮处于状态 s 时，它将根据 Q 表选择最优动作：

$$a(\tau) = \underset{a'}{\arg\max}\{Q_{a'}^s(\tau)\} \tag{4.14}$$

其中，$\underset{a'}{\arg\max} Q_{a'}^s(\tau)$ 为状态 s 行中具有最大 Q 值的动作，在每个回合结束时将 $Q_a^s(\tau)$ 替换为 $Q_a^s(\tau + 1)$。

4.3.2　三种 Q 学习决策机制的对比

在演化博弈中，当面对多重纳什均衡问题时，Q 学习算法常使用不同的动作决策机制进行对比，常见的有 ϵ-greedy 决策机制和 Boltzmann 决策机制。下文中实验选择了三种不同的 Q 学习的动作决策机制，即 ϵ-greedy 决策机制、Boltzmann 决策机制和 Max-plus 决策机制。其中，ϵ-greedy 决策机制作为实验的基础决策机制，虽然能够有效地描述个体学习过程中的探索状态，但是总是以相同的概率 ϵ 对所有的动作进行探索，过高估计了较差的动作策略被选择的概率；Boltzmann 决策机制改善了 ϵ-greedy 决策机制的缺陷，可根据各动作的奖励值确定其被选择的概率，随着对环境信息的了解程度逐渐加深，随机探索的概率逐渐降低，进行最优选择的概率逐渐上升；Max-plus 决策机制与前两个决策机制不同，其优点在于考虑了网络中个体的全局属性，是计算无向图模型中最大后验概率的常用方法，类似于贝叶斯网络中的置信度传播算法，节点不断向邻居节点发送局部奖励函数，且只需要对接收的信息进行求和处理，而不需要列举邻居节点的所有动作组合，使得算法易于求解。以下是使用三种决策机制的 Q 学习的对比分析。

4.3.2.1 ϵ-greedy 决策机制

首先是使用 ϵ-greedy 作为决策机制的 QL-PDG 算法，ϵ-greedy 决策机制以 ϵ 的概率在每一时段选择使自己受益最大的策略。

算法 11: QL-PDG 算法

---

1 Inititalize 初始 Q 表

2 Inititalize 每个个体的状态 s

3 for $e = 1, \cdots, E$ do

4   for $t = 1, \cdots, T$ do

5   获取当前状态 s

6   以概率 $1 - \epsilon$ 在当前状态的行中选择具有最大 $Q_a^s(\tau)$ 的动作 a，或以 ϵ 的概率随机地选择一个动作 a

7   个体 i 的每个邻居仅在其当前状态 s 的行中采取 $Q_{a'}^s(\tau)$ 最大值的动作 a 作为响应

8   计算奖励 r

9   根据公式 4.12更新 Q_a^s 值

10   根据公式 4.14更新状态 $s(\tau + 1) = a(\tau)$，但是个体 i 的邻居在当前回合不改变自身状态 $s(\tau + 1) = s(\tau)$

11   end

12 end

4.3.2.2 Boltzmann 决策机制

接下来是使用 Boltzmann 作为决策机制的 Q 学习算法 (记为 BQL-PDG 算法)。

ϵ-greedy 决策机制容易陷入局部最优，而 Boltzmann 概率分布法是以 P 的概率在每一时段选择使自己得益最大的策略。

P 的计算方式如下：

$$P = \frac{\mathrm{e}^{Q_a^s/\lambda}}{\sum\limits_{a \in A} \mathrm{e}^{Q_a^s/\nabla}} \tag{4.15}$$

其中，λ 由下式给出：

$$\lambda = 5 \times 0.9999^t \tag{4.16}$$

λ 表示为演化博弈时段的函数，t 是回合数，与环境相关，刻画了 Agent 决策的随机性。当 t 增大时，Agent 决策的随机性也随着增大；而当 t 减小时，决策的随机性变小。由此可见，Boltzmann 概率分布法与 Q 学习算法结合起来具有自适应学习的能力。

算法 12: BQL-PDG

1　Inititalize 初始 Q 表

2　Inititalize 每个个体的状态 s

3　for $e = 1, \cdots, E$ do

4　　for $t = 1, \cdots, T$ do

5　　　获取当前状态 s

6　　　根据公式 4.15 计算在当前状态 s 下选择动作 a 的概率 P

7　　　根据概率 P 选择动作

8　　　每个邻居仅在其当前状态 s 的行中采取 $Q^s_{a'}(\tau)$ 最大值的动作 a 作为响应

9　　　根据其行为及其对手的行为获得奖励 r

10　　　根据公式 4.12 更新它们的 Q^s_a 值

11　　　根据公式 4.14 更新状态 $s(\tau + 1) = a(\tau)$，但是个体 i 的邻居在当前回合不改变自身状态 $s(\tau + 1) = s(\tau)$

12　　end

13　end

4.3.2.3　Max-plus 决策机制

最后是使用 Max-plus 决策机制的 Q 学习算法 (MQL-PDG)。

Max-plus 决策机制与前两种决策机制之间的区别在于，其在选择策略时考虑了个体的全局属性。以 Max-plus 决策机制求出每个个体每轮属于自身的全局最优动作。Max-plus 决策机制通过反复地在网络图中相连结点 i 和 j 间发送局部最优消息 u^j_i 来近似得到最优的联合动作。因此，一般将 Max-plus 用于多 Agent 最优动作决策问题，则 Agent_i 发给邻居 Agent_j 的消息描述为局部奖赏函数，其定义如公式 4.17 所示：

$$u^j_i(a_j) = \max_{a_i}\{f^j_i(a_i, a_j) + \sum_{k \in \Gamma(i)/j} u_{k_i}(a_i) - c_{ij}\} \tag{4.17}$$

其中，u_{k_i} 为邻居发送给 Agent_i 的消息。$\Gamma(i)/j$ 为除了 j 之外的 Agent_i 的所有邻居的集合。f^j_i 为联合动作的值函数：

$$f^j_i = Q(s_i + a_i) + Q(s_j + a_j) \tag{4.18}$$

c_{ij} 为归一化值，Max-plus 将其定义为所有传出的消息的平均值：

$$c_{ij} = \frac{1}{|A_j|} \sum_{a_j} u^j_i(a_{ij}) \tag{4.19}$$

在每一时间步，定义 Agent_i 的每个动作的函数值如公式 4.20 所示：

$$g(a_i) = \sum_{j \in k \in \Gamma(i)} u_j^i(a_i) \qquad (4.20)$$

则 Agent$_i$ 最优动作决策如公式 4.21 所示：

$$a^* = \underset{a_i}{\operatorname{argmax}} \, g(a_i) \qquad (4.21)$$

其中，$\underset{a'}{\operatorname{argmax}} \, Q_a^s(\tau)$ 为状态 s 行中具有最大 Q 值的动作，在每个回合结束时将 $Q_a^s(\tau)$ 替换为 $Q_a^s(\tau+1)$。

4.3.3 仿真结果及分析

为了表征系统的宏观行为，本实验采用 PDG 作为博弈模型，引入合作频率 p_c 表示网络上合作者数量与所有节点数量的比值。显然，合作频率在 0 和 1 之间。当合作频率为 0 时，所有的个体都是背叛者，合作者的占比例为 1 时表示整个网络都是合作者。本章考虑了有限节点 $N=100$ 的四种网络模型：无标度网络 (BA 网络)、小世界网络 (WS 网络)、随机网络 (ER 网络) 和规则网格网络 (RG 网络)。其中 RG 网络为最简单的网络，网络中任意两个节点之间的联系遵循既定的规则。幂律分布广泛存在于物理学、生物学、社会学、经济学等众多领域中，许多现实世界中各节点连接数服从幂律分布的复杂网络（如互联网、社会网络等）均属于 BA 网络。绝大多数节点之间并不相邻，但任意给定节点的邻居却很可能彼此相邻，并且大多数任意节点可以用较少的步或跳跃访问到其他节点，具有这种（即一些彼此并不相识的人可以通过一条很短的熟人链条被联系在一起）性质的网络为 WS 网络，其广泛存在于社交网络中。ER 随机网络模型是个机会均等的网络模型，在计算机科学、统计物理、生命科学、通信工程等领域都有广泛应用。这四种网络模型为经典网络模型，并广泛存在于众多领域，因此，本章以这四种网络模型作为实验平台来验证提出算法的有效性。以合作者和背叛者的比例相等开始，对四种网络模型进行了模拟，并选取 BA 网络为代表，在其他参数改变的情况下做了进一步研究。在每个参数组合仿真迭代的过程中，动态系统经过 1000 个仿真步长逐渐达到稳定的状态，网络合作频率是 50 次仿真稳定结果的平均值。实验结果发现，系统在 0 到 100 步变化明显，过渡状态后，系统达到稳定状态，平均并记录稳定状态中的合作频率，如图 4.8 所示。

4.3.3.1 实验结果

总体上来说，引入强化学习后，网络合作频率将提高，并在短时间内达到稳定状态。稳定状态下的合作频率很高，并且在稳定值附近波动。当

算法 13: MQL-PDG

1　Inititalize 初始 Q 表

2　Inititalize 每个个体的状态 s

3　for $e = 1, \cdots, E$ do

4　　for $t = 1, \cdots, T$ do

5　　　获取当前状态 s

6　　　以 $1 - \epsilon$ 的概率根据公式 4.21选择最优动作 a^*, 或以 ϵ 的概率随机地选择
　　　　一个动作 a

7　　　每个邻居仅在其当前状态根据公式 4.21选择最优动作 a^* 作为响应

8　　　根据其行为及其对手的行为获得奖励 r

9　　　根据公式 4.12更新 Q_a^s 值

10　　　根据公式 4.14更新状态 $s(\tau + 1) = a(\tau)$, 但是个体 i 的邻居在当前回合不
　　　　改变自身状态 $s(\tau + 1) = s(\tau)$

11　　end

12　end

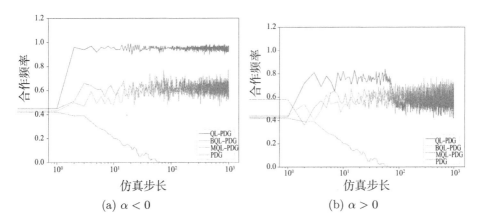

(a) $\alpha < 0$　　　　　　　　　　(b) $\alpha > 0$

图 4.8　BA 网络不同 ϵ 下合作频率　(a)ϵ=0.02; (b)$\epsilon = 0.4$　($\theta = 1, \alpha = 0.5, \gamma = 0.7, b = 1.5$)

ϵ 为 0.02 时, 网络合作频率达到稳定状态的时间小于 ϵ 为 0.4。这是因为, 当 ϵ 较小时, 策略选择的随机性较小, 所以达到稳定状态的时间将较短; 当 ϵ 较大时, 策略选择的随机性将增加, 网络合作频率达到稳定时间将更长一些。当 ϵ 为 0.02 时, 使用 QL 算法的博弈网络 (QL-PDG) 的合作频率最高, 高于使用 BQL 算法的博弈网络 (BQL-PDG)、MQL 算法的博弈网络 (MQL-PDG) 和传统博弈网络的合作频率。当 ϵ 为 0.4 时, 使用三种决策机制的 Q 学习算

法的合作频率几乎相同，与传统的博弈网络相比，合作频率显著提高。通过仿真结果，我们发现引入强化学习之后的网络合作频率得到提高，并且在达到稳定状态之后仍会维持在比较高的水平。

4.3.3.2 强化学习算法对网络合作频率的影响

实验使用 QL-PDG 与 BQL-PDG、MQL-PDG 和 PDG 进行仿真比较，结果如图 4.9所示，在 BA、ER、SW、RG 上引入不同强化学习算法之后实验结果类似。

无论对于哪种网络拓扑结构，整体的合作频率都会提高；而且当 $\epsilon = 0.02$ 时，四种算法对应的网络合作频率较高，其中 QL-PDG 合作频率最高，其次是 BQL-PDG 和 MQL-PDG，最后是 PDG。因此，可以得出结论，在引入 Q 学习下加强合作的现象对于相互作用网络的拓扑结构是普遍的。以下将以 BA 网络为例，从三个具体的影响因素分析引入三种强化学习决策算法对整体合作频率的影响。

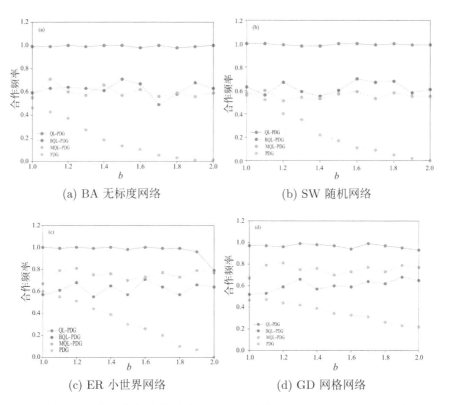

(a) BA 无标度网络　　　　　　(b) SW 随机网络

(c) ER 小世界网络　　　　　　(d) GD 网格网络

图 4.9　不同复杂网络合作频率的比较　(a)BA 网络;(b)ER 网络;(c)RG 网络;(d)WS 网络　$(\theta = 1, \alpha = 0.5, \gamma = 0.7, \epsilon = 0.02)$

4.3.3.3　网络合作频率动态演化特性影响分析

b 代表背叛的诱惑。对于不同的 b，实验使用三种强化学习算法的博弈网络与 PDG 进行比较，如图 4.10 所示。随着 b 的增加，只有 BQL-PDG 的合作频率不会降低，呈现出随 b 的增加而合作的频率上下波动的变化，QL-PDG 和 MQL-PDG 的合作频率都略有下降，而 PDG 的合作频率随 b 的增加而急剧下降为 0。从结果可以看出，引入强化学习之后系统对于背叛诱惑的抵御能力更强，稳定性也更强。

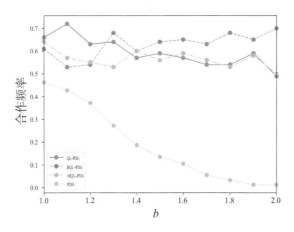

图 4.10　BA 网络不同 b 情况下的网络合作频率 ($\theta = 1, \alpha = 0.5, \gamma = 0.7, \epsilon = 0.4$)

Zhang 等[280]研究了动态变化的交互范围对系统合作演化的影响，结果证明调整自身交互范围可以显著促进合作，并能在非常大的背叛诱惑下维持高水平的合作。本章通过使用强化学习算法控制节点的博弈过程，即使在背叛诱惑持续增大的情况下，仍能维持较为稳定的合作频率。学习率、折扣水平和收益的异质性对网络合作频率的影响如图 4.11 所示。

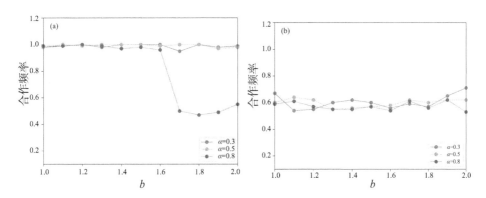

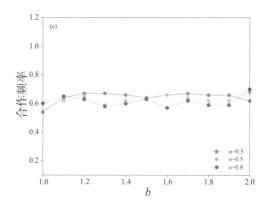

图 4.11　不同 α 对合作频率的影响　(a)QL-PDG;(b)BQL-PDG;(c)MQL-PDG（$\theta = 1, \gamma = 0.7, \epsilon = 0.02.$）

α 表示个体的学习率。实验使用了三种强化学习算法来观测不同的 α 对网络合作频率的影响。从图 4.11 中可以看出，三种强化学习算法对于不同的 α，对应的网络合作频率的变化趋势总体是相同的，学习率越低，网络合作频率越高。对于不同的 α，BQL-PDG 和 MQL-PDG 合作程度显示出细微的变化，并且随着 b 的变化，合作程度变化不大；对于 QL-PDG，当 $\alpha \geqslant 0.5$ 且当 $b > 1.4$ 时，合作频率随着 b 的变化而急剧下降。

γ 表示折扣率 (个体为未来奖励的贪婪程度)。对于三种强化学习决策算法，折扣率越高，网络合作频率越高，如图 4.12 所示。QL-PDG 的趋势最明显，MQL-PDG 的趋势表现最弱。

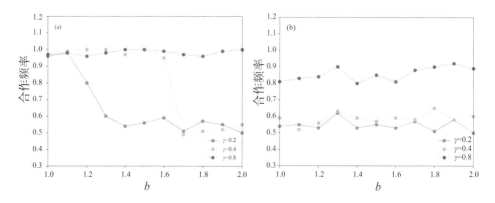

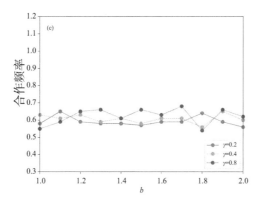

图 4.12 不同 γ 对合作频率的影响.(a)QL-PDG;(b)BQL-PDG;(c)MQL-PDG.($\theta = 1, \alpha = 0.5, \epsilon = 0.02$)

θ 表示收益的异质性。从图 4.12 中可以看出，无论对于哪种强化学习决策算法，θ 为中间水平时，网络合作频率均为最高。BQL-PDG 和 MQL-PDG 对于不同的 θ，合作程度显示出细微的变化，随着 $b \in [1,2]$ 的变化，中等水平的 θ 对应的合作频率最高略高于其他 θ，如图 4.13所示。

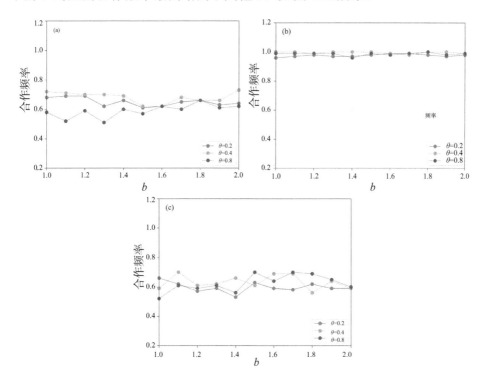

图 4.13 θ 对合作频率的影响.(a)QL-PDG;(b)BQL-PDG;(c)MQL-PDG.
($\alpha = 0.5, \gamma = 0.7, \epsilon = 0.02$)

对于 QL-PDG，本章做了更细微的研究，此时 $b \in [1, 1.1]$，实验观察了不同的 θ 随着 b 的变化，仍然呈现出中等水平的 θ 对应的合作频率最高的趋势。因此，在强化学习中适当调节收益异质性可以提高网络合作频率，过高或者过低的异质性都会使网络的合作频率降低。

Zhang 等[280]研究了在 RG 网络和 ER 网络上空间公共物品博弈中历史收益诱导的异质性对群体合作的影响。实验结果表明，异质性越强，群体合作频率越高。与其不同，本章研究的强化学习决策算法中，群体合作频率并不与合作频率成正比，中等水平的异质性对应的合作频率最高。

4.3.3.4 个体的全局属性对网络平均收益的影响

当 ϵ 较小时，QL-PDG 的平均收益最高，其次是 MQL-PDG，BQL-PDG 的平均收益最小；当 ϵ 较大时，MQL-PDG 的平均收益就会超过 QL-PDG，成为平均收益最高的算法。这是因为，当 ϵ 较小时，个体的探索率较小，个体就会最直接自私地选择对于自身而言的最优策略，所以此时 QL-PDG 的平均收益占据最高位；而当个体的探索率增大时，个体进行决策的随机性就会增大，此时个体考虑自身的全局属性做出的选择的最优策略就是全局最优策略，因此此时 MQL-PDG 的平均收益是最高的。由此可以得出结论，当个体的探索率较大时，使用考虑个体属性的 Max-plus 决策机制的 Q 学习算法能够提高网络的平均收益。如图 4.14所示。

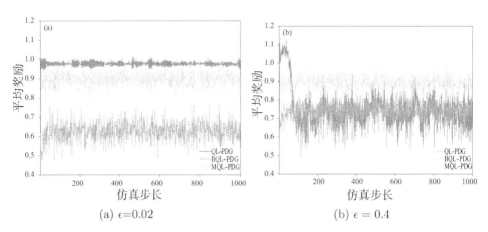

(a) $\epsilon = 0.02$ (b) $\epsilon = 0.4$

图 4.14 BA 网络不同 ϵ 下合作频率 $(\theta = 1, \alpha = 0.5, \gamma = 0.7, b = 1.5)$

Zhang 等[281]研究了在普适社交网络的环境中，所有个体利用强化学习方法中的 Q 学习对因徒困境中的社交行为进行学习。实验结果证明，学习的个体奖励值在多次学习后达到收敛，且有效地解决了因徒困境问题。本章引入了三种 Q 学习决策机制作为个体的策略选择机制，并引入用于调整个体收益的异质性的参数 θ，针对不同的网络类型、不同的博弈模型参数和不同的强化学习参数进行了对比实验。实验结果表明，在复杂网络演化博弈中引入强化学习作为决策机制能够提高网络的合作频率。对于不同的网络拓扑结构，引入强化学习合作频率得到提高的结果也是普遍的。当 Q 学习应用于个体决策时，较低的学习率 α 和较高的折扣率将促进网络个体间的合作行为。在调节个体收益的异质性时，中等水平的个体收益异质性会提高网络的合作频率，个体收益异质性太低或太高都会降低网络合作频率。此外，当个体以较高的探索率进行策略选择时，考虑个体全局属性的 Max-plus 作为决策机制的网络获得的平均收益最高。

本章仅在四种经典网络验证了提出算法的有效性，然而随着科技与更为复杂的系统的出现，复杂网络的结构和行为动力学也日趋复杂化，后续应继续研究算法在新的和更加复杂的网络上的应用和表现。本章针对强化学习算法的应用对网络合作频率的影响进行了研究，后续可以继续专注于算法的改进，研究其他强化学习算法和参数对网络合作频率的影响。未来还可以将深度学习算法与强化学习算法结合应用到演化博弈中，以开发更加智能的决策模式。

4.4　基于 QL-EG 的区域交通优化实验

4.4.1　仿真系统搭建

4.4.1.1　博弈网络 Q 学习

利用复杂网络理论建立交通网络平行网络，根据第 4 章研究内容建立平行网络的强化学习博弈模型。建立如图 4.15 所示的网络之后，每个个体只有两种状态：背叛 (D) 或者合作 (C)，如公式 4.22 描述：

$$z_x = \begin{bmatrix} 1 \\ 0 \end{bmatrix} \text{或} z_x = \begin{bmatrix} 0 \\ 1 \end{bmatrix} \tag{4.22}$$

图 4.15　简单博弈网络示例

根据前面的内容，本章依据囚徒困境经典模型 $R=1, P=S=0, T=b(b=1.5)$，收益矩阵如公式 4.23 所示。

$$\boldsymbol{A} = \begin{bmatrix} 1 & 0 \\ b & 0 \end{bmatrix} \tag{4.23}$$

个体收益总和表示为：

$$R_x = \sum_{y \in \omega_x} \boldsymbol{z}_x^{\mathrm{T}} \boldsymbol{A} \boldsymbol{z}_y \tag{4.24}$$

其中，ω_x 为 x 最近的所有邻居，$\boldsymbol{A}$ 为收益矩阵。在进化过程中，每个个体通过自身的 Q 表来选择下一轮的策略，在迭代中同步地更新其 Q 表和状态。Q 表的更新过程如公式 4.25，如果节点 i 的状态和动作为 s 和 a 在第 τ 轮，则元素 Q_a^s 的更新如下：

$$Q_a^s(\tau+1) = (1-\alpha)Q_a^s(\tau) + \alpha[w(\tau) + \gamma Q_{s'a'}^{\max}(\tau)] \tag{4.25}$$

其中，$w(\tau)$ 代表个体本轮的奖励，由下面的公式给出：

$$w(\tau) = (R_x/n)^\theta \tag{4.26}$$

其中，R_x 为个体与邻居博弈的收益总和，n 为邻居个数，$\theta \in (0,1]$ 是用来调节个体收益均匀性的参数。$\alpha \in (0,1]$ 为学习率，参数 $\gamma \in [0,1)$ 为确定未来奖励重要性的折现因子。$Q_{s'a'}^{\max}(\tau)$ 是在下一个状态 s' 的行中的最大元素，τ 是在 s' 处的最佳将来值的估计。当个体 i 在第 τ 轮处于状态 s 时，它将根据 Q 表选择最优动作：

$$a(\tau) = \arg\max_{a'} Q_{sa'}(\tau) \tag{4.27}$$

其中，$\arg\max_{a'} Q_{sa'}(\tau)$ 表示状态 s 行中具有最大 Q 值的动作，在每个回合结束时将 $\hat{Q}_a^s(\tau)$ 替换为 $Q_a^s(\tau+1)$。复杂网络强化学习演化博弈的动作用来指导交通网络强化学习过程中更新交叉路口 Q 值时是否考虑邻居的 Q 值。

4.4.1.2 交通网络 Q 学习

利用 sumo 建立交通网络（如图 4.16所示）。根据强化学习模型建立交通网络强化学习模型。

图 4.16　交通网络

（1）**状态**。车辆排队长度

（2）**动作**。增加、保持当前相位绿灯时间；选择当前状态 s 下最大的 q 值对应的动作 a：

$$a^{i,*} = \arg\max_{a \in A} Q_t^i(s_t^i, a) \tag{4.28}$$

（3）**奖励**。根据动作后的等待时间计算奖励 $r(s, a)$：

$$r(s, a) = \begin{cases} 0, & wt > 2wt' \\ 1, & wt' < wt < 2wt' \\ 2, & wt < wt' \end{cases} \tag{4.29}$$

（4）**策略选择**。共有三种可选的动作选择机制：ϵ-greedy、Boltzmann 和 UCB。

（5）**更新 Q 表**。根据考虑节点全局属性的 Q-Netgame 学习算法进行 Q 值更新，如公式 4.30 所示：

$$
\begin{aligned}
Q_{t+1}^i(s_t^i, a_t^i) \leftarrow & (1-\alpha)Q_t^i(s_t^i, a_t^i) \\
& + \alpha\left\{ r_{t+1}^i(s_{t+1}^i) + \gamma\left[\max_{a^j \in A} Q_t^j(s_t^j, a^j) + \sum_j \eta Q_t^{ij}(s_t^i, a_t^i) \right] \right\}
\end{aligned}
\tag{4.30}
$$

其中，η 为博弈网络中节点 i 的邻居 j 的动作，根据下节博弈网络节点动作确定。

4.4.2　基于 QL-EG 的区域交通优化仿真实验

本章使用基于 Q 学习演化博弈模型的区域交通信号优化算法，在建立的简单交通网络上进行了仿真，并采用了三种动作选择方式进行对比。除此之外，本章还与传统的强化学习控制和定时控制进行了对比，以下是具体分析。

4.4.2.1　平均速度结果对比

以平均速度为指标，对比三种决策机制的优劣：首先本节使用基于演化博弈的 Q 学习信号优化算法，并采取了 ϵ-greedy、Boltzmann 和 UCB 三种策略选择方式进行对比仿真实验，选择车辆的平均速度作为评价指标。如图 4.17所示，在 960 次迭代过程中，ϵ-greedy Q 学习信号优化算法和 Boltzmann Q 学习信号优化算法下的平均速度均高于 5 m/s，并且在 8 m/s 上下浮动。而 UCB Q 学习信号优化算法在这三种算法中，车辆的平均速度在总体呈现下降的趋势，并且在 240 步以后的平均速度均低于 4 m/s。

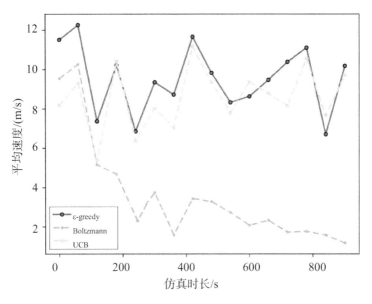

图 4.17 三种决策机制算法下平均速度对比

从三种算法的控制效果来看，Boltzmann Q 学习信号优化算法下的平均速度仅次于 ϵ-greedy Q 学习信号优化算法控制算法下的平均速度，UCB Q 学习信号优化算法下的车辆平均速度最低，控制效果最差。ϵ-greedy 随机动作选择算法进行区域交通信号优化得到的车辆平均速度在三种算法中是最高的，也就是在此种优化算法下的车辆的行驶状况最优，拥堵和停车情况最少。

本节使用基于 Q 学习演化博弈模型的交通信号控制算法和传统的强化学习信号控制算法进行区域交通信号优化，两种交通信号优化算法均采取了 ϵ-greedy 策略选择方式进行仿真实验，选择车辆的平均速度作为评价指标。

基于 Q 学习演化博弈模型的信号优化算法下的车辆平均速度在均值 8 m/s 上下浮动，且最小值为 5.27 m/s，传统的 Q 学习交通信号控制算法的平均速度在 5 m/s 上下浮动，且最小值为 2.66 m/s，如图 4.18 所示。从两种算法的控制效果来看，基于演化博弈的 Q 学习信号优化算法下的平均速度总体上要高于传统的 Q 学习信号控制算法。本节使用基于 Q 学习演化博弈模型的区域交通信号优化算法和传统的定时控制进行交通网络控制，基于博弈的强化学习控制算法采取了 ϵ-greedy 策略选择方式，并且定时控制的配时方案与基于博弈的强化学习控制算法的初始配时方案一致。同样地进行仿真实验，选择车辆的平均速度作为评价指标。

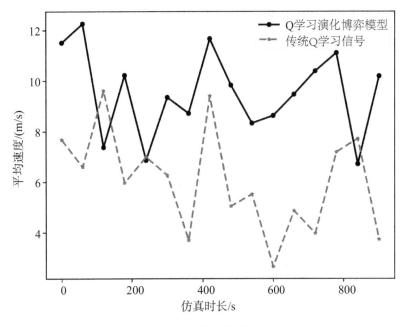

图 4.18　与传统强化学习控制对比

传统的定时控制方案在迭代过程中均低于 8 m/s，并且在 3 m/s 上下浮动，最小值为 0.39 m/s，如图 4.19 所示。从两种控制方案的效果来看，基于

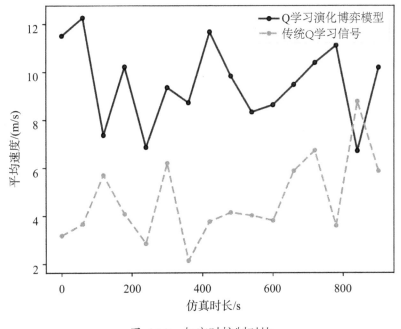

图 4.19　与定时控制对比

Q 学习演化博弈模型的区域交通信号优化算法的平均速度在 960 次迭代过程中要远高于定时控制方案下的平均速度。

4.4.2.2 平均占有率结果对比

本节以平均占有率为指标,对几种控制算法的优劣进行进一步的对比分析,对几种信号控制算法的交通优化效果进行进一步验证。同样使用基于 Q 学习演化博弈模型的区域交通信号优化算法,并采取了 ϵ-greedy、Boltzmann 和 UCB 三种策略选择方式进行对比仿真实验,选择车道的平均占有率作为评价指标。

在 960 次迭代过程中,ϵ-greedy Q 学习信号优化算法和 Boltzmann Q 学习信号优化算法下的车道平均占有率均低于 10,并且在 4 上下浮动,而 UCB 算法在这三种信号优化算法中,车辆的平均占有率在总体上呈现增长的趋势,不会出现稳定值,如图 4.20所示。

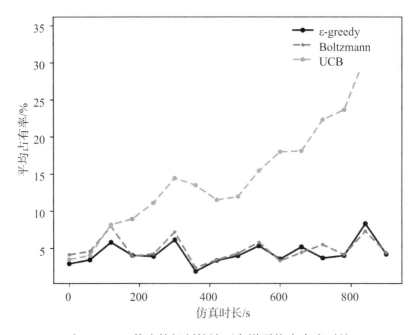

图 4.20　三种决策机制算法下车道平均占有率对比

从三种算法的控制效果来看,ϵ-greedy Q 学习信号优化算法进行区域交通信号优化得到车道的平均占有率在这三种算法中是最低的,也就是在此种控制情况下的车辆的行驶状况最优,拥堵和停车情况最少,Boltzmann Q 学习信号优化算法仅次于 ϵ-greedy Q 学习信号优化算法,使用基于 Q 学习演化博弈模型的信号控制算法和传统的强化学习控制算法进行交通信号控制,两种控制算法均采取了 ϵ-greedy 策略选择方式进行仿真实验，选择车道的平均占有率作为评价指标。

基于 Q 学习演化博弈模型的信号优化算法和传统的 Q 学习信号控制算法下的车辆车道的平均占有率最大值都在 8 左右，且最小值都在 2 左右。从两种算法的控制效果来看，基于演化博弈的 Q 学习信号优化算法下车道平均占有率总体上要低于传统的 Q 学习控制算法，如图 4.21所示。

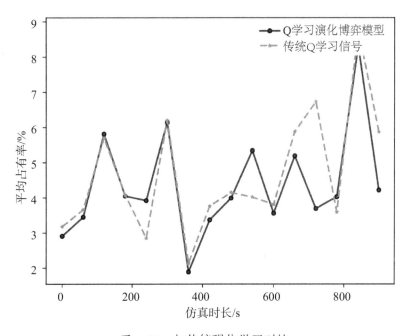

图 4.21　与传统强化学习对比

使用基于 Q 学习演化博弈模型的信号优化算法和传统的定时控制进行区域交通信号优化控制，基于 Q 学习演化博弈模型的信号优化算法采取了 ϵ-greedy 策略选择方式，并且定时控制的配时方案与基于演化博弈的 Q 学习信号优化算法的初始配时方案一致。同样进行仿真实验，选择车道的平均占有率作为评价指标。

从两种信号控制方案的效果来看，基于演化博弈的 Q 学习信号优化算法的平均车道占有率总体上低于传统的定时控制方案。传统的定时控制方案在初始状态下的平均车道占有率极高，随着仿真的进行，在 400 次迭代之后迅速下降，并且在 6 上下浮动，如图 4.22所示。

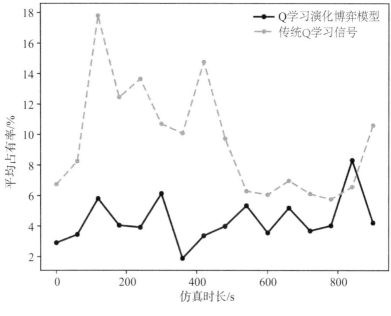

图 4.22 与定时控制对比

4.4.3 小 结

本章在对国内外关于城市区域的交通信号控制方法进行全面总结概括的基础上，考虑到相邻路口的交通状态，将相邻路口的信号控制策略考虑到本路口的策略选择中，利用博弈网络中个体之间的博弈和交通网络 Q 学习中的动作选择策略的改进来实现区域交通信号优化，实现了宏观路网结构下的路口博弈与微观信号控制优化的结合。主要内容如下。

(1) 针对多路口之间相互影响、相互制约的关系，选择博弈论研究个体间的冲突和合作问题。个体学习能力影响网络中合作行为，考虑到个体的高阶邻居的影响，提出了基于个体全局属性的个体异构学习能力模型，证明了节点的全局属性对演化博弈中网络合作频率的重要影响。

(2) 针对博弈决策过程中路口面临无法获取邻居收益的问题，本章提出了一种基于 Q 学习的演化博弈模型。为了研究路口博弈策略的选择机制对合作行为的影响，在迭代过程中，利用三种决策机制策略来进行动作选择，探索了不同的 Q 学习参数下网络合作频率的变化。仿真实验表明，本章提出的基于 Q 学习的演化博弈模型能够更加有效地提高网络的合作频率和平均收益。

(3) 在演化博弈和强化学习的基础上，本章提出了基于 Q 学习的演化博弈模型的区域交通信号优化算法。结合 SUMO 交通仿真软件的仿真建模能力，搭建了基于 SUMO-Python 的强化学习交通交互仿真平台。基于 SUMO-Python 的交通仿真平台能够在很大程度上补充 SUMO 交通仿真软件的局限性，通过构建相邻路口智能体之间的平行博弈网络，指导路口强化学习中的策略更新，以各个路口车辆平均速度最小化为目标，观察发现路口学习过程中随着知识的丰富和迭代更新，信号控制策略会发生改变。与传统强化学习控制和定时控制相比较，结果表明，基于 Q 学习演化博弈模型的信号控制模式下车道车辆平均速度最高，车道的平均占有率最低，此信号优化方法对改善交通路网内的运行状态有显著作用。

第 5 章 交通信号控制中的深度强化学习方法

机器学习总体上可分为监督学习、无监督学习和强化学习三种方式。其中，强化学习通过自我监督的学习方式，运用动作和奖励数据进行持续学习，同时，Agent 与环境交互，观察并获取环境模型中的状态反馈。强化学习在应对非线性、不确定性的系统中表现出良好的适应性。随着强化学习的发展，研究人员们引入了价值函数，提出了 Q-Learning[27]、SARSA[75] 等经典的强化学习方法。

然而，传统的强化学习十分依赖人工特征提取，而相对简单的价值函数和策略则难以适应复杂连续的高维数据，当系统的环境模型复杂时，状态及动作的空间维度也随之上升，强化学习遇到维度爆炸问题而难以进行自主决策。深度学习的出现突破了这一限制，其是一种特殊的机器学习，具有强大的能力和灵活性。深度学习强大的特征提取能力，结合强化学习的自主决策能力，形成深度强化学习。深度强化学习使强化学习不再受数据空间维度问题的限制，得以应用于高维、复杂的控制系统。Mnih 等[282]提出了深度强化学习 DQN 模型，在经历过多次训练后进行雅达利游戏，发现其可以超越人类水平。近年来，深度强化学习除了应用于游戏中之外，在图像处理[283]、自然语言处理[284] 等领域中也逐渐出现。

本章介绍了深度强化学习的基本理论及实例验证，包括深度神经网络结构、激活函数、四种深度强化学习算法等，又进一步在交通信号控制中实现了算法的实例验证，优化了交通信号控制，提高了交叉路口通行能力，以此来缓解城市路网交通拥堵状况。

5.1 深度强化学习在交通信号控制中的研究现状

智能交通系统 (ITS) 的目标是为交通参与者提供安全、高效、可靠的交通系统。如今，半自动驾驶车辆已具有高自主性并被广泛应用，在不久的未来，交通系统将会包括自主交通管理和自动驾驶等。ITS 的自主程度在许多方面可以得到进一步改善，包括出行时间、节能环保和提升交通安全等。这些功能可基于自主程度更高的控制系统使用，例如，缩短出行时间可以通过交通系统协调实现，当车辆在交通上花费的时间延长，其油耗随之增加，从而对环境及经济造成影响；人类行为具有不可预知性，而自动驾驶能尽量减少人类干预，降低事故发生率，从而提高运输质量。基于上述所有原因，ITS 对各种自主控制的需求越来越高。ITS 常用的方法是使用基于经验的学习模型，类似于人类的学习过程。

由于交通问题日益突出，造成的损失不可估量，因此，用自适应模块控制交通信号灯是 ITS 研究的重点。设计自适应交通管理系统是缓解交通拥堵的有效途径之一。强化学习与深度学习相结合，称为深度强化学习，目前其被认为是控制系统中最先进的学习框架。

5.2　深度强化学习算法

传统深度强化学习算法每次只能解决一种游戏任务，因而无法在一次训练中完成多种任务。迁移学习和强化学习的结合也是深度强化学习的主要思路。

Parisotto 等 [415] 提出了一种基于行为模拟的深度迁移强化学习算法。该算法通过监督信号的指导，使单一的策略网络学习各自的策略，并可将知识迁移到新任务中。Rusa 等 [414] 提出策略蒸馏深度迁移强化学习算法。策略蒸馏深度迁移强化学习算法又分为学习网络和指导网络，策略蒸馏深度迁移强化学习通过这两个网络 Q 值的偏差来确定目标函数，从而引导学习网络逼近指导网络的值函数空间。

此后,Rusa 等 [416] 又提出了一种基于渐进式神经网络 (progressive neural network,PNN) 的深度迁移强化学习算法。PNN 是一种把神经网络和神经网络连起来的算法。它在一系列序列任务中，通过渐进的方式来存储知识和提取特征，以完成对知识的迁移。PNN 最终可实现多个独立任务的训练，通过迁移加速学习过程，以避免灾难性遗忘。Fernando 等 [417] 提出了路径网络 (PathNet)。PathNet 可以说是 PNN 的进阶版。PathNet 把网络中每一层都看作一个模块，把构建网络看成搭积木，也就是复用积木。它与 PNN 非常类似，只是 PathNet 不再有列，而是有不同的路径。PathNet 将 Agent 嵌入到神经网络中，其中 Agent 的任务是为新任务发现网络中可以复用的部分。Agent 是网络之中的路径，其决定了反向传播过程中被使用和更新的参数范围。在一系列的 Atari 强化学习任务中，PathNet 都实现了正迁移，这表明 PathNet 在训练神经网络上具有通用性和应用能力。PathNet 也可以显著提高 A3C 算法超参数选择的鲁棒性。Schaul 等 [418] 提出了用一种通用值函数逼近器 (universal value function approximators,UVFAs) 来泛化状态和目标空间。UVFAs 可以将学习到的知识迁移到与环境动态特性相同、但目标不同的新任务中。

5.2.1　DQN

DQN 只使用游戏的原始图像作为输入，不依赖于人工提取特征，是一种端到端的学习方式。DQN 创新性地将深度卷积神经网络和 Q 学习结合到一起，并在 Atari 视频游戏上达到了人类玩家的控制效果。通过经验回放技术和固定目标 Q 网络，DQN 有效解决了使用神经网络非线性动作值函数逼近器带来的不稳定和发散性问题，极大提升了强化学习的适用性。经验回放增加了历史数据的利用率，同时随机采样打破了数据间的相关性，与目标 Q 网络的结合进一步稳定了动作值函数的训练过程，如图 5.1所示。此外，通过截断奖赏和正则化网络参数，梯度被限制到合适的范围内，从而可以得到更加具有鲁棒性的训练过程。

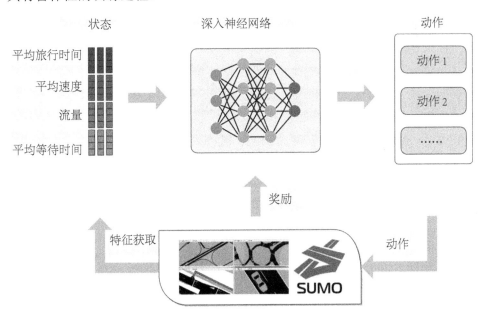

图 5.1　深度强化学习在交通信号控制中的应用

DQN 算法采用了两种稳定学习技术，即经验重放和目标网络。

5.2.1.1　经验重放

DQN　引入一个独有的特征——经验重放，即保存近期的经验 (s_t, a_t, r_t, s_{t+1}) 到重放存储中，并从重放存储中规则地采样进行神经网络训练。

DQN 采用经验重放有两个主要原因：一是通过随机采样防止 Agent 陷入最近的轨迹，因为 Agent 在连续采样中容易出现时间相关性；二是 DQN Agent 不是通过全面观察来学习，而是通过小批次采样学习，以提高培训的效率。

5.2.1.2　目标网络

DQN 中稳定学习过程的主要部分是目标网络。DQN 有两个独立网络，即主网络和目标网络。主网络逼近 Q 函数，目标函数提供用于更新主网络的 TD 目标。在训练阶段，主网络参数 θ 在每次执行动作之后被更新，目标网络参数 θ^- 在一段时间之后被更新。目标网络不在每次循环时更新的原因是要调整主网络的更新以保持对估计值的有效控制。如果两个网络同步长被更新，则主网络的变化将会由于目标网络的反馈而过大，进而导致网络的不稳定，一个步长的 TD 目标 y_t 记为：

$$y_t^{\text{DQN}} = r_t + \gamma \max_{a_{t+1}} Q^\pi(s_{t+1}, a_{t+1}; \theta_t^-) \tag{5.1}$$

其中，$Q^\pi(s_{t+1}, a_{t+1}; \theta_t^-)$ 为目标网络。

深度神经网络在本质上是用来拟合函数的，神经网络的输出与所给的标签计算损失函数，并通过反向传播来调整神经网络内的变量，其目标是使神经网络的输出与所给的标签最接近。在 DQN 算法中，神经网络为状态与 Q 值的函数，状态为神经网络的输入，其输出为对应状态的 Q 值，而标签则由公式中下一步状态的 Q 值计算来得到。其损失函数如公式 5.2：

$$L_I(\theta_i) = E_{(s,a,r,s_{t+1})\ U(D)}\{[r + \gamma \max_{a_{t+1}} Q(s_{t+1}, a_{t+1}; \theta_i^-) - Q(s_t, a_t; \theta_i)]^2\}$$

$$\tag{5.2}$$

由于环境中，相邻的状态具有连续性，且不满足独立同分布，而神经网络训练的数据需要独立，在 DQN 算法中，使用经验回放的方法，用来打破数据间的连续性。在每一次动作执行后，Agent 将元组 (s_t, a_t, r_t, s_{t+1}) 保存在经验池中。训练神经网络变量的时候，Agent 会从经验池随机抽取一部分数据，这样保持数据间的独立性。DQN 算法的算法流程如算法 14 所示。

算法 14: DQN

Input: 训练回合 E, 迭代步长 T, 经验回放集合 D, 样本数 m, 探索率 ϵ, 衰减因子 γ

1　Inititalize 当前 Q 网络参数 θ

2　Inititalize 目标 Q 网络参数 θ^-

3　Inititalize 清空经验回放合集 D

4　for $e = 1, \cdots, E$ do

5　　获取状态序列 $s_1 = \{x_1\}$ 以及其特征向量 $\phi_1 = \phi(s_1)$

6　　for $t = 1, \cdots, T$ do

7　　　以概率 $1 - \epsilon$ 选择执行动作 $a_t = \max\limits_a Q^*(\phi(s_t), a; \theta)$, 或者以概率 ϵ 随机执行动作 a_t

8　　　获得奖励 r_t, 新状态 s_{t+1} 对应的特征向量 $\phi_{t+1} = \phi(s_{t+1})$

9　　　存储元组 $(\phi_t, a_t, r_t, \phi_{t+1})$ 至经验回放合集 D

10　　　从重放记忆中随机选取 m 个样本

$$y_t = \begin{cases} r_t, & t = T \\ r_t + \gamma \max\limits_a Q(\phi_{t+1}, a_{t+1}; \theta^-), & \text{其他} \end{cases}$$

11　　　使用 $(y_t - Q^*(\phi_t, a_t; \theta))^2$, 通过梯度反向传播更新 Q 网络参数 θ

12　　　每 N 步更新目标网络, $\theta^- = \theta$

13　　end

14　end

5.2.2　DDQN

DQN 使用的 Q 学习存在固有的缺陷——过估计 Q 值，由于对于 Q 函数的估计会有误差，因此在取最大化 Q 值的时候，会高于真实的最大 Q 值。由于过高的估计偏差，这种累积的错误会导致任意的坏状态被估计为高值，从而导致次优的策略更新和发散的行为，这就是过估计问题，且估计误差随动作数的增大而增大。过估计的根源在于 Q 学习中目标值的最大化操作。如果过估计是均匀的，由于贪婪策略，最优策略并不会受到影响；但如果这种过估计不均匀，将导致某个次优动作对应的高估 Q 值超过最优动作对应的 Q 值，从而无法找到最优策略。

DDQN 和 DQN 有相同的两个 Q 网络结构。DDQN 是在 DQN 的基础上，通过解耦目标 Q 值动作的选择和目标 Q 值的计算这两步，来消除过度估计的问题。DDQN 不再直接通过目标 Q 网络寻找动作的最大 Q 值, 而是从当前 Q 网络中找出最大 Q 值对应的动作, 即:

$$a^m ax(s, \theta) = \underset{a}{\arg\max} Q(s, a, \theta) \tag{5.3}$$

选择出最大 Q 值对应动作在目标网络中计算 Q 值, 即:

$$y_t^{\text{DDQN}} = r_t + \gamma Q[s_{t+1}, \underset{a_{t+1}}{\arg\max} Q(s_{t+1}, a_{t+1}; \theta); \theta^-] \tag{5.4}$$

DDQN 算法的算法流程如下所示。

算法 15: DDQN

Input: 训练回合 E, 迭代步长 T, 经验回放集合 D, 样本数 m, 探索率 ϵ, 衰减因子 γ

1 Inititalize 当前 Q 网络参数 θ

2 Inititalize 目标 Q 网络参数 θ^-

3 Inititalize 清空经验回放合集 D

4 for $e = 1, \cdots, E$ do

5   获取状态序列 $s_1 = \{x_1\}$ 以及其特征向量 $\phi_1 = \phi(s_1)$

6   for $t = 1, \cdots, T$ do

7   以概率 $1 - \epsilon$ 选择执行动作 $a_t = \underset{a}{\max} Q^*(\phi(s_t), a; \theta)$, 或者以概率 ϵ 随机执行动作 a_t

8   获得奖励 r_t, 新状态 s_{t+1} 对应的特征向量 $\phi_{t+1} = \phi(s_{t+1})$

9   存储元组 $(\phi_t, a_t, r_t, \phi_{t+1})$ 至经验回放合集 D

10   从重放记忆中随机选取 m 个样本

    $$y_t = \begin{cases} r_t, & t = T \\ r_t + \gamma Q(\phi_{t+1}, \underset{a_{t+1}}{\arg\max} Q(\phi_{t+1}, a; \theta); \theta^-), & \text{其他} \end{cases}$$

11   使用 $(y_t - Q^*(\phi_t, a_t; \theta))^2$, 通过梯度反向传播更新 Q 网络参数 θ

12   每 N 步更新目标网络, $\theta^- = \theta$

13   end

14 end

5.2.3 A3C

为了缓解传统策略梯度方法与神经网络结合时出现的不稳定性, 各类深度策略梯度方法 (如深度确定性策略梯度等) 均采用了经验回放机制来消除训练数据间的相关性。然而, 经验回放机制存在以下问题。

(1)Agent 与环境的每次实时交互都需要耗费很多的内存和计算力。

(2) 经验回放机制要求 Agent 采用离策略方法来进行学习, 而该方法只能基于旧策略生成的数据进行更新。

(3) 过往 DRL 的训练都依赖于计算能力很强的图形处理器，而异步地执行多个 Agent，通过并行的 Agent 经历的不同状态，去除训练过程中产生的状态转移样本之间的关联性，只需一个标准的多核 CPU 即可实现算法，在效果、时间和资源消耗上都优于传统方法。

演员—评论家算法框架，是在传统 policy-based 方法上的一种优化，演员根据策略控制 Agent 的动作，评论家根据值函数对 Agent 的动作进行评估。在结合深度学习方法的演员—评论家强化学习中，采用深度神经网络作为演员和评论家的函数逼近器。

在 AC 算法框架将"异步"思想引入后，就形成了 A3C 方法，它利用多线程的方法，同时在多个线程里分别和环境进行交互学习，每个线程都把学习的成果汇总起来，整理保存在公共的地方。并且，每个线程定期从公共的地方把每个线程的学习成果拿回来，指导自己和环境后面的学习交互，异步训练框架如图 5.2所示。公共神经网络包括演员网络和评论家网络两个部分，

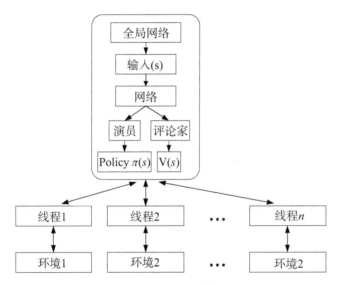

图 5.2　异步训练框架

下属有多个 worker 线程，且每个线程拥有和公共神经网络相同的网络结构，每个线程会独立地与环境进行交互从而得到经验数据，这些线程之间互不干扰、独立运行。每个线程与环境交互收集到一定量数据后，即在自己的线程内进行神经网络损失函数的梯度，用来更新公共神经网络参数。训练一定时间后，每个线程从公共神经网络取回参数用于更新自己的神经网络，进而指

导后面的学习过程。通过这种方法，A3C 避免了经验回放相关性过强的问题，同时做到了异步并发的学习过程。

A3C 算法不同于 DQN 及 DDQN 算法，它结合了梯度和价值函数。如图 5.2 所示中的 policy $\pi(s)$ 决定动作的概率分布，policy π 的价值函数则定义成如下形式：

$$V(s) = E_{\pi(s)}[r + \gamma V(s')] \tag{5.5}$$

演员的价值函数：

$$Q(s,a) = r + \gamma V(s') \tag{5.6}$$

传统演员—评论家优势函数的定义为动作价值函数和状态价值函数的差值，即：

$$A(s,a) = Q(s,a) - V(s) \tag{5.7}$$

而在 A3C 中使用多步采样方法，其优势函数则为：

$$A(s,a,t) = r_t + \gamma r_{t+1} + \cdots + \gamma^{n-1} r_{t+n-1} + \gamma^n V(s') - V(s) \tag{5.8}$$

由于 A3C 是异步多线程算法，因此算法 16 展示了一个线程的算法流程。

5.2.4 DDPG

相对于 DQN 等算法使用的随机性策略而言，确定性策略对于相同状态下的动作虽然拥有不同的概率分布，但只取最大概率的动作，那么舍弃动作的概率分布，即同策略同状态下，动作唯一确定：

$$\pi(s) = a \tag{5.9}$$

基于 Q 值的随机性策略的梯度计算公式为：

$$\nabla_\theta J(\pi_\theta) = E_{s\sim\rho,a\sim\pi_\theta}[\nabla_\theta \lg\pi_\theta(s,a)Q_\pi(s,a)] \tag{5.10}$$

基于 Q 值的确定性策略的梯度计算公式为：

$$\nabla_\theta J(\pi_\theta) = E_{s\sim\rho}[\nabla_\theta \pi_\theta(s)\nabla_a Q_\pi(s,a)] \tag{5.11}$$

DDPG 相当于拥有经验回放机制的双网络 DPG 算法，即 DDPG 拥有四个神经网络，分别为当前评论家网络 $Q(s,a \mid \theta^Q)$ 和演员网络 $\mu(s \mid \theta^\mu)$，目标评论家网络 $Q'(s,a \mid \theta^{Q'})$ 和演员网络 $\mu'(s \mid \theta^{\mu'})$。演员当前网络进行网络参数 θ^μ 的更新，并根据状态 s_t 选择动作 a_t；演员目标网络进行经验回放池，定期从 θ^μ 复制更新网络参数 $\theta^{\mu'}$；评论家当前网络进行价值网络参数 θ^Q 的迭代更新，负责计算当前 Q 值 $Q(s_t,a_t,\theta^Q)$；评论家目标网络计算目标 Q 值中的 $Q(s_{t+1},a_{t+1},\theta^{Q'})$ 部分，定期从 θ^Q 复制更新网络参数 $\theta^{Q'}$。

算法 16: 异步 A3C

Input: 共享神经网络参数回合 $T_{\max}$，训练回合 E，衰减因子 γ

1 Initialize　公共神经网络参数 θ 和 θ_v，本线程神经网络参数 θ' 和 θ'_v

2 Initialize　该线程的步长 $t \leftarrow 0$

3 for $e = 1, \cdots, E$ do

4 　 for $T = 1, \cdots, T_{\max}$ do

5 　　　 初始化梯度:$d\theta \leftarrow 0$ 和 $d\theta_v \leftarrow 0$

6 　　　 公共神经网络同步参数至本线程:$\theta' = \theta$ 和 $\theta'_v = \theta_v$

7 　　　 $t_{\text{start}} = t$

8 　　　 获取状态 s_t

9 　　　 while not s_t 为终止状态, 或 $t-t_{\text{start}} == t_{\max}$ do

10 　　　　 基于策略 $(a_t \mid s_t; \theta')$ 选择动作 a_t

11 　　　　 获得奖励 r_t, 新状态 s_{t+1}

12 　　　　 $t \leftarrow t+1$

13 　　　　 $T \leftarrow T+1$

14 　　　 end

15 　　　 $R = \begin{cases} 0, & t = T \\ V(s_t; \theta'_v), & \text{其他} \end{cases}$

16 　　　 for $i \in (t-1, \cdots, t_{\text{start}})$ do

17 　　　　 $R \leftarrow r_i + \gamma R$

18 　　　　 累计梯度更新 $\theta' : d\theta \leftarrow d\theta + \nabla_{\theta'} \lg \pi(a_i \mid s_i; \theta')(R - V(s_i; \theta'_v))$

19 　　　　 累计梯度更新 $\theta'_v : d\theta_v \leftarrow d\theta_v + \partial(R - V(s_i; \theta'_v))^2/\partial\theta'_v$

20 　　　 end

21 　　　 $d\theta$ 更新 θ, $d\theta_v$ 更新 θ_v

22 　 end

23 end

DQN、DDQN 等算法会定期将当前网络参数复制到目标网络，而 DDPG 则采取并使用"软"目标更新，而不是直接复制权重，如公式 5.12 和公式 5.13 所示。这些目标网络的权值缓慢地跟踪学习到的网络，这意味着目标值的变化缓慢，大大提高了学习的稳定性。

$$\theta^{Q'} \leftarrow \tau\theta^Q + (1-\tau)\theta^{Q'} \tag{5.12}$$

$$\theta^{\mu'} \leftarrow \tau\theta^Q + (1-\mu)\theta^{\mu'} \tag{5.13}$$

算法 17: DDPG

Input: 训练回合 E, 迭代步长 T, 经验回放集合 D, 样本数 m, 衰减因子 γ

1 Inititalize 当前网络参数 θ^Q 和 $\theta^{Q'}$

2 Inititalize 目标网络参数 θ^μ 和 $\theta^{\mu'}$

3 Inititalize 清空经验回放合集 D

4 for $e = 1, \cdots, E$ do

5   获取初始状态 s_1 以及动作选择的随机噪声序列 N

6   for $t = 1, \cdots, T$ do

7   根据当前策略及选择噪声选取动作并执行 $a_t = \mu(s_t \mid \theta^\mu)$

8   获得奖励 r_t 和新状态 s_{t+1}

9   存储元组 (s_t, a_t, r_t, s_{t+1}) 至经验回放合集 D

10   从重放记忆中随机选取 m 个样本

$$y_i = r_i + \gamma Q'(s_{i+1}, \mu'(s_{i+1} \mid \theta^{\mu'}) \mid \theta^{Q'})$$

11   更新当前评论家网络:

$$L = \frac{1}{N} \sum_i (y_i - Q(s_i, a_i \mid \theta^Q))^2$$

12   更新当前演员网络:

$$\nabla_{\theta^\mu} J \approx \frac{1}{N} \sum_i \nabla_a Q(s, a \mid \theta^Q) \mid_{s=s_i, a=\mu(s_i)} \nabla_{\theta^\mu} \mu(s \mid \theta^\mu) \mid_{s_i}$$

13   更新目标网络:

$$\theta^{Q'} \leftarrow \tau \theta^Q + (1 - \tau)\theta^{Q'}$$

$$\theta^{\mu'} \leftarrow \tau \theta^Q + (1 - \mu)\theta^{\mu'}$$

14   end

15 end

5.3 实验验证

ITS 中深度 RL 的主要应用领域之一是交叉路口信号控制优化。由于大多数现有研究都以应用为导向,因此所使用的方法在各方面都有差异,例如,将深度 RL 应用于不同技术的不同交叉模型以监控流量,使用不同的状态、动作、奖励表示来描述 RL 模型,以及使用不同的神经网络结构。因此,这些研究之间通常不能进行直接的性能比较。首先,Agent 收集状态信息,这些信息可以以不同的格式呈现,如队列长度、车辆位置、车辆速度等。其次,Agent

根据深度 RL 方法策略采取动作。最后，Agent 获得动作的奖励。通过这些步骤，Agent 尝试找到最佳策略，以最大限度地减少交叉路口的拥堵。

5.3.1　仿真环境

为验证深度强化学习方法在交通信号控制应用中的有效性，本章使用德国宇航中心开发的软件 SUMO[21] 构建交通仿真环境。SUMO 是一个开源、高度便携、微观和连续的交通仿真软件包，旨在处理大型网络。它允许包括行人在内的多式联运仿真，并配有一套用于场景创建的大型工具。其在设计的道路网络中，对给定的车辆移动路径进行模拟。SUMO 是纯粹微观的，可具体设置路网中的边及其连接关系、数据获取节点等，每个车辆都有自我类型及明确的路线规划，进行路网中的单独移动。近些年来，由于 SUMO 的特性能够满足交通道路规划、信号控制评测等需求，因此其已在多个交通控制研究项目中进行使用。

5.3.1.1　单点交通路网

单点信号控制是道路交通信号控制最基础的形式，如今许多国家的交通信号是基于单点信号控制的。单点信号控制以单个交叉路口作为控制对象，信号控制方式只考虑本交叉路口的交通状况，与其他交叉路口独立运行。

本实验仿真环境所设计的单交叉路口路网为最基础的十字形交叉路口。路网中共有四条长为 400 m 的双向三车道，如图 5.3所示，分别设置右转、左转及直行的渠化方式。四条道路在平面交汇处设置四个相位的交通信号灯，各相位控制状态如图 5.4所示，相位持续时间根据实验需要进行设置。

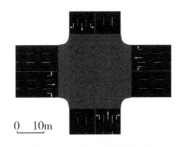

0　10m

图 5.3　单点路网总览

5.3.1.2　干线交通路网

干线交通路网由多个相邻交叉路口组成形成一条主干道，各交叉路口的信号控制协调运行。干线协调控制通过减少车辆延误及排队长度，以保持干线车流的通畅程度，从而提高通行能力。城市路网具有多种复杂结构，为了体

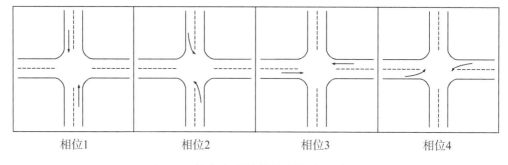

图 5.4 单点交通信号控制方案示意

现出干线路网的特征，本仿真实验所设计具有三个交叉路口的干线路网，如图 5.5所示。整体干线路网由三条南北方向道路和一条东西方向道路交会而成，每个交叉路口所连接的道路均为长 300 m 的双向三车道，分别设置右转、左转及直行的渠化方式。

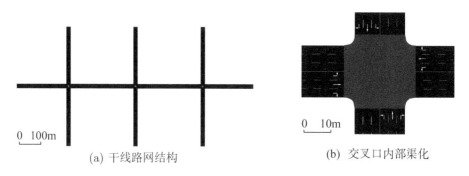

(a) 干线路网结构   (b) 交叉口内部渠化

图 5.5 干线路网总览

三个交叉路口内部都设有四个相位控制的交通信号灯，各相位的控制状态如图 5.6所示，相位持续时间根据实验需要进行设置。

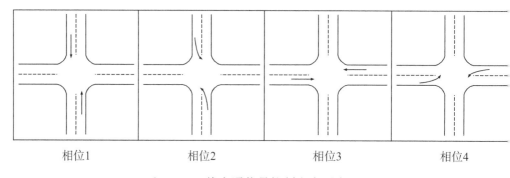

图 5.6 干线交通信号控制方案示意

5.3.2　深度强化学习参数设置

状态、动作及奖励是深度强化学习中的重要影响因素，Agent 根据当前状态执行一种动作，同时环境会反馈对执行动作的奖励，持续动作的决策执行直到学习过程结束。城市交通控制中，为了使深度神经网络对数据进行特征提取，状态需要能够反映交通信号控制方案与动态交通状况间的联系。动作决定了信号灯控制改变对路网交通状态的影响。奖励作为对动作执行后的反馈，需要定义准确的奖励函数，可以为积极反馈或消极反馈。设定这些重要因素后，将状态作为神经网络的输入，训练其与 Q 值的函数，输出映射的动作进行基于深度强化学习的交通信号控制。

5.3.2.1　环境状态

在交通信号控制中，多种因素会影响到深度强化学习算法的优化效果，采取适当的交叉路口状态信息是重要的影响方面之一。交通环境中一般存在两种状态数据：第一种是在周期内一定时间中能够保持不变的数据，第二种是会随着仿真间隔步长而实时进行动态变化的量。本章中实验验证的环境状态皆采用第二种类型数据，包括排队长度、延误时间、旅行时间及等待时间等，状态输入形式如公式 5.14 所示。

$$S_t^i = (x_1, x_2, \cdots, x_n) \tag{5.14}$$

其中，S_t^i 为 t 时刻交叉路口 i 的状态，x_n 为路网中动态交通信息。

单点控制实验中，状态即为该交叉路口的动态交通信息；在干线控制实验中，考虑到相邻路口对当前路口产生的影响，状态为干线上所有交叉路口的动态交通信息。

5.3.2.2　动作定义

Agent 根据环境所反馈的状态，以给定的策略从动作集当中选择一个动作执行。在交通控制中，动作集一般有以下几种：改变控制方案的相位、相序，改变各相位的持续时间，执行下一相位或切换至某相位。本章实验设计的动作集包含两种：切换至长持续时间相位、切换至短持续时间相位。

5.3.2.3　奖励计算

奖励可以设定为固定的奖励值函数，或是根据路网环境计算的动态奖励值。固定和动态的奖励计算又可分为两类，一类为单独数据进行奖励计算，另一类为两种或多种数据进行权重计算，如公式 5.15 所示。

$$R = (\eta_1 \times r_1) + (\eta_2 \times r_2) + \cdots + (\eta_n \times r_n) \tag{5.15}$$

奖励计算的交通信息包括等待时间、排队长度、损失时间等。

5.3.3　基于 DQN 的交通控制实验

基于 DQN 的交通控制实验由两部分组成，即单点交通控制及干线交通控制。下面展示 DQN 算法在不同神经网络结构中对不同路网的控制效果。

5.3.3.1　单点控制实验

将如图 5.3所示的单路口作为交通仿真环境的实例，使深度强化学习 DQN 算法应用于单点交通信号控制中。单点控制实验交通仿真时间为10800 s，共训练 200 回合。在仿真前期道路上的交通状况不足以形成状态作为输入，每一回合的前 1800 s 数据不计入奖励计算和神经网络训练。为保证深度神经网络的学习速度，在单点控制优化实验中可取较小的经验池容量，本实验经验池大小设定为 400，保存数据形式如公式 5.16 所示。

$$e = (s_t, a_t, r_t, s_{t+1}) \tag{5.16}$$

实验设计的五种深度神经网络均采用 ReLU 作为激活函数，并使用亚当优化器（Adam optimizer）优化神经网络。进行深度神经网络训练时，将从经验池中随机抽取 32 条数据作为输入，一回合学习结束后经验池中仅保留最后三次所获得的数据，其他数据全部清空，以保证在提高训练速度的同时不打破获取数据的连续性。训练过程中选取该交叉路口进口道排队长度，奖励计算选取等待时间倒数。五种神经网络结构下的仿真实验具体分析如图 5.7 和图 5.8 所示。以奖励作为评价指标，对比 DQN 算法在不同神经网络下的收敛性及奖励值变化。

在 200 个回合当中，LSTM 神经网络结构在学习后期呈现明显收敛趋势，且奖励值保持在 0.008 左右，比其他四种神经网络结构有较好的优化效果，如图 5.7所示。

从图 5.8中也可看出，LSTM 控制下的平均旅行时间及平均损失时间远少于其他几类结构，即其控制下的路网交通状况最佳，单点控制交通的延误最低。MLP 神经网络结构在 150 回合左右开始出现奖励值上升，最后也稳定在 0.003 附近。对比五种神经网络结构，RNN 对于单点交通控制效果最差，其收敛性不明显。

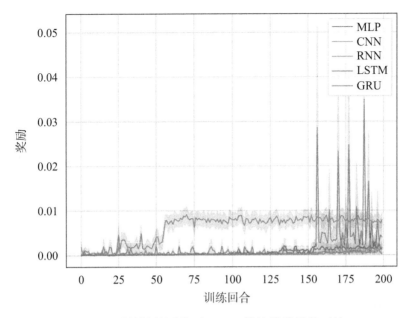

图 5.7　五种神经网络下 DQN 算法的奖励值对比

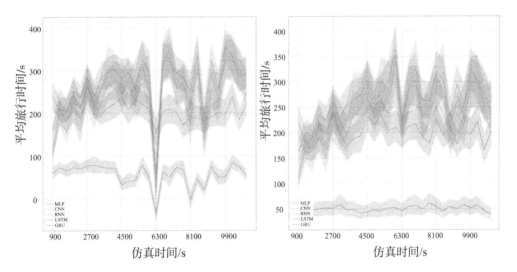

图 5.8　五种神经网络下 DQN 算法的 SUMO 仿真数据对比

5.3.3.2　干线控制实验

将如图 5.5所示的干线路网作为交通仿真环境的示例，深度强化学习 DQN 算法应用于干线交通信号控制中。

干线控制实验交通仿真时间为 10800 s，共训练 200 回合。在仿真前期，道路上的交通状况不足以形成状态并作为输入，每一回合的前 1800 s 数据不计入奖励计算和神经网络训练。为保证深度神经网络的学习速度，同时，应考虑到干线交通路网的复杂性、随机性，将经验池容量适当放大至 600，以确保一次神经网络训练时有足够的数据进行经验回放，保存数据形式如公式 5.16所示。训练过程中选取各交叉路口进口道排队长度，奖励计算选取等待时间倒数。五种神经网络结构下的仿真实验具体分析如图 5.9所示，在 200 个回合当中，LSTM 在 J1 及 J2 交叉路口的奖励值都高于其余神经网络结构，但其收敛性不明显，在 J1 中可见 175 回合后奖励值持续升高，然而仍处于不稳定状态。对于不同位置的交叉路口，五种神经网络的学习结果差异较大，在 J1 及 J2 交叉路口，LSTM 的奖励值较高。但在 J3 交叉路口，RNN 的奖励值最大且 150 回合后奖励值持续增加并收敛。同样地，RNN 在 J1 及 J2 交叉路口内的平均奖励值又是最低的。对三个交叉路口进行综合判断可见，GRU 算法的控制效果较好，如图 5.10所示，其损失时间最少，即其控制下的路网交通状况最佳，干线控制交通的延误最低。

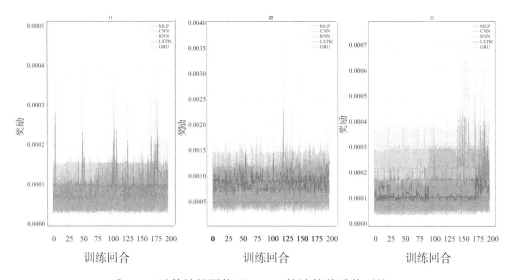

图 5.9 五种神经网络下 DQN 算法的奖励值对比

5.3.4 基于 DDQN 的交通控制优化实验

基于 DDQN 的交通控制实验由两部分组成，即单点交通控制及干线交通控制。下面展示 DDQN 算法在不同神经网络结构中对不同路网的控制效果。

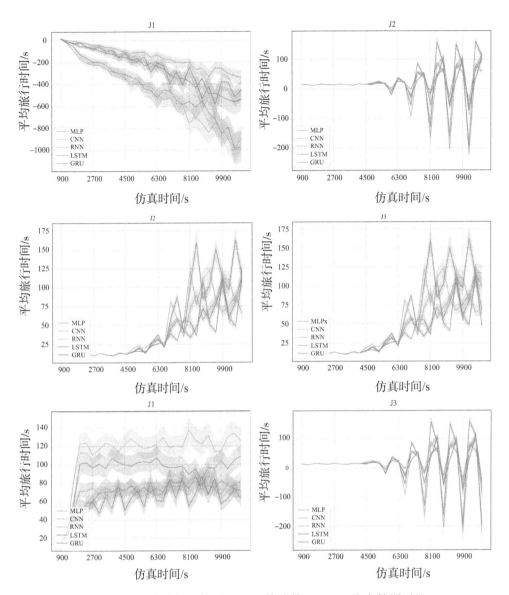

图 5.10　五种神经网络下 DQN 算法的 SUMO 仿真数据对比

5.3.4.1　单点控制实验

将如图 5.5 所示的单路路口作为交通仿真环境的实例，使深度强化学习 DDQN 算法应用于单点交通信号控制中。

单点控制实验交通仿真时间为 10800 s，共训练 200 回合。在仿真前期，道路上的交通状况不足以形成状态作为输入，每一回合的前 1800 s 数据不计入奖励计算和神经网络训练。为保证深度神经网络的学习速度，可在单点控制优化实验中取较小的经验池容量，本实验的经验池大小设定为 400，保存数据形式如公式 5.16所示。训练过程中选取各交叉路口进口道排队长度，奖励计算选取等待时间倒数。五种神经网络结构下的仿真实验具体分析，如图 5.11和图 5.12 所示。如图 5.11所示，在 200 个回合中，MLP 在 50 回合最先出现奖励值的提升，最高的奖励值可达到 0.00044 左右，但其最终趋于收敛的奖励值并不高。RNN 在 75 回合出现奖励值提升，虽然慢于 MLP 的奖励值提升，但其最终收敛的奖励值在五种神经网络结构中最高。如图 5.12所示，RNN 控制下的平均旅行时间及平均损失时间远少于其他几类结构，即其控制下的路网交通状况最佳，单点控制交通的延误最低。LSTM 在 DDQN 算法中的表现最差，奖励值提升不明显，仿真后期的平均旅行时间和平均损失时间在 1750 s上下浮动。

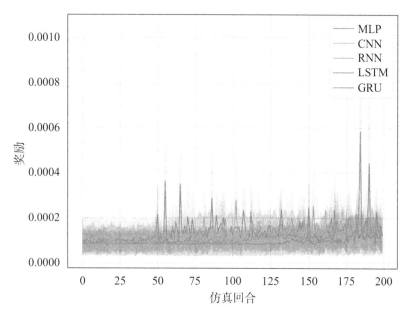

图 5.11　五种神经网络下 DDQN 算法的奖励值对比

5.3.4.2　干线控制实验

将如图 5.5所示的干线路网作为交通仿真环境的示例，深度强化学习 DDQN 算法应用于干线交通信号控制中。

干线控制实验交通仿真时间为 10800 s，共训练 200 回合。在仿真前期道路上的交通状况不足以形成状态作为输入，每一回合的前 1800 s 数据不计入奖励计算和神经网络训练。为保证深度神经网络的学习速度，同时考虑到干线

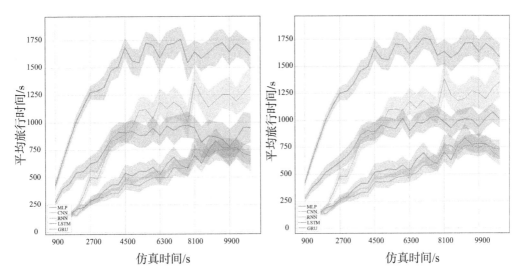

图 5.12　五种神经网络下 DDQN 算法的 SUMO 仿真数据对比

交通路网的复杂性、随机性，将经验池容量适当放大至 600，以确保一次神经网络训练时有足够的数据进行经验回放，保存数据形式如公式 5.16所示。训练过程中选取各交叉路口进口道排队长度，奖励计算选取等待时间倒数。五种神经网络结构下的仿真实验具体分析，如图 5.13 和 5.14 所示。如图 5.13所

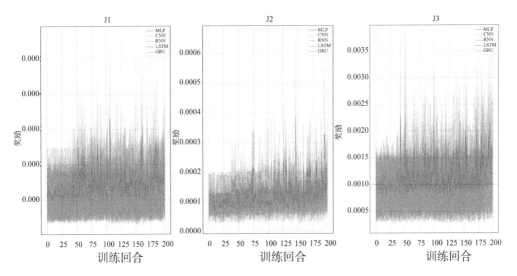

图 5.13　五种神经网络下 DDQN 算法的奖励值对比

示，在 200 个回合当中，对于不同位置的交叉路口，五种神经网络的学习结果差异较大。LSTM 在 J1 交叉路口的奖励值平均最高，在 30 回合左右就出现了明显的奖励值上升，但最终无法保持稳定，难以收敛，后期最高奖励值

可达到 0.00026，最低接近于 0.00020。GRU 在 J2 及 J3 交叉路口从 50 回合左右开始提升奖励值，175 回合奖励趋于相对稳定。GRU 算法的控制效果较好，如图 5.14所示，其损失时间最少，即其控制下的路网交通状况最佳，干线控制交通的延误最低。在五种神经网络结构中，CNN 下的 DDQN 算法控制效果最差，对于 J2 及 J3 交叉路口，其仿真数据波动最大，且奖励值难以收敛。

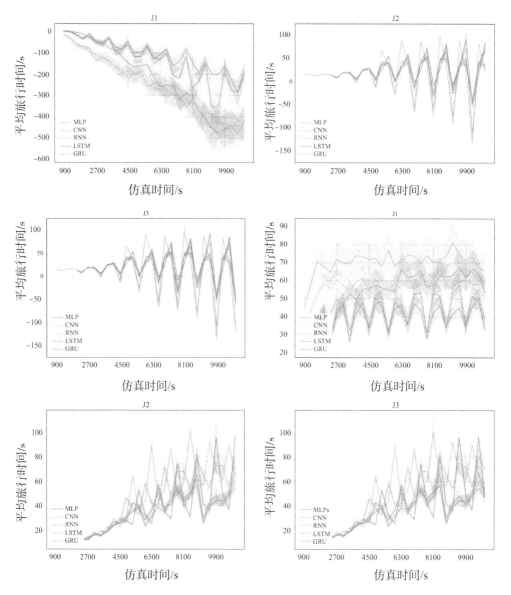

图 5.14 五种神经网络下 DDQN 算法的 SUMO 仿真数据对比

5.3.5 基于 A3C 的交通控制优化实验

基于 A3C 的交通控制优化实验由两部分组成,即单点交通控制及干线交通控制,下面展示 A3C 算法在不同神经网络结构中对不同路网的控制效果。

将如图 5.3所示的单路口作为交通仿真环境的实例,使深度强化学习 A3C 算法应用于单点交通信号控制中。

单点控制实验交通仿真时间为 10800 s,共训练 200 回合。在仿真前期,道路上的交通状况不足以形成状态作为输入,每一回合的前 1800 s 数据不计入奖励计算和神经网络训练。由于 A3C 的每个线程和环境交互到一定量的数据后,就会计算自己线程里的神经网络损失函数的梯度,因此,为保证深度神经网络的学习速度,在单点控制实验中将保存数据的容量设置为 100,保存数据形式如公式 5.16所示。训练过程中选取该交叉路口进口道排队长度,奖励计算选取等待时间倒数。五种神经网络结构下的仿真实验具体分析如下。

5.3.5.1 单点控制实验

在 200 个回合中,RNN 和 GRU 的平均奖励值最高,但是直到全部回合结束其奖励值也没有收敛趋势,如图 5.15 所示。CNN 在 85 回合左右奖励值

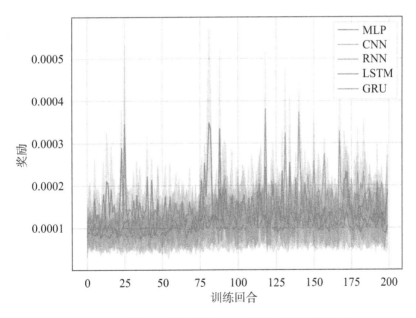

图 5.15 五种神经网络下 A3C 算法的奖励值对比

开始提升,并在 100 回合左右收敛于 0.001,虽然慢于其他四种神经网络提升奖励值,但其最终收敛的奖励值在五种神经网络结构中是最高的。RNN 控制

下的平均旅行时间及平均损失时间远短于其他几类结构，即其控制下的路网交通状况最佳，单点控制交通的延误最低，如图 5.16 所示。MLP 在 A3C 算法中的表现最差，奖励值提升不明显，仿真后期的平均旅行时间和平均损失时间在 700 s 上下浮动。

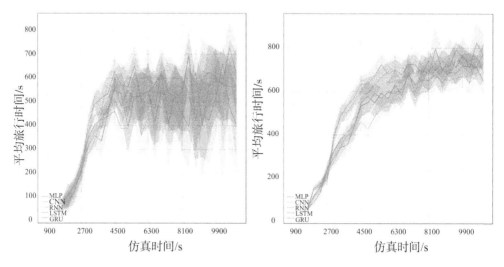

图 5.16　五种神经网络下 A3C 算法的 SUMO 仿真数据对比

5.3.5.2　干线控制实验

将如图5.5所示的干线路网作为交通仿真环境的示例，深度强化学习 DDQN 算法应用于干线交通信号控制中。

干线控制实验交通仿真时间为 10800 s，共训练 200 回合。在仿真前期，道路上的交通状况不足以形成状态作为输入，每一回合的前 1800 s 数据不计入奖励计算和神经网络训练。由于 A3C 的每个线程和环境交互到一定量的数据后，就会计算自己线程里的神经网络损失函数的梯度，因此，为保证深度神经网络的学习速度，同时应考虑到干线交通路网的复杂性、随机性，将保存数据的容量设置扩大为 200，保存数据形式如公式 5.16所示。训练过程中选取该交叉路口进口道排队长度，奖励计算选取等待时间倒数。五种神经网络结构下的仿真实验具体分析如图 5.17 和图 5.18 所示。在 200 个回合当中，对于不同位置的交叉路口，五种神经网络的学习结果差异较大，如图 5.17所示。LSTM 在 J1 交叉路口的奖励值平均最高，在 7 回合左右就出现了明显的奖励值上升，但最终无法保持稳定，难以收敛，后期最高奖励值可达到 0.00027，最低奖励接近于 0.00010。GRU 在 J2 及 J3 交叉路口从 50 回合左右开始提升奖励值，175 回合奖励趋于相对稳定。GRU 算法的控制效果较好，如图 5.18所示，其损失时间最短，即其控制下的路网交通状况最佳，干线控制交通的延误最低。在五种神经网络结构中，RNN 下的 A3C 算法控制效果最差，对于 J3 交叉路口，其仿真数据波动最大，且奖励值难以收敛；对于 J2 交叉路口，在 17 回合左右开始收敛，但是其奖励值降低至 0.00018。

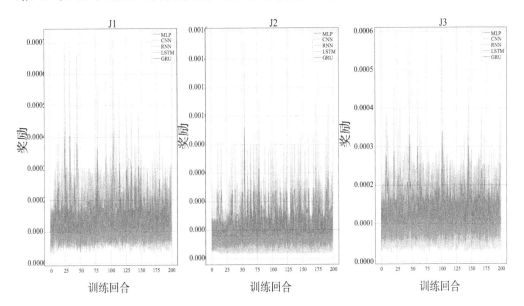

图 5.17　五种神经网络下 A3C 算法的奖励值对比

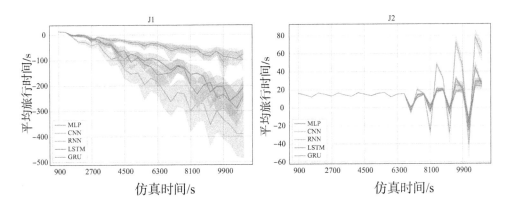

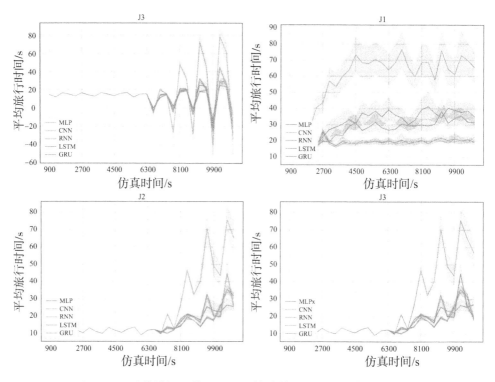

图 5.18　五种神经网络下 A3C 算法的 SUMO 仿真数据对比

5.3.6　基于 DDPG 的交通控制实验

基于 DDPG 的交通控制实验由两个部分组成，即单点交通控制和干线交通控制，下面展示 DDPG 算法在不同神经网络结构中对不同路网的控制效果。

5.3.6.1　单点控制实验

将如图 5.3所示的单个路口作为交通仿真环境的实例，使用深度强化学习 DDPG 算法应用于单点交通信号控制中。

单点控制实验交通仿真时间为 10800 s，共训练 200 回合。在仿真前期道路上的交通状况不足以形成状态作为输入，每一回合的前 1800 s 数据不计入奖励计算和神经网络训练。为保证深度神经网络的学习速度，在单点控制优化实验中可取较小的经验池容量。本实验经验池大小设定为 400，保存数据形式如公式 5.16所示。训练过程中选取该交叉路口进口道排队长度，奖励计算选取等待时间倒数。五种神经网络结构下的仿真实验具体分析如下。

在 200 个回合中，RNN 的奖励值最先开始增加，20 回合左右并收敛于

0.0014，在 150 回合左右奖励值再一次提升并在 0.0002 上下浮动，如图 5.19所示。RNN 控制下的平均旅行时间及平均损失时间远短于其他几类结构，也就是其控制下的路网交通状况最佳，单点控制交通的延误最低，如图 5.20所示。CNN 收敛效果最好，在 125 回合后明显稳定在 0.0001 左右。LSTM 在 DDPG 算法中的表现最差，虽然平均奖励值最高，但后期难以收敛，仿真后期的平均旅行时间和平均损失时间在 1000 s 上下浮动。

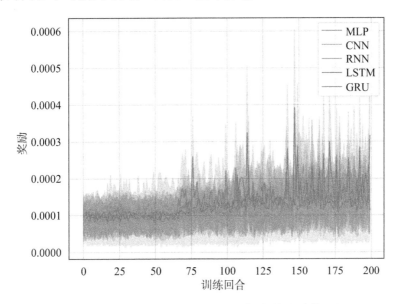

图 5.19　五种神经网络下 DDPG 算法的奖励值对比

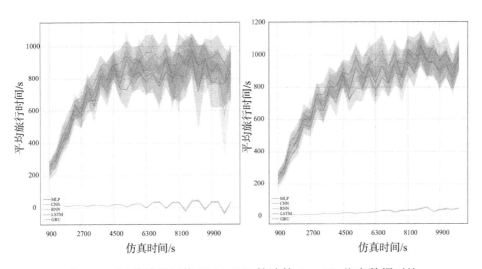

图 5.20　五种神经网络下 DDPG 算法的 SUMO 仿真数据对比

5.3.6.2 干线控制实验

将如图 5.5所示的干线路网作为交通仿真环境的示例，深度强化学习 DDQN 算法应用于干线交通信号控制中。

干线控制实验交通仿真时间为 10800 s，共训练 200 回合。在仿真前期，道路上的交通状况不足以形成状态作为输入，每一回合的前 1800 s 数据不计入奖励计算和神经网络训练。为保证深度神经网络的学习速度，同时考虑干线交通路网的复杂性、随机性，将经验池容量适当扩大至 600，以确保一次神经网络训练时有足够的数据进行经验回放，保存数据形式如公式 5.16所示。训练过程中选取该交叉路口进口道排队长度，奖励计算选取等待时间倒数。五种神经网络结构下的仿真实验具体分析如下。

在 200 个回合当中，对于不同位置的交叉路口，五种神经网络的学习结果差异较大，如图 5.21所示。三个交叉路口均在 150 回合左右出现奖励值提升，J1 交叉路口奖励提升最为明显。J1 平均旅行时间和平均损失时间变化规律相似，在 J2 及 J3 交叉路口内，CNN 控制下的 A3C 算法控制效果最差，其仿真数据波动最大，且奖励值难以收敛，如图 5.22所示。

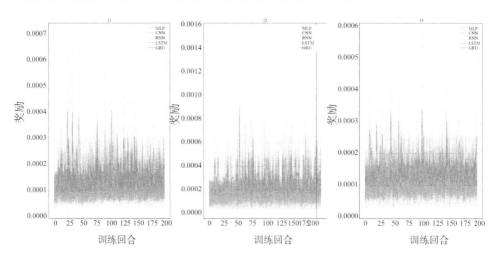

图 5.21　五种神经网络下 DDPG 算法的奖励值对比

5.4　小　结

传统的强化学习方法对复杂的交通信号控制自适应性较低，难以满足路网的多变环境，而深度强化学习的强大特征提取与自主决策能力得以应用于

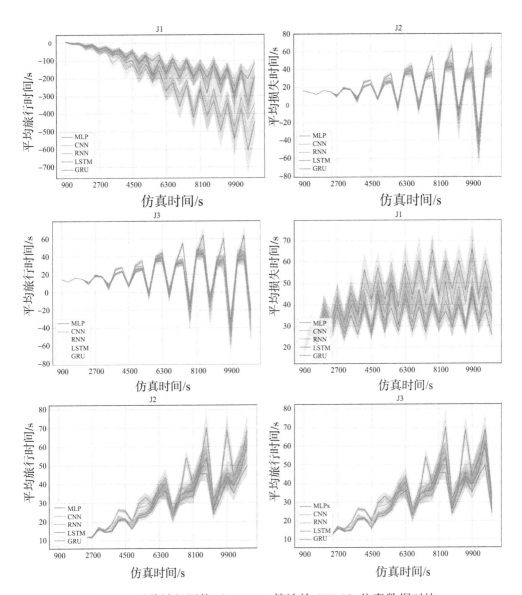

图 5.22　五种神经网络下 DDPG 算法的 SUMO 仿真数据对比

高维、复杂的控制系统。本章对深度强化学习在交通信号控制中的研究现状进行了全面总结概括，分析了自适应控制对于 ITS 的重要度、深度强化学习对于交通信号控制的研究价值。在此基础上，本章还深入介绍了深度学习的相关内容，包括 MLP 等神经网络结构、Sigmoid 等常见激活函数及选择方式，以及深度学习造成过拟合后的正则化方法。不仅如此，本章还设计了单点及多点的交通路网，并定义环境状态、动作集，以及奖励计算，结合 SUMO 仿真软件的仿真建模能力，实现了四种深度强化学习算法的交通信号控制实例仿真。本章通过观察发现，随着训练回合的增加，神经网络训练次数不断增加，算法的奖励趋于收敛，路网仿真数据体现其等待时间、排队长度等缩短，对改善交通路网内的运行状态具有显著作用。

第 6 章　多 Agent 强化学习分层博弈模型研究

由于城市的快速发展，交通需求快速增长引发的拥堵已经成为城市可持续协调发展面临的一个重要战略性问题，在城市路网中，各交叉路口处的交通流存在较大的关联性，因此只有引入合理的协调机制才能有效地进行城市区域路网的交通信号控制，缓解交通拥堵[56]。博弈论是研究理性决策者之间策略交互的数学模型，也是解决城市交通信号协调控制问题的合适方法，其能使控制策略较好地适应交通需求水平的动态变化[285]。近年来，结合博弈论的交通信号协调控制方法受到越来越多研究学者的重视。博弈论中的纳什均衡为路网中多个交叉路口信号灯间的协调提供了理论框架，但结合博弈论的交通信号协调控制方法仍面临着由于维度爆炸而难以向更多交叉路口扩展的难题，且各交叉路口存在重要程度的差异性，使得在交通优化过程中，次要交叉路口会为重要交叉路口牺牲通行能力，从而导致目标冲突问题[286]。

目前，博弈论在交通领域中的应用大多集中在交通诱导和交通管理方面，而在交通信号配时决策中，博弈思想的应用还处于起步阶段[287]。Alvarez 等[288]以最小化车道排队长度为目标，将交叉路口之间的博弈看作是非合作博弈。赵晓华等[289]将 Q 值函数更新建立在纳什合作博弈上，提出了协调两交叉路口信号灯的控制方法。Shamshirband[252]采用二人非零和博弈模型进行了交叉路口间的信号协调控制。Clempner 等[290]将多交叉路口信号控制问题表述为 Stackelberg 博弈过程，可基于超近距离方法采用纳什均衡求解。Zhao 等[291]提出了一种基于协调博弈和帕累托最优的算法，仿真结果表明，该算法在平均排队长度、平均总延误和平均旅行时间方面比韦伯斯特配时法和驱动控制算法更为有效。Zhu 等[292]提出了一种基于行程数据的双层博弈方法来解决路网交通控制问题。由于多 Agent 系统的自学习、交互式等特点与城市路网的多交叉路口结构上的相似性，引起了众多学者对多 Agent 系统及其自发学习机制在城市交通信号配时决策中应用的关注[293]，因此，多 Agent 强化学习与博弈论相结合的控制方法已成为交通信号灯协调控制的研究趋势。

近年来，许多研究者将 MARL 与博弈论相结合，使用博弈中的均衡解代替最优解，以求得相对有效且合理的交通信号控制策略。Abdoos[294] 提出了一种双模式 Agent 结构，在协作模式中，这种双模式 Agent 结构通过独立和协作的过程有效地控制了交通拥堵问题。利用博弈论来确定 Agent 之间的协作如何动态控制多个交叉路口的交通信号。Wu 等[295] 基于深度强化学习算法和纳什均衡理论提出了 Nash-A2C 算法和 Nash-A3C 算法。Guo 等[296] 将博弈论与强化学习中的 Q 学习算法进行结合，提出了面向单交叉路口信号灯的半合作 Nash-Q 学习算法和半合作 Stackelberg Q 学习算法。Pan 等[286] 融入了博弈论的混合策略纳什均衡概念，改进了 IA-MARL 算法的决策过程，提出了考虑博弈的多 Agent 强化学习 (G-MARL) 框架。Zhang 等[297] 提出了基于纳什均衡的多 Agent 深度强化学习算法。现有基于纳什均衡的协调控制方法多面向单个或两个交叉路口[294]，当继续进行扩展时，有研究通过假设全网络的全局目标函数是多个区域目标函数的线性求和实现，使其仅限于单目标优化[297]，无法体现交叉路口间的差异性和获得全局最优。

本章通过引入博弈论的纳什均衡和 Stackelberg 均衡概念，构建了 Nash-Stackelberg 分层博弈模型，以两个子区内的重要交叉路口作为上层博弈主体、次要交叉路口作为下层博弈主体，兼顾路网中子区之间及子区内部的交通控制策略。该模型不仅反映了路网中不同交叉路口的重要程度和博弈关系，而且克服了多交叉路口博弈引发的纳什均衡计算复杂度问题。在此基础上，强化学习结合深度学习和深度强化学习技术，提出基于 Nash-Stackelberg 分层博弈模型的多 Agent 强化学习 (NSHG-QL) 算法和多 Agent 深度强化学习算法 (NSHG-DQN)。最后，在 SUMO 仿真环境中，与仅考虑单一博弈关系的对照算法进行对比实验，证明了所提方法能明显提高学习性能、收敛性能，以及路网交通水平。

6.1 混合任务型的 MARL 算法在交通信号控制中的研究

多 Agent 系统是由分布式人工智能演化而来的，是由环境中多个 Agent 组成的集合，具有自主性、分布性、协调性等特点，并具备学习能力、推理能力和自组织能力，其研究目的是解决大规模的、复杂的现实问题[298]。面对此类问题，单一 Agent 的决策能力远远不够，而使用中心化的 Agent 时，则会遇到各种资源和条件的限制，导致单一 Agent 无法应对错综复杂的现实环境[299]，预先设计 Agent 的固定行为也由于环境的复杂性而难以实现[189]。因此，多 Agent 系统中的 Agent 需要能够随着时间推移在线学习新的行为，以逐渐提高自身或整个系统的性能[181]。深度学习是处理 Agent 与环境交互和学习的常见框架。目前，结合多 Agent 系统和深度学习方法形成的 MARL 正逐渐成为深度学习领域的研究热点之一，并在各个领域得到了广泛应用[300]。

MARL 是将深度学习的思想和算法应用到多 Agent 系统中，通过系统中的每个 Agent 学习自身策略，以达到所有 Agent 共同实现系统目标的目的，解决了多 Agent 在共同的环境中相互作用，接收奖励信号，并改进自身策略，以使累积奖励最大化的顺序决策问题。近年来，MARL 因在涉及多个参与者的各种复杂任务中取得了巨大成功而备受关注，如即时策略游戏[301]、纸牌游戏[302]、体育游戏[303]、自动驾驶[304]，以及多机器人导航[305]等。

MARL 以利特曼提出的马尔可夫决策过程为环境框架[144]，可以表示为元组 $\langle s, a^i, \cdots, a^n, p, r^i, \cdots, r^n \rangle$，其中 n 为 Agent 个数，s 为所有状态的集合，a^i 为每个 Agent 的所有动作集合，$p : s \times a^1 \times \cdots \times a^n \to \Delta(s)$ 为状态转移函数，$r^i : s \times a^1 \times \cdots \times a^n \to R$ 为 Agent i 的奖励函数。$\Delta(s)$ 为集合 s 上的概率分布集合。目前，MARL 存在五种核心问题，包括非平稳性、部分可观测性、协调性、信用分配和可扩展性问题[306]。

MARL 可以根据多 Agent 系统中 Agent 的任务类型分为完全合作、完全竞争和混合型[204]三种算法。

完全合作的 MARL 算法中，一种是所有的 Agent 收到相同的奖励 $r = r^i = r^N$，使 Agent 被激励进行合作，并试图避免自身的失败，以实现整体的最优。另一种完全合作的 MARL 算法通过考虑系统整体的平均奖励[307]实现 Agent 间的合作。这类算法允许各 Agent 具有不同的奖励函数，这些奖励函数对每个 Agent 保密，而合作的目标是优化任意平均奖励 $r(s, a, s') = \frac{1}{N} \sum_{i \in N} r^i(s, a, s')$。

完全竞争的 MARL 算法可以视作 Agent 间进行一种零和马尔可夫博弈，其中任何状态转移的奖励总和均为零，即 $r = \sum_{i=1}^{N} r^i(s, a, s')$。在此类算法中，Agent 谨慎地最大化自身奖励，同时最小化其他 Agent 的奖励。从更宽松的角度讲，此类算法中，Agent 在系统的奖励总和不等于零的条件下会尽量战胜对手，因而进行的是一种竞争性博弈。

混合型 MARL 算法中，Agent 进行的是一种混合随机博弈，既不是完全合作，也不是完全竞争，因此不包含对 Agent 目标的限制，即 Agent 的奖励函数不受约束。这种模式最适合自私的 Agent，且博弈论的均衡概念在混合随机博弈中运用得最多[308]。混合型 MARL 算法可以分为静态博弈算法和动态博弈算法。其中，动态博弈算法分为与均衡相关的算法和与均衡无关的算法，与均衡相关的算法包括纳什 Q 学习[152]、相关 Q 学习[203]、非对称 Q 学习[309]、敌我 Q 学习[310] 和协商 Q 学习[311]，常用的纳什 Q 学习算法使用强化学习方法经过多次学习后收敛至纳什均衡，相关 Q 学习算法和近似 Q 学习算法则分别通过使用博弈论中的相关均衡和 Stackelberg 均衡来解决 Agent 间的均衡问题。像 Q 学习这样的单一 Agent 算法可以直接应用到混合型任务中[312]，然而，这种方法违背了强化学习的基本假设，即环境应该是稳定的，且状态的转移是马尔可夫过程，而在多 Agent 系统环境下，由于其他 Agent 的策略在不断变化，任何单一 Agent 的环境都是动态的、非平稳的[313]。

城市区域交通网络可以看作是多 Agent 系统，其中每一 Agent 对交叉路口的信号灯进行控制[294]。强化学习具有不需要对交通环境建模并能在个体与环境的相互作用中选择最优策略的特点，因此在交通信号配时决策方面具有很大的潜力。而城市交通网络的 MARL 控制是单交叉路口 RL 向随机博弈环境下区域交通网络的扩展，以期通过多个交叉路口 RL-Agent 间的联动协调，逼近最优均衡策略[133]。在路网环境下，由于系统中对任一交叉路口信号灯的控制可能将延误传导至上下游以及其他交叉路口[292]，在此环境中的信号灯 Agent 的行为对环境的改变也会影响到其他 Agent。因此，与均衡相关的混合型博弈 MARL 算法适用于路网信号控制问题。近年来，已有许多研究者将 MARL 与博弈论相结合，使用博弈中的均衡解代替最优解，以求得相对有效且合理的交通信号控制策略[294]。Camponogara[114] 利用随机博弈论和 RL 研究了两个交叉路口信号灯之间的协调问题。Daeichian 等[314] 采用了模糊 Q 学习和博弈论的方法，使 Agent 根据以往经验和相邻 Agent 的策略进行决策。Pan 等[286] 基于混合策略纳什均衡提出了一种考虑博弈的 MARL 框架。Zhang 等[297] 将网络的全局目标函数设置为多个区域目标函数的线性求和，以求得全局纳什均衡策略。

博弈论中的纳什均衡可以用来描述路网中 Agent 最佳策略的概念，然而在决策过程中还需反映交叉路口间不同的重要程度和博弈关系。此外，随着路网中交叉路口数量的增多以及交通量的增长，交通信号配时控制的复杂度也在攀升，使纳什均衡因计算复杂度问题而难以计算。

6.2　基于 Nash-Stackelberg 分层博弈模型的区域交通信号控制

6.2.1　Nash-Stackelberg 分层博弈模型

本章选取了路网中两个子区内的重要交叉路口 Agent(P-Agent) 作为上层博弈主体、次要交叉路口 Agent(S-Agent) 作为下层博弈主体,构建了 Nash-Stackelberg 分层博弈模型,兼顾路网中子区间和子区内部交叉路口间的交通控制策略,实现了城市区域交通信号灯间的协调控制。Nash-Stackelberg 分层博弈模型结构如图 6.1所示。

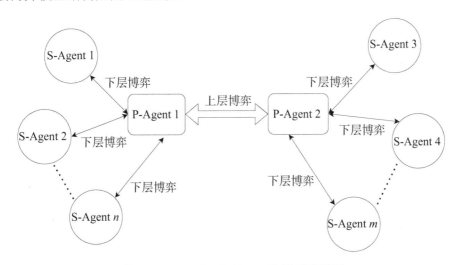

图 6.1　Nash-Stackelberg 分层博弈模型

上层博弈的目标是求解 P-Agent 间的最优控制策略,P-Agent 的策略选择都是对另一个 P-Agent 策略所做的最佳决策,与 S-Agent 无关,任何 P-Agent 都不需要偏离这个均衡点。P-Agent 的决策过程可以采用随机博弈理论,即马尔可夫博弈进行描述,表示为矩阵形式的博弈,通过 Lemke-Howson 算法计算其纳什均衡解。在上层博弈中,博弈均衡点为元组 $(\pi^{1,*}, \pi^{2,*}, \cdots, \pi^n)$,使得在状态 $s \in S$ 下,对于 P-Agent 1,有公式 6.1,P-Agent 2 与 P-Agent 1 类似。

$$v^1(s, \pi^1, \pi^{2,*}, \cdots, \pi^n) \leqslant v^1(s, \pi^{1,*}, \pi^{2,*}, \cdots, \pi^n) \tag{6.1}$$

下层博弈的主体 S-Agent 包括同一子区内互不影响的次要交叉路口信号

灯。S-Agent 依据 P-Agent 制定的重要交叉路口信号灯的控制策略制定自身策略，同时也影响 P-Agent 的博弈目标。设 Π^1, Π^2 为两个 P-Agent 的策略空间，$\pi^{1,*}, \pi^{2,*}$ 构成了上层博弈均衡解，与 P-Agent 1 对应的 S-Agent j 的策略空间为 Π^j。在 $\forall \pi^1 \in \Pi^1$ 下，设 $R_1^j(\pi^1) \in \Pi^j$ 为 S-Agent j 对 P-Agent 1 策略选择的反应，则存在映射 $T_1^j : \Pi^1 \to \Pi^j$，使得若 $\pi^j \in R_1^j(\pi^1)$，S-Agent j 对 P-Agent 1 的反应为公式 6.2，P-Agent 2 对应的 S-Agent 与 S-Agent j 是相似的。

$$\pi^j = T_1^j(\pi^1) \tag{6.2}$$

下层博弈的目标是求解当前 S-Agent 在不明确其他 S-Agent 策略的情况下，对于经过上层博弈后 P-Agent 采取的策略作出的最佳响应。在下层博弈中，对于 P-Agent 1 经过上层博弈后采取的策略 $\pi^{1,*}$，S-Agent j 的下层博弈均衡解 $\pi^j \in \Pi^j$ 在状态 $s \in S$ 下满足公式 6.3：

$$v_{\pi^{1,*}, \pi^j}^j(s) \leqslant v_{\pi^{1,*}, T_1^j(\pi^{1,*})}^j(s) \tag{6.3}$$

在 Nash-Stackelberg 分层博弈模型中，P-Agent 首先执行自身的策略，因此 S-Agent 的策略依赖于 P-Agent 策略的执行，即：

$$\pi^j : S \times A^1 \to A^j \tag{6.4}$$

6.2.2　基于 Nash-Stackelberg 分层博弈模型的 MARL 算法

本节提出了基于 Nash-Stackelberg 分层博弈模型的 MARL 算法，即 Nash-Stackelberg 分层博弈 Q 学习算法 (NSHG-Q 学习)。NSHG-Q 学习是一种以深度学习中的 Q 学习算法为核心控制器并与博弈论相结合的算法。在多 Agent 环境中，任意 Agent 的 Q 函数为 $Q^{i,*}(s^i, a^1, a^2, \cdots, a^n)$。考虑到 Agent 间的分层博弈均衡解的概念，本节定义博弈均衡值 Val 为 Agent 从下一学习过程开始遵循指定分层博弈均衡策略后，获得的折扣奖励期望之和。这与单一 Agent 的 Q 学习不同，因为在单一 Agent 情况下，未来的回报只基于 Agent 自身的最优策略。更准确地说，本节使用根据分层博弈模型计算的分层博弈均衡值代替最大算子，并且 P-Agent 与 S-Agent 的 Q 值更新公式因博弈分层而不同。

在 NSHG-QL 算法中，设 Agent i 为 P-Agent，则 Agent i 的 Q 函数由 $(s^i, a^1, \cdots, a^n)$ 定义，即当所有 P-Agent 和 S-Agent 遵循分层博弈均衡策略

时，Agent i 的当前奖励与未来奖励之和，如公式 6.5：

$$Q^{i,*}(s^i, a^1, \cdots, a^n) = r^i(s^i, a^1, \cdots, a^n) +$$
$$\beta \sum_{s' \in S} p(s'|s^i, a^1, \cdots, a^n) v^i(s', \pi^{1,*}, \pi^{2,*}, \cdots, \pi^n) \quad (6.5)$$

其中，$i = 1, 2$，且 $(\pi^{1,*}, \pi^{2,*}, \cdots, \pi^n)$ 是分层博弈均衡策略，$r^i(s^i, a^1, \cdots, a^n)$ 是 Agent i 在局部状态 s^i 下获得的奖励，在状态 s^i 后的未来学习过程中，假定 P-Agent i 遵循分层博弈均衡策略，则 Agent 的总折扣奖励为 $v^i(s', \pi^{1,*}, \pi^{2,*}, \cdots, \pi^n)$。

NSHG-Q 学习算法在许多方面与标准的单一 Agent Q 学习相似，但在关键元素上有所不同，即如何使用下一个状态的 Q 值来更新当前状态的 Q 值。NSHG-Q 学习算法根据未来的分层博弈均衡收益进行更新，而单一 Agent Q 学习的更新则基于 Agent 自身的最大收益。在时间 t，Agent i 观察当前状态 s_t^i，依据动作选择机制进行动作的选择和执行。随后计算自身奖励值 r_t^i 和上层博弈的均衡解 $(\pi^{1,*}, \pi^{2,*}, \cdots, \pi^n)$。最后计算 Q 值并更新 Q 表和上层博弈矩阵。Q 值的更新如公式 6.6：

$$Q_{t+1}^i(s_t^i, a^1, \cdots, a^n) = (1-\alpha)Q_t^i(s_t^i, a^1, \cdots, a^n) + \alpha[r_t^i + \gamma Val_t^i] \quad (6.6)$$

其中，分层博弈均衡值 Val_t^i 为上层博弈均衡值：

$$Val_t^i = \text{NashQ}_t^i(s_{t+1}^i) \quad (6.7)$$

P-Agent 的上层博弈均衡值是基于两个 P-Agent 间的博弈过程，采用 Lemeke-Howson 算法进行计算，如公式 6.8：

$$\text{NashQ}_t^i(s_{t+1}^i) = \pi^{1,*}(s_{t+1}^1) \cdot \pi^{2,*}(s_{t+1}^2) \cdot Q_t^i(s_{t+1}^i) \quad (6.8)$$

在 NSHG-Q 学习算法中，设 Agent j 为 P-Agent 1 对应的 S-Agent。Agent j 的 Q 函数为公式 6.9：

$$Q^{j,*}(s^j, a^1, \cdots, a^n) = r^j(s^j, a^1, \cdots, a^n) +$$
$$\beta \sum_{s' \in S} p(s'|s^j, a^1, \cdots, a^n) v^i(s', \pi^1, \pi^2, \cdots, T_1^j(\pi^1), \cdots, \pi^n) \quad (6.9)$$

公式 6.9 基本思想是，S-Agent j 在时间 t 观察当前状态 s^j，依据动作选择机制进行动作的选择和执行。随后计算自身奖励值 r_t^j 和下层博弈的均衡解 $(\pi^1, \pi^2, \cdots, R_1^j(\pi^1), \cdots, \pi^n)$，最后计算 Q 值并更新 Q 表和下层博弈矩阵。Q 值的更新如公式 6.10：

$$Q_{t+1}^j(s_t^j, a^1, \cdots, a^n) = (1-\alpha)Q_t^j(s_t^j, a^1, \cdots, a^n) + \alpha[r_t^j + \gamma Val_t^j] \quad (6.10)$$

其中，使用下层博弈均衡值 Val_t^j 代替最大算子：

$$Val_t^j = \text{Se}Q_t^j(s_{t+1}^j) \quad (6.11)$$

S-Agent j 的下层博弈均衡值是基于其与对应的 P-Agent 1 间的博弈过程进行计算的。P-Agent 1 根据上层博弈选择自身策略 $\pi^{1,*}$，迫使 S-Agent j 在此条件下选择使自身能够获得最大收益的对策，得到 Stackelberg 解 $(\pi^{1,*}, T_1^j(\pi^{1,*}))$，如公式 6.12：

$$SeQ_t^j(s_{t+1}^j) = \pi^{j,*}(s_{t+1}^j) \cdot T_1^j(s_{t+1}^j, \pi^{1,*}) \cdot Q_t^j(s_{t+1}) \tag{6.12}$$

对于多 Agent 系统中的另一个 P-Agent 2，以及其领导下的所有 S-Agent，学习过程和公式均与上文类似。

综上所述，P-Agent 和 S-Agent 的 MARL 算法详细步骤如算法 18所示。

算法 18: NSHG-Q 学习

Input: 迭代次数 E, 仿真步长 T, 探索率 ϵ, 衰减因子 γ

1 Inititalize 初始 Q 表

2 Inititalize 初始上层博弈矩阵 NT^i, 下层博弈矩阵 AT^i

3 for $e = 1, \cdots, E$ do

4   for $t = 1, \cdots, T$ do

5   获取当前状态 s_t

6   以概率 $1 - \epsilon$ 选择执行动作 $a_t^i = \max\limits_a Q^*(s_t^i, a)$, 或者以概率 ϵ 随机执行动作 a_t^i

7   计算奖励 r_t^i

8   if Agent 为 P-Agent then

9   使用上层博弈矩阵 NT^i 以公式 6.8计算博弈均衡值 $Val_t^i = \mathrm{NashQ}_t^i(s_{t+1}^i)$

10   end

11   if Agent 为 S-Agent then

12   使用下层博弈矩阵 AT^i 以公式 6.12计算博弈均衡值 $Val_t^i = SeQ_t^j(s_{t+1}^j)$

13   end

14   以公式 6.6或公式 6.10计算 Q 值 Q_t^i

15   使用 Val_t^i 更新 NT^i 或 AT^i 博弈矩阵

16   使用 Q_t^i 更新 Q 表

17   end

18 end

6.2.3　基于 Nash-Stackelberg 分层博弈模型的 MADRL 算法

在交通信号控制的实际场景中，控制任务具有高维状态空间和连续动作空间特征，传统的强化学习方法无法计算所有状态的值函数和策略函数。随着交叉路口数量的增加，交叉路口的状态也会增加，Agent 的全局/联合作用空间也会呈指数增长，这就带来了矢量维度爆炸的挑战。为了避免或解决这一问题，深度强化学习算法引起了我们的注意。随着深度学习在监督学习领域应用的成功，基于深度学习的函数拟合器可以实现有效的函数逼近，训练好的神经网络可以实现最优策略和价值函数的学习。本节受到了深度 Q 网络的启发，基于深度强化学习算法和 Nash-Stackelberg 分层博弈模型，提出了一种 MADRL 算法，即 Nash-Stackelberg 分层博弈深度 Q 网络算法 (NSHG-DQN)。

在 NSHG-DQN 算法中，深度神经网络被用作从状态映射到 Q 值的函数逼近器，而不是单独估计每个状态、动作对的 Q 值。此外，在本算法中还使用经验回放和目标网络两种技术来稳定学习过程。在 P-Agent i 的经验回放过程中，保存近期的经验 $(s_t^i, a_t^i, r_t^i, NT_t^i, AT^i)$ 到重放存储中，并从其中有规则地采样进行神经网络训练。而 NSHG-DQN 算法的训练过程中主网络参数 θ 在每次执行动作之后被更新，P-Agent i 的目标网络参数 θ^i 在一段时间之后被更新一个步长的 TD 目标 y_t^i，如公式 6.13所示：

$$y_t^i = r_t^i + \gamma Val^i(s_t^i, a_t^i; \theta_t^{i,-}) \tag{6.13}$$

其中，$Val^i(s_t^i, a_t^i; \theta_t^{i,-})$ 为目标网络，使用纳什博弈矩阵 NT^i 根据公式 6.6 计算。

深度神经网络本质上是用来拟合函数，利用主网络的输出与所给的标签计算损失函数，并通过反向传播来调整神经网络的变量，其目标是使神经网络的输出与所给标签最接近。在 Nash-DQN 算法中，神经网络是关于状态与 Q 值的函数，其中神经网络的输入为 Agent 观察到的状态，输出为对应状态的 Q 值，而标签则由分层博弈模型的上层或下层的博弈矩阵计算来得到。P-Agent i 的损失函数如公式 6.14：

$$L(\theta_i) = E_{(s,a,r)\ U(D)}[(r_{t+1}^i + \gamma Val^i(s_t^i, a_t^i; \theta_t^{i,-}) - Q^i(s_t^i, a_t^i; \theta_t^i))^2] \tag{6.14}$$

在 S-Agent j 的经验回放过程中，保存近期的经验 $(s_t^j, a_t^i, a_t^j, r_t^j, AT^j)$ 到重放存储中，S-Agent j 的目标网络参数 θ^j 在一段时间之后被更新一个步长的 TD 目标 y_t^j，如公式 6.15所示：

$$y_t^j = r_t^j + \gamma Val^j(s_t^j, a_t^j; \theta_t^{j,-}) \tag{6.15}$$

其中，$Val^j(s_t^j, a_t^j; \theta_t^{j,-})$ 为目标网络，由公式 6.11使用 Se 博弈矩阵 AT^j 计算。

S-Agent 的损失函数如公式 6.16：

$$L(\theta_j) = E_{(s,a,r) \ U(D)}[(r + \gamma Val^j(s_t^j, a_t^j; \theta_t^{i,-}) - Q^i(s_t^j, a_t^j; \theta_t^j))^2] \tag{6.16}$$

综上所述，P-Agent 和 S-Agent 的 MADRL 算法详细步骤如算法 19。

算法 19: NSHG-DQN

Input: 迭代次数 E，迭代步长 T，经验回放集合 D，样本数 m，探索率 ϵ，衰减因子 γ

1   Inititalize 当前 Q 网络参数 θ^i，目标 Q 网络参数 $\theta^{i,-}$

2   Inititalize 上层博弈矩阵 NT^i，下层博弈矩阵 AT^i

3   Inititalize 清空经验回放合集 D

4   for $e = 1, \cdots, E$ do

5   获取状态序列 $s_1^i = \{x_1^i\}$ 以及其特征向量 $\phi_1^i = \phi(s_1^i)$

6   for $t = 1, \cdots, T$ do

7   以概率 $1 - \epsilon$ 选择执行动作 $a_t^i = \max_a Q^*(\phi(s_t^i), a; \theta^i)$，或者以概率 ϵ 随机执行动作 a_t

8   获得奖励 r_t^i，当前上层博弈矩阵 NT^i，当前下层博弈矩阵 AT^i

9   存储元组 $(s_t^i, a_t^i, r_t^i, \phi_t^i, AT^i)$ 至经验回放合集 D

10   从重放记忆中随机选取 m 个样本

11   if Agent 为 P-Agent then

12   以公式 6.7计算博弈均衡值 $Val^i(s_t^i, a_t^i; \theta_t^{i,-})$

13   end

14   if Agent 为 S-Agent then

15   以公式 6.11计算博弈均衡值 $Val^j(s_t^j, a_t^j; \theta_t^{j,-})$

16   end

$$y_t^i = \begin{cases} r_t^i, & t = T \\ r_t^i + \gamma Val^i(s_t^i, a_t^i; \theta_t^{i,-}), & \text{其他} \end{cases}$$

         使用 y_t^i 更新 NT^i 或 AT^i 博弈矩阵

18   使用 $(y_t^i - Q^{i,*}(\phi_t, a_t; \theta^i))^2$，通过梯度反向传播更新 Q 网络参数 θ^i

19   每 N 步更新目标网络，$\theta^{i,-} = \theta^i$

20   end

21   end

6.3　实验与结果

6.3.1　实验设置

在实验中，本节使用如图 6.2所示的路网结构对所提出的算法进行了评估，并使用 SUMO 仿真软件进行了仿真。仿真中，较长路段的长度为 400 m，较短路段的长度为 200 m。重要交叉路口为双向 6 车道，其中南北向的车道左转、右转、直行的转向比分别为 0.2、0.6、0.2；东西向的车道左转、右转和直行的转向比分别为 0.3、0.4、0.3。交叉路口信号灯的初始相位为两相位，周期为 46 s，其中南北相位和东西相位初始时长均为 20 s，黄灯时间为 3 s。

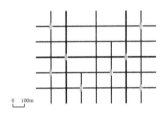

图 6.2　路网结构

为了评价本节提出的 NSHG-Q 学习算法和 NSHG-DQN 算法的性能，将两种算法分别与 Nash-Q 学习算法、Asy-Q 学习算法，以及 Nash-DQN 和 Asy-DQN 算法进行比较。其中，Nash-Q 学习算法和 Nash-DQN 算法通过使用纳什均衡协调两个区域中重要交叉路口信号灯的控制策略，Asy-Q 学习算法和 Asy-DQN 算法通过使用 Stackelberg 均衡分别协调两个区域内重要交叉路口信号灯与其他次要交叉路口信号灯的控制策略。本实验采用了四个评价指标：① 平均速度，即已通过交叉路口区域的车辆的平均速度，单位为 m/s；② 平均损失时间，即已通过交叉路口区域的所有车辆的平均损失时间，单位为 s；③ 旅行时间，即车辆通过交叉路口区域所需的时间，单位为 s；④ 占有率，即车辆通过特定一车道的累计值与时间周期的比值，单位为 %。

6.3.1.1　状态空间定义

交通信号控制主要依赖于交叉路口的车辆信息，即交叉路口排队车辆数。在多 Agent 系统中，交叉路口状态空间呈指数增长。如果根据各交叉路口在每个相位的排队等待时间设计 Agent 的状态空间，则会明显出现维数爆炸的结果。同时，每个 Agent 难以观察全局环境，使用联合状态空间将面临交叉路口间信息传递困难的问题，因此需要对各交叉路口的状态空间进行简化[315]。

在本节中，为了更好地描述交叉路口的交通状态，设在时间 t 时 Agent i 只能观察到自身交叉路口区域内部分系统状态信息，为了限制状态空间以及方便收集路网状态，选择每个交叉路口的四个进口道的排队长度共同组成状态。其中，s^i 为交叉路口 i 的状态，l_{que}^k 为交叉路口 i 中第 k 个进口道的排队长度，则具有四个进口道的 Agent i 的状态空间为：

$$s^i = [l_{que}^1, l_{que}^2, l_{que}^3, l_{que}^4] \tag{6.17}$$

6.3.1.2 动作空间定义

动作空间是指 Agent i 在时间步长 t 观察交叉路口的状态后，选择一个动作 $a^i \in A^i$，其中，A^i 是 Agent i 的所有动作集合，然后执行选定的动作。本节中，可能的动作是切换不同时间长度的相位。每个动作执行的时间长度是设置中的相位长度 p。在时间步 $t + p$，Agent 观察最新一次动作执行后的新状态，再选择下一次动作，且 Agent 可以在时间步 $t + p$ 采取与时间步 t 相同的动作。

本节算法中使用 ϵ-greedy 机制进行动作选择，在时刻 t，Agent i 以 $\epsilon \in [0,1]$ 作为探索概率，当概率为 $1-\epsilon$ 时，Agent 根据最高 Q 值进行最优操作，否则 Agent 随机选择一个行为执行：

$$a_t^i = \begin{cases} \underset{a}{\mathrm{argmax}}\, Q(s_t, a), & 1 - \epsilon \\ \text{随机行为,} & \epsilon \end{cases} \tag{6.18}$$

6.3.1.3 奖励定义

奖励函数是评估 Agent 所执行的动作对环境的影响的函数。Agent 执行完动作后，环境将动作对其的影响通过奖励函数计算后作为信息反馈给 Agent，Agent 在学习过程中不断选择使奖励最大化的策略。交通信号控制中有很多常用的奖励机制，如排队长度变化、绿灯时间、车辆延误等。本节以交叉路口的排队等待时间倒数作为奖励函数，其定义如下：

$$r_t^i = \frac{1}{w_t^1 + w_t^2 + w_t^3 + w_t^4} \tag{6.19}$$

其中，w_t^k 为交叉路口 i 的第 k 个进口道在时刻 t 执行动作后的等待时间。由公式 6.19 可以看出，如果时刻 t 执行动作 a_t^i 后交叉路口 i 的所有进口道排队等待时间缩短，则奖励值 r_t^i 增大，这意味着当前执行的动作对当前交叉路口交通状态会有积极影响。因此，奖励值越大，表明该动作导致当前交叉路口交通状态受到正面影响而优化。

6.3.2　NSHG-QL 算法实验结果

路网交叉路口 Agent 在三种以 Q 学习为核心控制器的算法下每个训练回合的平均奖励如图 6.3所示。以图 6.3(a) 中 P-Agent 1 为例，在学习过程中，

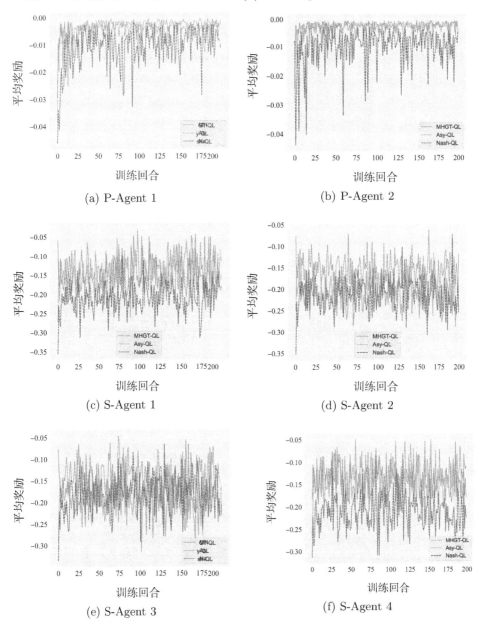

(a) P-Agent 1

(b) P-Agent 2

(c) S-Agent 1

(d) S-Agent 2

(e) S-Agent 3

(f) S-Agent 4

图 6.3　三种算法控制下各 Agent 的平均奖励对比

NSHG-QL 算法的平均奖励逐渐增加，经过大约 125 个回合的训练后，学习

过程逐渐变得稳定，然而 Asy-Q 学习和 Nash-Q 学习的结果增加缓慢，而且在一直波动，无法收敛；P-Agent 2 的学习趋势与其一致。图 6.3(c)(d)(e)(f) 中，在三种算法控制下的 S-Agent 平均奖励趋势类似，都在不断振荡而没有达到稳定状态。

路网中 P-Agent 所在区域内的交通数据，包括平均速度、平均损失时间和平均旅行时间，S-Agent 的控制效果没有被纳入评估，因为其政策没有意义，如图 6.4所示。与对照算法相比，在 NSHG-Q 学习算法控制下 P-Agent 均展现出了良好的控制效果。以图 6.4(a)(b)(c) 中的 P-Agent 1 为例，经过多次训练后，本节提出的 NSHG-Q 学习算法的平均速度逐渐稳定在大约 6.3 m/s，比 Asy-QL 算法快约 5%，比 Nash-Q 学习算法快约 12.5%；平均损失时间逐渐稳定在 460 s 左右，比 Asy-Q 学习算法少约 6%，比 Nash-Q 学习算法少约 10%；平均旅行时间损失逐渐稳定在大约 510 s，比 Asy-Q 学习算法少约 7%，比 Nash-Q 学习算法少约 3%；P-Agent 2 的控制效果与 P-Agent 1 的趋势一致。

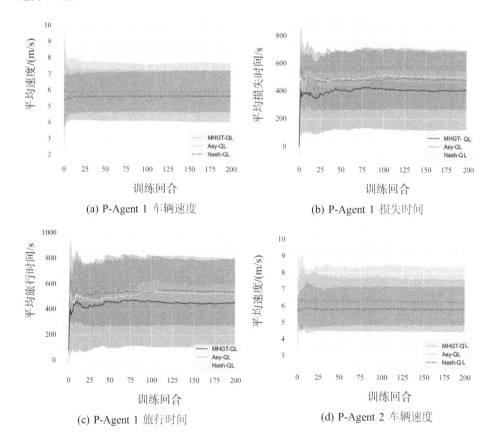

(a) P-Agent 1 车辆速度

(b) P-Agent 1 损失时间

(c) P-Agent 1 旅行时间

(d) P-Agent 2 车辆速度

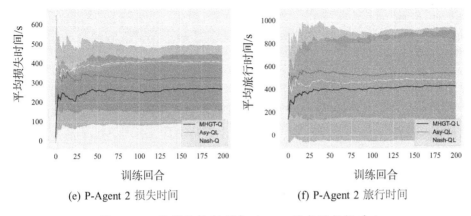

(e) P-Agent 2 损失时间　　　　　　　(f) P-Agent 2 旅行时间

图 6.4　三种算法控制下各 Agent 的交通数据对比

两个 P-Agent 交叉路口连接路段的占有率如图 6.5所示。MHGH-Q 学习算法控制下，P-Agent 1 东进口道和 P-Agent 2 西进口道的占有率逐渐稳定在 22%左右和 14%左右，均高于对照算法。最终，实验结果可以证明本节提出的 NSHG-Q 学习算法通过分层博弈协调 Agent 间的策略选择，与仅考虑单一博弈关系的对照算法相比，优先实现了 P-Agent 的控制优化，使 P-Agent 在学习过程中能够收敛到最优联合策略，具有更好的控制效果。

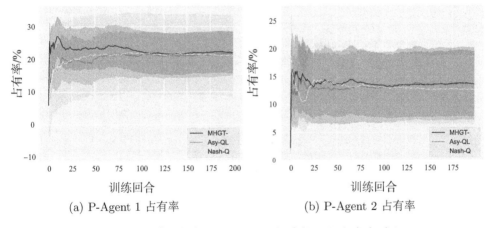

(a) P-Agent 1 占有率　　　　　　　　(b) P-Agent 2 占有率

图 6.5　三种算法控制下 P-Agent 间连接路段占有率对比

6.3.3　NSHG-DQN 算法实验结果

在三种以 DQN 为核心控制器的算法控制下 Agent 的平均奖励如图 6.6 所示。图 6.6(a)(b) 显示了经过多次迭代后，在本节提出的 NSHG-DQN 算法控制下 P-Agent 的平均奖励趋势与 NSHG-Q 学习算法控制下的类似，能较快地达到稳定状态，且学习速度和稳定性强于 NSHG-Q 学习算法。显然，NSHG-DQN 算法通过使用深度神经网络进行函数逼近有效地解决了维数爆炸问题。图 6.6(c)(d)(e)(f) 显示了经过多次迭代训练后，NSHG-DQN 算法控制下 S-Agent 的平均奖励逐渐达到稳定状态，而在对照算法控制下 S-Agent 的平均奖励仍在不断振荡，无法收敛。这意味着本节提出的 Nash-Stackelberg 分层博弈模型不仅能协调 P-Agent 的策略选择，而且能在满足 P-Agent 间上层博弈的基础上协调 S-Agent 做出最优策略选择。相比于对照算法中只考虑一种博弈关系的博弈模型，Nash-Stackelberg 分层博弈模型能够取得全局的最优联合策略。

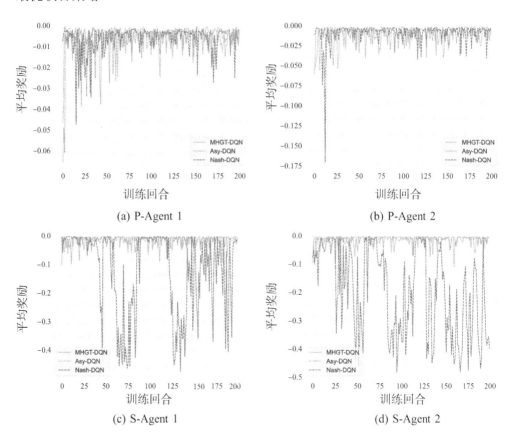

(a) P-Agent 1

(b) P-Agent 2

(c) S-Agent 1

(d) S-Agent 2

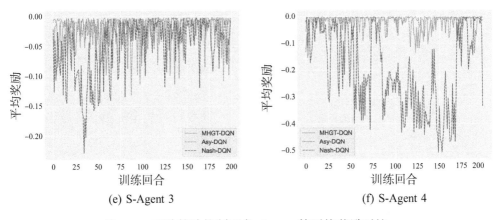

(e) S-Agent 3   (f) S-Agent 4

图 6.6 三种算法控制下各 Agent 的平均奖励对比

路网中在三种以 DQN 为核心控制器的算法控制下 P-Agent 和 S-Agent 所在区域内的平均速度数据如图 6.7所示。图 6.7(a) 显示了 P-Agent 1 在本节提出的 NSHG-DQN 算法控制下，经过多回合训练后，其平均速度逐渐稳定在 5.5 m/s，比 Asy-DQN 算法快 4.7%，与 Nash-DQN 算法相近；图 6.7(d) 显示了 S-Agent 2 经过多回合训练后，在 NSHG-DQN 算法控制下的平均速度逐渐稳定在 5.7 m/s，比 Asy-DQN 算法快 1.7%，比 Nash-DQN 算法快 7.5%；其他 P-Agent 和 S-Agent 与 P-Agent 1 和 S-Agent 2 趋势类似。

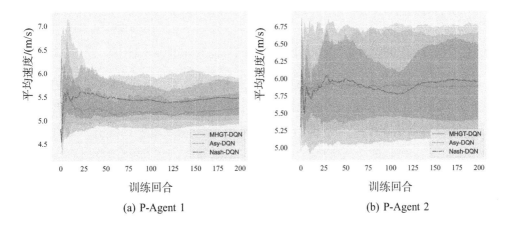

(a) P-Agent 1   (b) P-Agent 2

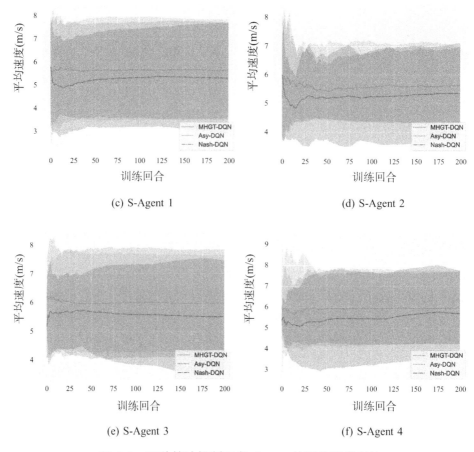

(c) S-Agent 1   (d) S-Agent 2

(e) S-Agent 3   (f) S-Agent 4

图 6.7   三种算法控制下各 Agent 的平均速度对比

　　除了平均速度外，各 Agent 的平均损失时间、平均旅行时间以及连接 P-Agent 路段的占有率随训练回合的变化如图 6.8、图 6.9 和图 6.10 所示。与平均速度的控制效果类似，本节提出的 NSHG-DQN 算法能够在训练稳定后降低 P-Agent 和 S-Agent 的平均损失时间和平均旅行时间，提高路段占有率。由此可以看到，与基于只考虑一种博弈关系模型的 MARL 算法相比，NSHG-DQN 算法能够显著提高路网交通水平。

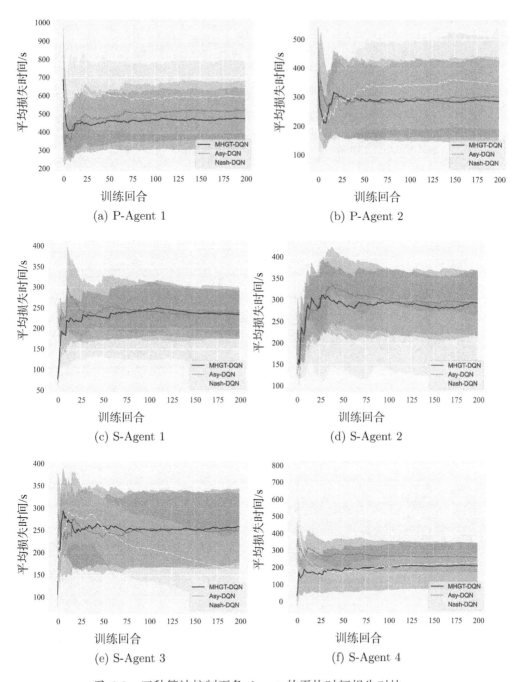

图 6.8　三种算法控制下各 Agent 的平均时间损失对比

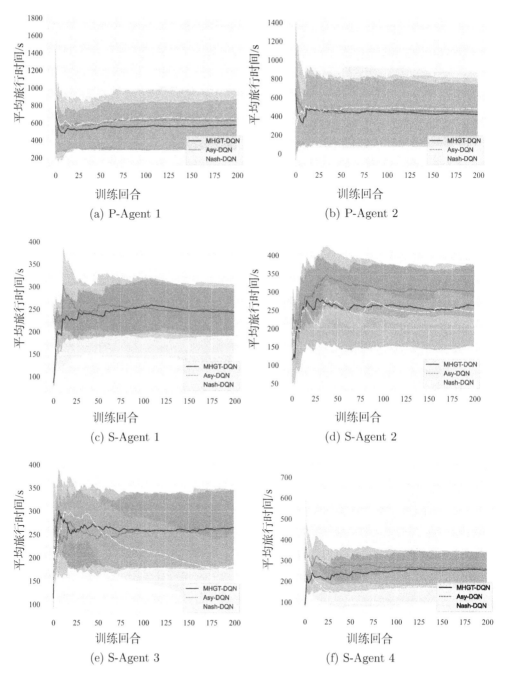

图 6.9　三种算法控制下各 Agent 的平均旅行时间对比

本节针对城市区域交叉路口信号灯协调控制问题，构建了一种 Nash-Stackelberg 分层博弈模型，以两个子区内的重要交叉路口作为上层博弈主

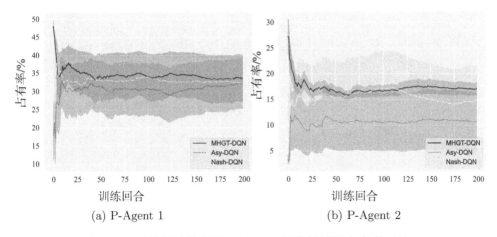

(a) P-Agent 1　　　　　　　　　　(b) P-Agent 2

图 6.10　三种算法控制下 P-Agent 间连接路段占有率对比

体、次要以交叉路口作为下层博弈主体，兼顾路网中子区之间及子区内部的交通控制策略。基于此模型提出了 NSHG-Q 学习算法和 NSHG-DQN 算法，并在 SUMO 仿真构建的环境中进行实验验证。

与基于只考虑单一博弈关系模型的对照算法相比，本章提出的 NSHG-Q 学习算法能够使 P-Agent 达到学习的稳定性，并优先提高其交通水平。相较于 NSHG-Q 学习算法，NSHG-DQN 使用深度学习技术解决维度爆炸问题，提高了 P-Agent 的学习速率和稳定性，并使 S-Agent 的学习最终实现了收敛，显著提高了路网中各交叉路口的交通水平，具有优越的控制效果。实验表明，本章提出的 Nash-Stackelberg 分层博弈模型能够取得全局的最优联合策略，反映了路网中不同交叉路口的重要程度和博弈关系，解决了多交叉路口博弈引发的纳什均衡计算复杂度的问题。

未来的研究，一方面可能包括将交叉路口重要程度的计算方法与本章提出的 Nash-Stackelberg 分层博弈模型相结合，提高了算法的性能和适应性；另一方面，可以考虑相互影响的 S-Agent 间的博弈关系，将模型的应用范围扩展到更复杂的系统中。

第7章 基于平均场多智能体强化学习的区域交通信号协调控制方法

MARL 中的 Agent 倾向于采取使自身价值最大化的动作，纳什均衡通常被用作平衡求解方法。Littman 等[310] 提到，尽管 Nash-Q 算法具有高度通用性，但保证收敛性的假设相当有限，仅适用于对抗性均衡或协调性均衡博弈。Hu 等[166] 使用非零和随机博弈框架将 Q 学习扩展到非合作 Agent 体环境，基于联合动作计算 Q 值，并根据假设的纳什均衡条件更新 Q 值。Bowling 等[316] 使用随机博弈框架研究了多 Agent 环境中的学习策略问题。这些方法只能处理有限个数 Agent，随着 Agent 数量的增加，其状态空间呈指数级增长，在每个阶段计算纳什均衡的复杂性阻止了这些方法在 Agent 数量较大的博弈中的应用[317]。但是在实际情况中，大量代理之间存在互动，如大型多人在线角色扮演游戏中的游戏机器人[318]。

这里引入平均场相互作用来描述大量具有对称相互作用且不可区分参与者的行为。根据代理所试图实现的目标，可以分成平均场博弈和平均场控制两种类型的平均场问题。对于平均场控制（mean-field-control，MFC），分析了大种群中合作博弈的最优解，Gu 等[319] 提出了 MFC 与 Q 函数结合的 IQ 函数，通过将状态—空间替换为概率分布空间来提升强化学习。Carmona 等[320] 基于 MFC 突出通用的强化学习框架，在此基础上实现了基于状态—动作值函数的通用无模型算法。平均博弈（mean-field-game，MFG）的目的是在非合作的多玩家博弈中寻找纳什均衡，由 Lasry 等[179]、Huang 等[229] 提出，以模拟相互作用中大量相同代理之间的动态平衡，试图克服多 Agent 博弈问题中纳什均衡所出现的困难。这类系统包括许多应用程序的建模，如交通堵塞动态、群体系统、金融市场均衡、人群疏散、智能电网控制、网络广告拍卖、疫苗接种动态等。

Yang 等[321] 证明特殊的 MFG 可简化为马尔可夫决策过程，实现了 MFG 和马尔可夫决策过程（Markov decision process，MDP）的结合，从而拓宽了 MFG 的范围，并通过深度逆强化学习来推断大型现实世界系统的 MFG 模型。Guo 等[322] 定义了基于模拟器的 Q 学习算法以求解有限状态和动作空间下的平均场博弈。Anahtarcl 等[323]证明正则化 Q 学习在有限状态和动作空间下的收敛性。Fu 等[324]提出线性函数逼近的平均场演员—评论家算法，并证明该算法以线性速率收敛到纳什均衡。

将平均场理论与 MARL 结合，Blume[325]将每个 Agent 只与一组有限的邻居直接交互，任意两个 Agent 之间通过有限的直接交互链进行间接交互，在降低 Agent 之间相互作用复杂性的同时，仍保留了任何一对 Agent 之间的全局相互作用。Stanley[326]采用平均场理论逼近成对 Agent 间的相互影响。Lasry[179]利用平均场论将多 Agent 环境中的相互作用近似为两个 Agent 的相互作用。文献[232]采用平均场理论，将多 Agent 间的相互作用近似为单个主体与整个总体或相邻主体的平均效应之间的相互作用，利用离散时间平均场博弈来理解个体行为的总体效应，并预测种群分布的时间演化。Hu 等[327]设置 Agent 数量接近于无限大的多 Agent 系统，通过平均效应来近似其他 Agent 对单一 Agent 的影响，导出描述多 Agent 群体中 Q 值概率分布演变的 Fokker-Planck 方程。Subramanian 等[328]提出了一种基于策略梯度的方法来实现平均场均衡。

深度神经网络具有强大的泛化能力，已被广泛应用于直接逼近策略或值函数中。利用神经网络作为函数逼近器，解决了 MARL 中的非平稳问题。Yang[232]提出了 MF-Q 及 MF-AC 算法，分析得到了纳什均衡的一致性，并在高斯挤压、伊辛模型和战斗游戏的实验中证明了算法的学习效果。

7.1　平均场多智能体强化学习

7.1.1　随机博弈

多 Agent 随机博弈 Γ 由元组 $\Gamma \triangleq (\mathcal{S}, \mathcal{A}^1, \cdots, \mathcal{A}^N, r^1, \cdots, r^N, p, \gamma)$ 组成，其中 $\mathcal{S}$ 表示状态空间，$\mathcal{A}^j$ 为 Agent $j \in \{1, \cdots, N\}$ 的动作空间。Agent j 的奖励表示为 $r^j : \mathcal{S} \times \mathcal{A}^1 \times \cdots \times \mathcal{A}^N \to \mathrm{R}$。转移概率 $p : \mathcal{S} \times \mathcal{A}^1 \times \cdots \times \mathcal{A}^N \to \Omega(\mathcal{S})$ 描述了状态在时间上的随机演化，其中 $\Omega(\mathcal{S})$ 为状态空间上的概率分布集合。常数 $\gamma \in [0, 1)$，表示根据时间的奖励折损因子。在时间步长 t，所有 Agent 同时执行动作，每个 Agent 收到的即时奖励 r_t^j 是先前执行动作收到的奖励。Agent 依据它们的策略选择动作。对于 Agent j，其策略被定义为 $\pi^j : \mathcal{S} \to \Omega(\mathcal{A}^j)$，其中 $\Omega(\mathcal{A}^j)$ 为 Agent j 在动作空间上的概率分布。设 $\boldsymbol{\pi} \triangleq [\pi^1, \cdots, \pi^N]$ 表示

所有 Agent 的联合策略，其中 $\boldsymbol{\pi}$ 假设为独立于时间的平稳变量。在初始状态 s 时，联合策略下 Agent j 的价值函数表示为折扣回报：

$$v_\pi^j(s) = v^j(s; \boldsymbol{\pi}) = \sum_{t=0}^{\infty} \gamma^t \mathbb{E}_{\pi,p}[r_t^j | s_0 = s, \boldsymbol{\pi}] \tag{7.1}$$

Q 函数可被定义为多 Agent 框架下基于贝尔曼方程的给定价值函数（见公式 7.1），由此联合策略下 Agent j 的 Q 函数 $Q_\pi^j : \mathcal{S} \times \mathcal{A}^1 \times \cdots \times \mathcal{A}^N \to \mathrm{R}$ 可以被表示为：

$$Q_\pi^j(s, \boldsymbol{a}) = r^j(s, \boldsymbol{a}) \gamma \mathbb{E}_{s' \sim p}[v_t^j(s')] \tag{7.2}$$

s' 为下一时刻的状态，价值函数 v_i^j 可用公式 7.2 中的 Q 函数来表示：

$$v_\pi^j(s) = \mathbb{E}_{a \sim \pi}[Q_\pi^j(s, \boldsymbol{a})] \tag{7.3}$$

公式 7.2 中多 Agent 博弈的 Q 函数将公式从单个 Agent 博弈扩展为考虑所有 Agent 的联合动作 $\boldsymbol{a} \triangleq [a^1, \cdots, a^N]$，并采取公式 7.3 中联合动作的期望。

将 MARL 表示为离散非合作的随机博弈，每个 Agent 既不知道游戏规则，也不知道其他 Agent 的奖励定义，但是仍能通过观察对其他 Agent 先前的动作和即时奖励做出回应。

7.1.2　Nash-Q 学习

在 MARL 中，每个 Agent 的目标是找到最优策略，并实现价值函数最大化，Agent j 的价值函数依赖于所有 Agent 的联合策略 $\boldsymbol{\pi}$，随机博弈中的纳什均衡正是因此而变得十分重要。通过特定的联合策略 $\boldsymbol{\pi}_* \triangleq [\pi_*^1, \cdots, \pi_*^N]$，所有 $s \in \mathcal{S}, j \in 1, \cdots, N$，以及有效的 π^j，都满足如下公式：

$$v^j(s; \boldsymbol{\pi}_*) = v^j(s; \pi_*^j, \pi_*^{-j}) \geq v^j(s; \pi^j, \pi_*^{-j}) \tag{7.4}$$

对 Agent j 以外的所有 Agent 联合策略采用了紧缩记法 $\pi_*^{-j} \triangleq [\pi_*^1, \cdots, \pi_*^{j-1}, \pi_*^{j+1}, \cdots, \pi_*^N]$。在纳什均衡中，假设其他 Agent 会遵从策略 π_*^{-j}，则每个 Agent 都会表现出最好的反馈 π_*^j 给其他 Agent。对于多 Agent 随机博弈而言，至少会存在一个有固定策略的纳什均衡。给定一个纳什策略 π_*，通过纳什价值函数 $v^{\mathrm{Nash}}(s) \triangleq [v_{\pi_*}^1(s), \cdots, v_{\pi_*}^N(s)]$ 计算从初始状态开始所有 Agent 遵从的策略 π_*。Nash-Q 学习定义一个迭代过程，通过以下两个交替步骤来计算纳什策略：① 由 Lemke-Howson 算法求解在 Q_t 定义下的当前阶段博弈纳什均衡；② 通过新得到的纳什均衡值来优化 Q 函数的估计。基于一定假设，纳什算子可以被表示成如下形式：

$$\mathcal{H}^{\text{Nash}}Q(s, \boldsymbol{a}) = \mathbb{E}_{s' \sim p}[\boldsymbol{r}(s, \boldsymbol{a}) + \gamma v^{\text{Nash}}(s')] \tag{7.5}$$

公式 7.5 在 $Q \triangleq [Q^1, \cdots, Q^N], \boldsymbol{r}(s, \boldsymbol{a}) \triangleq [\boldsymbol{r}^1(s, a), \cdots, \boldsymbol{r}^N(s, a)]$ 上形成收缩映射。博弈中得到纳什均衡值在 Q 函数中表示为 Nash Q-value。

7.1.3 平均场近似

联合动作的维度随着 Agent 数量的增加而呈指数级增长，由于所有 Agent 同时执行动作并根据联合动作评估价值函数，因此训练标准的 Q 函数 $Q^j(s, \boldsymbol{a})$ 将变得极其困难。为解决该问题，平均场多 Agent 强化学习通过局部双边交互分解 Q 函数：

$$Q^j(s, \boldsymbol{a}) = \frac{1}{N^j} \sum_{k \in N(j)} Q^j(s, a^j, a^k) \tag{7.6}$$

$N(j)$ 为 Agent j 邻居的索引集，大小为 $N^j = |N(j)|$，由不同设定而决定。Agent 和邻居间为两两逼近，在降低 Agent 间交互复杂性的同时，仍保留了任何一对 Agent 之间的全局相互作用。

公式 7.6 中的双边交互 $Q^j(s, a^j, a^k)$ 可以通过平均场理论逼近。设定离散动作空间，Agent j 的动作 a^j 是通过独热编码表示的离散变量，独热编码中的每个分量表示 D 个可能动作 $a^j \triangleq [a_1^j, \cdots, a_D^j]$。基于 Agent j 的邻居集合 $\mathcal{N}(j)$ 计算平均动作 $\bar{a}^j$，并将每个邻居 k 的独热动作 a^k 表示为 $\bar{a}^j$ 的，以及微小扰动 $\delta a^{j,k}$ 的总和：

$$a^k = \bar{a}^j + \delta a^{j,k}, \tag{7.7}$$

其中，$\bar{a}^j = \frac{1}{N^j} \sum_a a^k$；$a^j \triangleq [a_1^j, \cdots, a_D^j]$ 为 Agent j 邻居们动作选择的经验分布。泰勒定理中，如果邻居 k 采取的动作 a^k 二阶可微，则双边交互 Q 函数 $Q^j(s, a^j, a^k)$ 可表示为：

$$
\begin{aligned}
Q^j(s, \boldsymbol{a}) &= \frac{1}{N^j} \sum_k Q^j(s, a^j, a^k) \\
&= \frac{1}{N^j} \sum_k [Q^j(s, a^j, \bar{a}^j) + \nabla_{\bar{a}^j} Q^j(s, a^j, \bar{a}^j) \cdot \delta a^{j,k} \\
&\quad + \frac{1}{2} \delta a^{j,k} \cdot \nabla_{\bar{a}^{j,k}}^2 Q^j(s, a^j, \tilde{a}^{j,k}) \cdot \delta a^{j,k}] \\
&= Q^j(s, a^j, \bar{a}^j) + \nabla_{\bar{a}^j} Q^j(s, a^j, \bar{a}^j) \cdot [\frac{1}{N^j} \sum_k \delta a^{j,k}] \\
&\quad + \frac{1}{2N^j} \sum_k [\delta a^{j,k} \cdot \nabla_{\bar{a}^{j,k}}^2 Q^j(s, a^j, \tilde{a}^{j,k}) \cdot \delta a^{j,k}]
\end{aligned}
\tag{7.8}
$$

$$= Q^j(s, a^j, \bar{a}^j) + \frac{1}{2N^j} \sum_k R^j_{s.a^j}(a^k) \approx Q^j(s, a^j, \bar{a}^j) \tag{7.9}$$

其中，$R^j_{s.a^j}(a^k) \triangleq \delta a^{j,k} \cdot \nabla^2_{\bar{a}^{j,k}} Q^j(s, a^j, \tilde{a}^{j,k}) \cdot \delta a^{j,k}$ 用 $\delta a^{j,k} = \bar{a}^j + \epsilon^{j,k} \delta a^{j,k} (\epsilon^{j,k} \in [0,1])$ 表示泰勒多项式的余数，公式 7.9 中 $\sum_k \delta a^k = 0$ 通过公式 7.8 去掉一阶项。

利用平均场理论将 Agent j 与每个邻居 Agent k 间的双边交互 $Q^j(s, a^j, a^k)$ 简化成中心 Agent j 与由 Agent j 的所有邻居通过平均效应所抽象出来的虚拟平均 Agent 间的交互。因此交互过程被简化为由公式 7.9 表达的平均场 Q 函数 $Q^j(s, a^j, \bar{a}^j)$。在训练过程中获得学习经验 $e = (s, a^k, r^j, s')$，平均场 Q 函数通过如下方式循环更新：

$$Q^j_{t+1}(s, a^j, \bar{a}^j) = (1 - \alpha)Q^j_t(s, a^j, \bar{a}^j) + \alpha[r^j + \gamma v^j_t(s')] \tag{7.10}$$

其中，α 为学习率，$\bar{a}^j$ 为公式 7.7 定义下 Agent j 的所有邻居的平均动作。Agent j 的平均场价值函数 $v^j_t(s')$ 在公式 7.10 中被定义为：

$$v^j_t(s') = \sum_{a^j} \pi^j_t(a^j|s', \bar{a}^j) \mathbb{E}_{\bar{a}^j(a-j)\sim\pi^{-j}_t}[Q^j_t(s', a^j, \bar{a}^j)] \tag{7.11}$$

由公式 7.10、公式 7.11 可知，平均场近似将多 Agent 强化学习问题转变成求解中心 Agent j 所有邻居平均动作 $\bar{a}^j$ 的最佳策略 π^j_t 问题。平均场多 Agent 强化学习算法通过迭代方法计算 Agent j 的最佳策略。在阶段博弈 $\boldsymbol{Q_t}$，Agent j 所有邻居的平均动作 $\bar{a}^j$ 通过 Agent j 的 N^j 个邻居动作 a^k 计算均值所得，其中的策略参数 π^k_t 受到上一时刻的平均动作 $\bar{a}^k_-$ 影响：

$$\bar{a}^j = \frac{1}{N^j} \sum_k a^k, a^k \sim \pi^k_t(\cdot|s, \bar{a}^k_-) \tag{7.12}$$

根据公式 7.12 可计算出平均动作 $\bar{a}^j$，策略 π^j_t 的改变也依赖于当前的平均动作 $\bar{a}^j$，通过玻尔兹曼分布得到新的策略如下所示：

$$\pi^j_t(a^j|s, \bar{a}^j) = \frac{\exp(\beta Q^j_t(s, a^j, \bar{a}^j))}{\sum_{a^{j'} \in \mathcal{A}^j} \exp(\beta Q^j_t(s, a^{j'}, \bar{a}^j))} \tag{7.13}$$

通过公式 7.12、公式 7.13 的迭代更新，所有 Agent 的平均动作和策略都得到了完善。

7.1.4　算法设计

在基于平均场多 Agent 强化学习的区域交通信号控制 (mean-field multi-agent reinforcement learning-Aspect term sentiment classification, MFMARL-ATSC) 模型中，交叉路口信号控制问题抽象成 Agent 根据区域

路网状态信息选择最优策略的过程。Agent 采取路网内的动静态交通信息，从动作空间中选择动作执行。Agent 记录执行该动作后所获得的奖励，并依据 Agent 采取不同动作所获得的奖励值计算 Q 值，以期为下一步选择能够获得最终期望最大的动作提供指导。本模型将神经网络作为函数逼近器实现公式 7.9 中的平均场 Q 函数，Q 函数被神经网络权重 ϕ 参数化，公式 7.10 中的更新规则也可以被看作是神经网络权重的调整。利用卷积神经网络的拟合能力计算状态—动作的 Q 值，如图 7.1 所示。 使用卷积神经网络对 Q 值进行拟合时，将状态信息作为卷积神经网络的输入量，经过卷积神经网络处理得到在该状态下所采取动作的 Q 值。MFMARL-ATSC 利用标准 Q 函数解决离散动作空间问题，即 MFQ-ATSC。在 MFQ-ATSC 算法中，Agent j 通过最小化损失函数来训练。

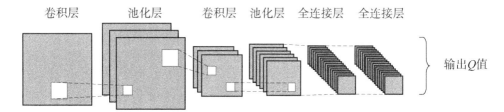

卷积层　　池化层　　卷积层　池化层　全连接层　全连接层

输出Q值

图 7.1　拟合 Q 值的卷积神经网络

$$\mathcal{L}(\phi^j) = [y^j - Q_{\phi^j}(s, a^j, \bar{a}^j)]^2 \tag{7.14}$$

其中，$y^j = r^j + \gamma v_{\phi^-}^{MF}(s')$ 为目标平均场值，ϕ^- 对应神经网络中的目标网络参数，对上式求导可以得出参数梯度方向，表示如下：

$$\nabla_{\phi^j}\mathcal{L}(\phi^j) = (y^j - Q_{\phi^j}(s, a^j, \bar{a}^j))\nabla_{\phi^j}Q_{\phi^j}(s, a^j, \bar{a}^j) \tag{7.15}$$

MFQ-ATSC 框架如图 7.2所示。

通过神经网络权重 θ 可以明确模型策略，代替 MFQ-ATSC 的 Q 函数设置 Boltzmann 策略，这就产生了在线演员—评论家模型，即 MFAC-ATSC。策略网络通过如下策略梯度训练：

$$\nabla_{\theta^j}\mathcal{F}(\theta^j) \approx \nabla_{\theta^j}\lg\pi_{\theta^j}(s)Q_{\phi^j}(s, a^j, \bar{a}^j)|_{a=\pi_{\theta^j(s)}} \tag{7.16}$$

MFAC-ATSC 中的评论家与 MFQ-ATSC 的公式 7.15 采用同样的设置。在 MFAC-ATSC 的训练过程中需要不断更新 θ, ϕ，直到收敛。

MFAC-ATSC 框架如图 7.3所示。

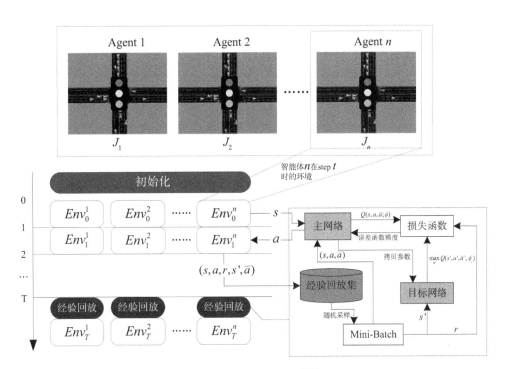

图 7.2　MFQ-ATSC 框架

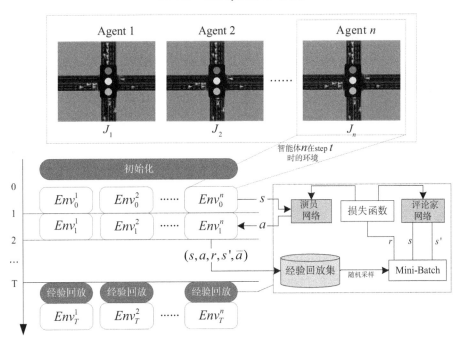

图 7.3　MFAC-ATSC 框架

算法 20: MFQ-ATSC

1 Inititalize 所有 $j \in \{1, 2, \cdots, N\}$ 的 $Q_{\phi^j}, Q_{\phi^j_-}$ 及 $\bar{a}^j$

2 while 训练未结束 do

3 for $m = 1, \cdots, M$ do

4   对每个交叉路口 Agent j, 根据现有平均动作 $\bar{a}^j$ 及探索概率, 由公式 7.13 采样动作 a^j

5   对每个交叉路口 Agent j, 根据公式 7.12 计算平均动作 $\bar{a}^j$

6 end

7 执行联合动作 $\boldsymbol{a} = [a^1, \cdots, a^N]$, 获取奖励 $\boldsymbol{r} = [r^1, \cdots, r^N]$ 和下一时刻交通状态 s'

8 存储 $< s, \boldsymbol{a}, \boldsymbol{r}, s', \bar{\boldsymbol{a}} >$ 至回放集 $\mathcal{D}$ 中, 其中 $\bar{\boldsymbol{a}} = [\bar{a}^1, \cdots, \bar{a}^N]$

9 for $j = 1, \cdots, N$ do

10 从回放集 $\mathcal{D}$ 中选取小批量 K 条经验 $< s, \boldsymbol{a}, \boldsymbol{r}, s', \bar{\boldsymbol{a}} >$

11 令 $\bar{a}^j_- \leftarrow \bar{a}^j$, 根据 Q_{ϕ^j} 选取动作 a^j_-

12 根据公式 7.11, 设定 $y^j = r^j + \gamma v^{MF}_{\phi^j_-}(s')$

13 最小化损失函数 $\mathcal{L}(\phi^j) = \frac{1}{K} \sum (y^j - Q_{\phi^j}(s, a^j, \bar{a}^j))^2$, 更新 Q 网络

14 end

15 对每个交叉路口 Agent j, 根据学习率 τ 更新目标网络参数:

$$\phi^j_- \leftarrow \tau \phi^j + (1 - \tau) \phi^j_-$$

16 end

算法 21: MFAC-ATSC

1　Inititalize 所有 $j \in \{1, 2, \cdots, N\}$ 的 $Q_{\phi^j}, Q_{\phi^j_-}, \pi_{\theta^j}, \pi_{\theta^j_-}$ 及 $\bar{a}^j$

2　while 训练未结束 do

3　　对每个交叉路口 Agent j, 选取动作 $a^j = \pi_{\theta^j}(s)$, 计算新平均动作

　　　　$\bar{a} = [\bar{a}^1, \cdots, \bar{a}^N]$

4　　执行联合动作 $\boldsymbol{a} = [a^1, \cdots, a^N]$, 获取奖励 $\boldsymbol{r} = [r^1, \cdots, r^N]$ 和下一时刻交通

　　　　状态 s'

5　　存储 $\langle s, \boldsymbol{a}, \boldsymbol{r}, s', \bar{a} \rangle$ 至回放集 $\mathcal{D}$ 中, 其中 $\bar{a} = [\bar{a}^1, \cdots, \bar{a}^N]$

6　　for $j = 1, \cdots, N$ do

7　　　　从回放集 $\mathcal{D}$ 中选取小批量 K 条经验 $< s, \boldsymbol{a}, \boldsymbol{r}, s', \bar{a} >$

8　　　　根据公式 7,11, 设定 $y^j = r^j + \gamma v_{\phi^j_-}^{MF}(s')$

9　　　　最小化损失函数 $\mathcal{L}(\phi^j) = \frac{1}{K} \sum (y^j - Q_{\phi^j}(s, a^j, \bar{a}^j))^2$, 更新评论家网络

10　　　根据如下计算策略梯度更新演员网络:

$$\nabla_{\theta^j} \mathcal{F}(\theta^j) \approx \frac{1}{K} \sum \nabla_{\theta^j} \lg \pi_{\theta^j}(s) Q_{\phi^j}(s, a^j, \bar{a}^j)|_{a = \pi_{\theta^j}(s)}$$

11　　end

12　　对每个交叉路口 Agent j, 根据学习率 τ_ϕ, τ_θ 更新目标网络参数:

$$\phi^j_- \leftarrow \tau_\phi \phi^j + (1 - \tau_\phi) \phi^j_-$$

$$\theta^j_- \leftarrow \tau_\theta \phi^j + (1 - \tau_\theta) \phi^j_-$$

13　end

7.2　仿真实验设置及结果分析

本节使用微型交通和多式联运的开源模拟软件 SUMO 进行实验, 通过 SUMO 提供的 Python APIs 接口, 通过 Traci 模块获取实时交通环境状态信息, 并对信号灯进行动作控制。

7.2.1　北京市石景山区城市道路区域仿真路网

本节选用的研究区域为北京市石景山区城市道路区域路网, 其路网结构如图 7.4所示。该区域内包含主干路、次干路、支路等多等级道路, 路幅宽度包含双向两车道至双向八车道。研究路网内共 22 个交叉路口, 其中 8 个为

信号控制交叉路口,后续研究中也仅针对如图 7.4 所标注的灯控交叉路口进行优化。

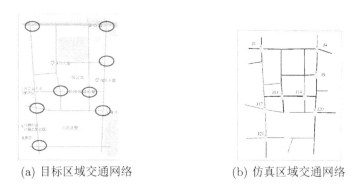

(a) 目标区域交通网络　　　　　　(b) 仿真区域交通网络

图 7.4　仿真路网

7.2.2　实验设置

7.2.2.1　状态定义

Agent 利用当前交通状态进行决策,因此状态设计尤为关键[329]。本节所设计的状态分为局部信息及邻居信息两个部分,其中局部信息包括当前交叉路口各进口车道的车辆排队长度,邻居信息则为当前交叉路口所有邻居各进口车道的车辆排队长度,表达为如下形式:

$$s_j = [q_j^1, \cdots, q_j^n, q_k^1, \cdots, q_k^n] \tag{7.17}$$

其中,q_j^n, q_k^n 分别为 Agent j 与其邻居 Agent k 的第 n 个进口车道车辆排队长度。

7.2.2.2　动作定义

Agent 需要根据交通状态及策略选择合适的动作来疏导交通,MFQ-ATSC 算法利用标准 Q 函数解决离散动作空间问题,而 MFAC-ATSC 利用 AC 模型应对连续动作空间问题,并由此针对两种算法设计不同的动作空间定义方式。

7.2.2.3　离散动作空间

离散动作空间定义为可选择的信号相位及时长,动作合集如下:

$$A = \{NSS_l, NSS_s, NSL_l, NSL_s, WES_l, WES_s, WEL_l, WEL_s\} \tag{7.18}$$

动作合集分别表示南北直行相位,持续时间 30 s;南北直行相位,持续时间 15 s;南北左转相位,持续时间 25 s;南北左转相位,持续时间 15 s;东西直行相位,持续时间 30 s;东西直行相位,持续时间 15 s;东西左转相位,持续时间 25 s；东西左转相位，持续时间 15 s。

7.2.2.4　连续动作空间

连续动作在每步中判断是否增加当前相位持续时间，动作合集如下：

$$A = \{switch\ keep\} \tag{7.19}$$

其中，$Switch$ 表示立刻切换至下一相位；$keep$ 表示保持当前相位。

7.2.2.5　奖励函数

Agent 根据获得的即时奖励调整选择各动作的概率分布，以寻求长期奖励值最大[330]。本节所定义的奖励为各交叉路口唯一的奖励，即各 Agent 仅考虑该交叉路口内部的信息。训练过程中，Agent 在明确邻居交叉路口的状态和平均动作的情况下，使自身累计奖励最大，奖励定义如下：

$$r = \sum_{n=1} \frac{1}{w_n} \tag{7.20}$$

其中，w_n 为交叉路口第 n 个进口道等待时间。

7.2.3　仿真实验结果分析

将本节基于 MFMARL 的区域信号交通控制方法与传统信号控制方法进行对比，选取定时控制方法，以传统深度强化学习算法作为对照组进行仿真实验。采取定时控制方法时，区域内各交叉路口信号配时方案不会随着路网状态的改变而进行调整；采取平均场强化学习和传统深度强化学习信号控制方法时，Agent 通过路网内所设置的检测器动态调整各交叉路口信号配时。仿真实验每次运行 10800 s，共迭代训练 400 次，由于路网加载过程会对实验结果评价产生偏差，因此在前 1200 s 内不进行算法控制。区域内各交叉路口在不同控制方法下的奖励值对比如图 7.5所示。

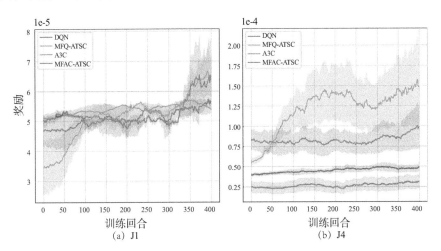

(a) J1　　　　　　　　　　(b) J4

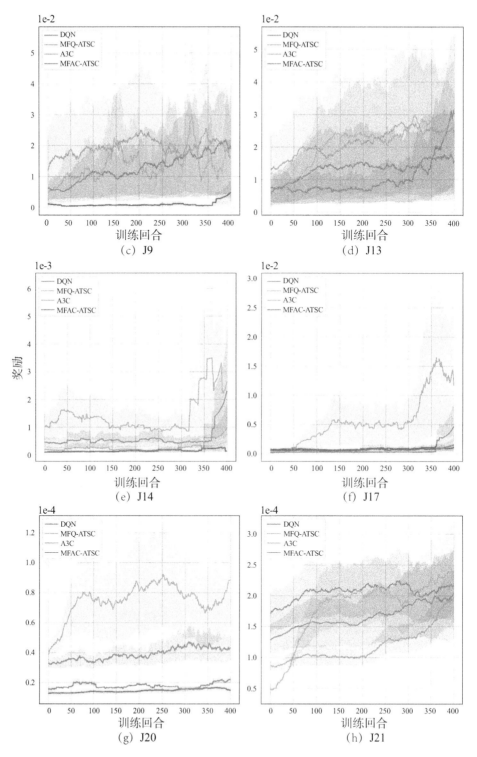

图 7.5 各交叉路口在不同算法下奖励值对比

本节所涉及各算法均使用相同的神经网络结构，采取平均场强化学习控制方法使性能有了明显提升，如图 7.5 所示。综合各交叉路口不同算法的表现可以看出，离线学习的 MFQ-ATSC 及 DQN 方法算法的收敛速度快于在线学习的 MFAC-ATSC 算法和 A3C 算法[331]。将区域内多交叉路口交通信号控制问题转变为单交叉路口与邻居交叉路口平均效应之间的相互作用，这种方式对于离线学习而言增强了算法的收敛速度，在经验回放过程中通过非当前策略经验中更快地学习到了最优策略，并使得收敛到的最优策略更加稳定。MFQ-ATSC 在 100 次、150 次迭代后开始收敛，MFAC-ATSC 在进行 400 次迭代后仍有几处交叉路口未达到收敛。

经过 400 次迭代学习后，MFAC-ATSC 的平均损失时间较定时控制降低了 34.49%，MFQ-ATSC 的平均损失时间较定时控制降低了 29.58%，同时，它们的控制效果优于另两种传统深度强化学习控制方法，由此可证明，基于平均场强化学习的区域交通信号控制下，车辆在路网内的损失时间更少，运行效率更高，如图 7.6 和图 7.7 及表 7.1 所示。

表 7.1　不同交通信号控制方法的仿真结果

评价指标	Fixed	DQN	MFQ-ATSC	A3C	MFAC-ATSC
平均奖励值	—	6e−4	1.45e−3	0.7e−4	1.08e−3
平均等待车辆	1717	1790	1694	1797	1701
平均旅行时间/s	998	993	977	995	986
平均损失时间/s	60.21	56.79	39.44	75.92	42.39
平均速度/(m/s)	0.81	062	0.95	0.47	0.87

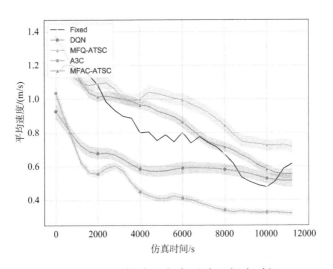

图 7.6　不同算法下各交叉路口损失时间

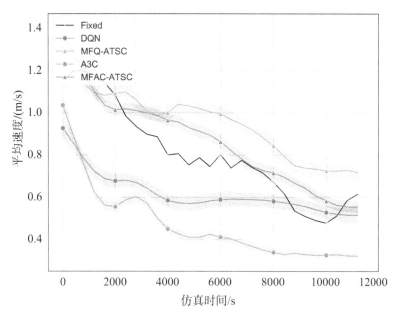

图 7.7　不同算法下各交叉路口车均速度

经过 400 次迭代学习后，MFQ-ATSC 的车辆平均速度较定时控制提升 17.28%，MF-AC 的车辆平均速度较定时控制提升 7.4%，同时，它们的控制效果优于另两种传统深度强化学习控制方法，由此可证明，基于平均场强化学习的区域交通信号控制下，车辆在路网内的运行速度更快，运行效率更高，如图 7.6 和表 7.1 所示。

7.3　小　结

本章基于平均场强化学习的区域交通信号控制方法，在实时获取交通状态信息的基础训练神经网络确定交叉路口最优信号配时方案。为解决现有的多 Agent 强化学习算法拓展至区域路网环境下使用时存在的维度爆炸、环境非平稳性等问题，平均场多 Agent 强化学习通过局部双边交互分解 Q 函数，通过平均场近似将区域交通信号控制的多 Agent 强化学习问题转变成求解中心 Agent 所有邻居平均动作的最佳策略问题。本章将两种平均场多 Agent 强化学习算法 MFQ-ATSC、MFAC-ATSC 与现有的 DQN、A3C 算法应用于实际区域路网进行仿真实验，并同传统定时控制方法进行对比。实验结果表明，MFQ-ATSC、MFAC-ATSC 算法在收敛速度、最终的稳定奖励值方面比另两种算法表现更优，路网内车辆平均速度更快，损失时间更少，这证明了基于平均场多 Agent 强化学习算法面对区域交通信号控制问题时的有效性，能够明显提高路网通行效率。

第 8 章　总结与展望

多 Agent 系统是由多个分布式的 Agent 构成的，Agent 自主决策、相互影响，且所有 Agent 共享系统环境[332]。每个 Agent 通过构建智能行为实现特定的目标，因此 Agent 需要具备自适应学习的能力。当前最常用的学习框架是强化学习，其核心思想是通过试错机制实现 Agent 行为的改进。强化学习已经与深度学习相结合，形成了深度强化学习，并在多个领域得到了成功应用，如机器人[83]、电子竞技[29,333]等。深度强化学习方法采用深度神经网络作为函数逼近器[334]。然而，已有的应用研究多集中在单一 Agent 深度强化学习算法方面，而现实中的应用则多涉及多 Agent 的决策问题。在分布式系统的协调过程中[240]，Agent 需要考虑其他 Agent 的影响进行决策。因此，深度多 Agent 强化学习为解决真实应用问题提供了有效的方法与技术[194,38]。

多 Agent 系统和强化学习的交叉研究有着相当多的工作。作为该领域较早的研究之一，Stone 等[181]从机器学习的角度分析了多 Agent 系统，并根据异质和同质 Agent 结构和通信方式对已有研究进行了分类。Shoham 等[335]对 MARL 核心问题进行了详细描述，提出了该领域的研究模式，其中包括未来研究的四个方向。Yang 等[336]指出 MARL 研究的主要困难在于对连续作用和状态空间的定义，以及算法的可计算性 (scalability)。Buçoniu 等[204]讨论了 MARL 的优势和面临的挑战，其优势包括计算速度和共享经验，面临的挑战包括环境的非平稳性、合作中的协调问题。同时，他们指出随着 Agent 数量的增加，计算复杂性将呈指数级增长，以及 Agent 必须在获取新知识和利用当前知识之间进行选择的机制问题。

更具体地说，Matignon 等[175]明确了在完全合作的马尔可夫博弈中的独立 Agent 协调所面临的问题，如非平稳性、随机性和潜在均衡，并分析了解决此类协调问题的条件。Tuyls 等[183]指出强化学习技术和博弈论的交叉主导了多 Agent 学习的相关研究，这可能使该领域的范围过于狭窄，并且研究仅限于网格世界等简单化问题，同时指出在大量 Agent 和大而连续的可扩展空间条件下的研究可能是该领域的发展方向。自从深度学习方法的出现和深度强化学习取得突破以来，MARL 领域研究在过去几年中出现了大量的文献。

Nguyen 等[194]提出了五个技术挑战，包括非平稳性、部分可观察性、连续空间、训练机制和迁移学习。Hernandez-Leal 等[196]专注于四个类别，包括涌现行为分析、学习沟通、学习合作和 Agent 建模。Oroojlooyjadid 等[195]综述了合作环境中 2019 年之前的最新研究，而 Da Silva 等[193,337]则专注于知识重用。Lazaridou 等[338]着重研究了语言的出现、语言在社区中发展的条件和通过动态沟通解决问题的能力。基于理论分析，Zhang 等[177]专注于 MARL 算法，并从数学角度对该领域的发展进行了探讨。

8.1　协　调

多 Agent 系统中的协调需要 Agent 就共识达成一致[339]，尤其是在合作环境中实现共同目标需要连贯的动作选择，以便联合动作实现共同优化目标。系统状态转换和奖励存在随机性，或者当 Agent 仅观察到环境状态的部分信息时，Agent 之间的合作会变得复杂。当探索性动作在学习过程中激发其他 Agent 搜索空间时，可能会出现协调错误，并因此找到次优解决方案。综上所述，Agent 就相互共识达成一致需要共享其他 Agent 的信息，以获得最佳决策。在决策过程中，达成共识可以通过 Agent 之间的信息交换来实现，也可以通过构建模型来实现。前者需要 Agent 通信机制，以便 Agent 可以在各自目标的基础上进行协调；对于后者，Agent 需要能够观察其他 Agent 的动作并推理其策略以构建模型。在预测模型的基础上，Agent 可以学习其他 Agent 的动作模式，并将其动作应用到共识中，从而实现协调的行为。除了信息交换和构建 Agent 模型外，还可以利用集中式学习分布式训练方案来构建不同的抽象级别。

8.1.1　独立学习

处理多 Agent 问题最简单的方法是将每个 Agent 单独看待，并将其他 Agent 视为环境的一部分，但这常会导致其他 Agent 在学习过程中被忽略。与之相反，在联合动作学习中，考虑其他 Agent 的选择动作，独立学习的 Agent 面临的主要困难是如何使联合动作达到最优[175]。

在学习策略的过程中，Agent 在搜索动作空间时会相互影响，这可能导致动作阴影。自主且独立的 Agent 之间协调的概念有着较长的研究历史和大量的研究工作[175]。早期的工作研究了独立 Agent 学习过程的收敛性，并表明在确定性博弈的某些条件下，Agent 是可以确保收敛的；但在随机环境中，其收敛性无法保证[340-341]。对普遍存在的随机性和其他特性 (如非平稳性等) 的深入研究产生了新的研究分支，包括歇滞学习[342] 和宽容学习[343]。引入歇滞 Q 学习方法是为了解决随机性引发的值函数被高估的问题，Palmer 等[344]、Omidshafiei 等[345] 对歇滞学习进行了深入研究。宽容学习方法在学习期间调整了 Agent 的乐观程度[346]，将动作选择与衰减梯度值相关联。在早期阶段，Agent 是乐观的，选择探索动作的频率很高；随着训练次数的增加，探索动作选择逐渐减少，即相对于经常访问的"状态—动作"对而言，动作选择变得不那么宽容，以使学习结果变得更加准确。随后一些研究采用深度 Q 网络对传统强化学习结构进行了扩展，应用了经验重放机制[347]、估计器[348] 和隐式分位数网络[349]。

8.1.2　模型构建

实现 Agent 之间协调的一种隐式方法是通过构建模型来获取其他 Agent 的动作，其基本原理是将交互数据作为 Agent 的输入并输出预测。这种方式的实现协调使 Agent 对于其他 Agent 的决策具有较高的鲁棒性[152]，但构建模型和预测动作受到具体方法和假设条件的限制而有很大差异[350]。He 等[351] 在对抗性环境中基于深度神经网络提出了一种利用两个神经网络的架构，即其中一个神经网络捕获对手的策略，另一个神经网络估计对手的 Q 值，并通过将观察结果编码到深度 Q 网络中来共同学习对手的模型。Foerster 等[352] 引入了一种学习方法，其中策略更新依赖于其他 Agent 的影响，对手的策略参数可以通过最大似然方法从观察到的轨迹中推断出来，而产生的非平稳性则通过比对最近的数据来解决；另一种方法的思路是通过贝叶斯方法解决其他 Agent 的信息获取。Raileanu 等[353] 提出了一种模型，其中由 Agent 估计其他 Agent 的隐藏状态并将这些估计嵌入到自己的策略中，这样可从其他 Agent 行为中推断其隐藏状态并采取适当的操作以促进最终的协调。Foerster 等[354] 使用环境中所有公开的信息来计算其他 Agent 对本地 Agent 的影响。Yang 等[355] 使用贝叶斯方法来检测竞技游戏中的对手策略，但是该方法存在着在快速适应的情况下学习 Agent 模型导致的非平稳性问题。为了解决这一问题，Everett 等[356] 提出了一种切换 Agent 模型，该模型学习对手模型和模型之间的切换机制，通过跟踪和检测其他 Agent 的行为，切换机制学习，以从学习的对手模型集中选择最佳响应，从而显示出优于单个模型学习者的性能。

此外，构建模型相关研究，如通过模拟学习[357]解决合作任务[358-359]方面也有一些相关的工作，以及通过从观察中预测行为[360]解决社会困境[361-362]问题的一些相关工作。除了解决协调问题外，构建模型还可以应对环境中的非平稳性，一旦 Agent 对其他 Agent 的行为进行了建模，若无法解释环境动态就可以归因于相应的 Agent，这样从单个主体的角度来看，环境再次变得平稳。

8.1.3　分层方法

由于复杂性的增加，多个 Agent 进行学习协调已成为亟待解决的问题[363]。处理协调问题的一种方法是将低级协调抽象到较高层次。这一思路起源于单一 Agent 研究，采用时间抽象的层次结构来简化长期奖励分配[364]。较低级别仅包含较高级别的部分信息，因此抽象级别越低，学习任务就越简单。对于分层多 Agent 强化学习。最初的研究采用表格的方式进行建模[365]。Kumar 等[366]提出了一种更为复杂的方法，其中更高级别的控制器负责分布式 Agent 之间的信息交换，基于高级别控制器，Agent 在每个时间步长仅与另一个 Agent 通信，从而允许探索分布式策略。Han 等[367]在选项框架[364]的基础上为 Q 学习嵌入了动态终止标准，通过添加终止标准，使 Agent 可以灵活地退出选项执行，并对其他 Agent 的行为变化做出反应。在分配网络[368]的基础上，Ahilan 等[369]将 Agent 的两级抽象应用于多 Agent 合作机制，与其他方法不同，该层次结构依赖于奖励而不是状态目标，实验表明这种方法非常适用于分散的控制问题。Jaderberg 等[37]提出了一种分层结构，允许 Agent 在不同的时间尺度上进行推理，使 Agent 能够在仿真环境中解决混合协作和竞争任务。Lee 等[370]提出了一种分层方法，用于协调机器人操作任务的两个 Agent，以实现诸如对象拾取和放置之类的协作，在更高层次的政策指导下 Agent 在低层次上学习基本技能的能力。此外，分层方法在合作任务[371]和社会困境[372]研究中也有一些应用。分层方法的另一些研究主要集中在从数据中自主创建和发现抽象目标[373]。

8.2　可计算性

对大量 Agent 进行训练的难度非常大，环境中的每个 Agent 都会给学习过程增加额外的复杂性，从而使计算量因 Agent 数量的增加呈指数级增长。

除了复杂性问题之外，众多可变因素也使 Agent 需要对其他 Agent 的行为具有鲁棒性。然而，Agent 可以利用 Agent 之间共享的分布式知识来加速学习过程。

8.2.1　知识复用

随着 Agent 数量的增加，单一 Agent 学习模型的可扩展性变得非常差，状态—动作数量增加，导致计算量增大。研究者们采用知识重用策略来简化学习过程，并通过将已有的知识重新利用，提升强化学习解决复杂问题的能力。知识重用可以应用于许多方面[374]。首先，如果 Agent 呈现齐次结构，则可以使用参数共享技术，例如，神经网络的权重可以共享，或整个学习模型用于共享。共享参数可以确保训练过程的有效性，该过程可以扩展到任意数量的 Agent，从而可以改进学习效率[375]。参数共享已被证明在各种应用中都具有较好的效果，如学习通信[376-377]、Agent 建模[378]，以及部分可观察的合作博弈[379]。Chu 等[380]对于不同参数共享策略进行了研究。

其次，知识重用可以迁移学习的形式来实现[337]。在执行一项学习任务时，获得的经验也可以用来提高其他相关任务的学习效率[184]。Da Silva 等[381]使用了知识数据库，使 Agent 可以从中提取相关任务的先前解决方案，并将这些信息嵌入当前任务训练中；同样地，Da Silva 等[382]也采用了专家演示方式，其中 Agent 扮演学生的角色，向教师寻求建议。上述研究表明，Agent 可以通过知识转移来进行相互促进，迁移学习在多 Agent 合作[383]和自然语言处理[384]中也得到了很好的应用。在多 Agent 系统中，相关研究表明迁移学习可以加快学习过程[385]。

除了参数共享和迁移学习之外，课程学习方法还可以应用于 Agent 的学习机制构建。由于随着 Agent 数量的增加，训练将会变得更加耗时，因此从头开始学习通常具有挑战性且代价较大。课程学习应先从少量 Agent 开始，然后在训练课程中逐渐增加 Agent 数量，通过课程的稳步增长，训练后的策略可以比没有训练课程时的更好[386]。课程学习方案还可以提高 Agent 策略的泛化性和更快的收敛性[387]。进一步的研究表明，Agent 可以自动生成学习课程[388]，或者可以在竞争环境中制造竞赛[38]。

8.2.2　降低复杂性

多数现实世界应用都包含大量同时相互作用的 Agent[389]，随着 Agent 数量的增加，降低维度灾难已成为研究者们需要面对的问题。Yang 等[232]采用平均场方法解决了可扩展性问题，使大量 Agent 之间的相互作用通过单一 Agent 的影响与整个或本地 Agent 群体的平均影响进行比较来进行估计。当复杂问题分解为 Agent 与其邻域之间的成对交互时，其复杂性会降低。对于邻域的平均效应，每个 Agent 都会学习对其邻域的最佳响应。限制复杂性的另一种方法是将问题分解为较小的子问题[390]。Zhou 等[391]将联合动作值函数分解为独立的组件，并使用 Agent 之间的成对相互作用来使大规模问题在计算上更易于处理。此外，还有一些研究集中在图形模型的大规模 MADRL 问题[392]和 CTDE 模式[393]等方面。

8.2.3 鲁棒性

另一个学习策略的评价标准是鲁棒性，即 Agent 的学习策略在有其他 Agent 在环境中引起扰动的条件下保持稳定的能力，扰动程度通常随着 Agent 的数量增加及由此产生的"状态—动作"空间规模的增大而增加。在监督学习中，模型可能过度依赖数据集的某些特征；同样地，在强化学习框架中，如果环境中存在很少或完全没有扰动，模型也可能会发生过度拟合现象[394]。为了在训练过程中保持鲁棒性，相关研究主要集中在以下几个方面。首先，正则化技术可用于防止 Agent 训练过程中的过度拟合。Lowe 等[147]采用了划分策略集的方法来降低过度拟合风险，基本思路是为每个 Agent 训练了不同的子策略集合；Lanctot 等[395]采用了对混合策略的最佳响应方法，以避免过度拟合。其次，可以用对抗性训练来减轻政策对干扰的脆弱性，进而提高鲁棒性。Pinto 等[396]在环境中添加了一种对抗性 Agent，该对抗性 Agent 将会有针对性地干扰学习过程，而 Agent 由于在训练过程受到了干扰，则被迫考虑这些干扰并形成了具有鲁棒性的策略。同样地，Li 等[165]使用对抗性设置来降低 Agent 对环境的敏感性。Bansal 等[394]证明了在竞争环境中训练可能会产生比环境本身复杂得多的行为。在应用层面，Spooner 等[397]研究了市场决策的鲁棒性。上述研究结论与自对弈相关研究结论一致[398,388]。Heinrich 等[399]采用自对弈来学习不完全信息博弈的近似纳什均衡，说明自对弈可在学习策略中获得更好的鲁棒性。同样地，自对弈常用来与已有的政策竞争，以使学习策略变得更加完善[38,36,31]。Silver 等[333]将自对弈调整为一种正则化技术，以防止策略网络通过与已有策略竞争而产生过度拟合。然而，Gleave 等[400]研究了竞争性博弈中的对抗性策略，并说明了复杂的策略可能会被相对简单的策略所愚弄，尽管通过自对弈训练的 Agent 更具鲁棒性，但是随机和不协调的策略还会导致 Agent 在任务中失败，原因是对抗性攻击的脆弱性随着状态空间的维度而增加。Liu 等[401]下一阶段鲁棒性的相关研究将集中在针对扰动的学习表达不变量描述方面。

8.3 未来的工作

8.3.1 发展趋势

近年来，多 Agent 强化学习方法在多个应用领域都取得了成功，今后在算法层面的研究有以下几个发展趋势。

（1）一个发展趋势是将课程学习视为一种将学习过程划分为多个阶段以处理可扩展性问题的方法，通过从少量开始，在学习课程中逐渐增加 Agent 的数量，以提升大规模 Agent 训练的效率[386]。此外，课程也可以用于创建不同的难度阶段，其中 Agent 在开始时面临着相对简单的任务，并且随着经验的增加而逐渐增加更复杂的任务[34]。课程训练还用于考察 Agent 的涌现行为。课程描述了环境的动态变化，Agent 会随着时间的推移调整自己的行为，以回应其他 Agent 的策略变化，这可能会在 Agent 之间形成竞赛。这种持续适应的过程被称为自动课程训练[402-403]。

（2）另一个发展趋势是在深度神经网络中嵌入循环单元来记忆经验。通过能够跟踪状态转换和其他 Agent 的决策的历史记录，由于多个决策者和部分可观察状态导致的环境的非平稳性可以分解为多个小问题并得到解决[383]，并且可以对复杂问题进行充分有效的处理[37]。

（3）研究发展趋势是探索 Agent 之间的协调通信机制。由于深度学习方法的兴起，研究交互式 Agent 之间协调通信方法成为热点之一[338]。尽管对分析涌现行为和语义的研究较多，但其中多数研究涉及赋予 Agent 通信能力的研究工作。通过表达 Agent 的意图，Agent 可以调整策略进行通信协调并达成共识[404]。从单个 Agent 的角度来看，Agent 共享决策历史记录可以避免非平稳性。

（4）Agent 还可以共享其本地信息以降低部分可观察性[405]。

（5）应用 CTDE 方案也将是研究发展趋势之一，这种模式能够在训练过程中分享信息。在训练过程中，所有 Agent 都可以使用诸如"状态—动作"历史记录、函数值或策略之类的局部信息，从单一 Agent 的角度来看，这会使环境静止，并可能降低部分可观察性[147]。

（6）当所有 Agent 的信息可用时，可以解决信用分配问题，并且集中式机制也可以将单个贡献归因于相应的 Agent[405]。该领域的一些问题也引起了很多学者的重视，如 Agent 的信息缺失条件下的协调性和可扩展性研究及如何加快学习过程的问题[375]。

8.3.2　研究展望

（1）多目标学习是多 Agent 强化学习研究领域现阶段研究的重点与难点之一，在多 Agent 系统中，每个 Agent 都有需要优化的本地目标，然而，只有当 Agent 允许其他 Agent 成功完成其任务时，才能实现全局最优[406]。典型的场景是合作任务，例如公共利益困境，其中 Agent 有义务维持可持续地使用有限的资源；或者自动驾驶，车辆有单独的目的地，同时还要协调路径以避免碰撞。

（2）类似的研究方向是多任务学习，Agent 不仅要在单一任务上达成目标，而且要在相关的其他任务上表现出良好性能[345]。

（3）除了多目标和多任务学习之外，未来研究工作还集中在多 Agent 强化学习的安全性方面。安全性是非常重要的属性，因为自主 Agent 要确保系统性能，同时还要在学习和执行动作期间确保安全[407]。单一 Agent 学习算法研究中虽然已涉及安全概念，但其对多 Agent 学习的适用性有限，仍处于起步阶段[408-409]。

（4）未来研究的另一个可能的方向是深度多 Agent 强化学习算法和进化方法之间的融合。进化算法已被用于多 Agent 强化学习的环境中，如用于建立内在动机[410]、构造奖励[37]、生成课程[386]和分析动态[163]等。

（5）由于进化需要许多实体进行适应，因此多 Agent 强化学习场景非常适合进化计算。现阶段大多数研究都集中在同质环境中的学习，在这些环境中 Agent 具有共同的兴趣并优化共同的目标。当 Agent 具有共同利益时，CTDE 范式通常是在代理之间交换信息的最佳选择，并且诸如非平稳性、部分可观察性和协调性之类的问题可能会减少。然而，异质性意味着 Agent 可能有自己的兴趣和目标、个人经验和知识，或者具有不同的技能和能力。在真实应用场景中，Agent 需要利用异构信息做出决策。

众所周知，多 Agent 强化学习领域最根本的问题是维度灾难[204,196]，"状态—动作"空间和 Agent 相互作用的组合随着 Agent 数量呈指数级增长，这使得完全遍历空间难以实现。且当 Agent 只能获得对环境的部分观察或当环境具有连续性质时，这种情况会加剧。尽管深度神经网络作为函数近似器可以应对连续空间，并且可以很好地降低计算量，但是仍然存在一些问题，如何充分探索大型和复杂空间，以及如何解决大型组合优化问题等[411]。

此外，传统的强化学习方法需要通过试错和反馈来逐步优化智能体的行为，但有时需要花费大量的时间和精力。相比之下，模仿学习则是利用已有的数据和经验，并通过学习和复制已有的优秀行为来提高智能体的性能。模仿学习的方法可以大大加速强化学习的训练过程，从而提高智能体的学习效率和性能。随着人工智能技术的发展，越来越多的应用场景需要智能体进行决策。因此，可解释性强化学习研究如何使强化学习算法的决策过程具有可解释性和可理解性，从而提高智能体的可信度和可接受度。可解释性强化学习对于人工智能的应用场景，如医疗诊断、金融风险管理等领域，具有重要的意义。深度强化学习和其他技术的结合也是近年来发展趋势之一。在计算机视觉领域，深度学习和强化学习的结合已经实现了很多有趣的应用，如自动驾驶、机器人控制等。未来，深度强化学习还可以和自然语言处理、人机交互等技术结合，开发更加智能和高效的人工智能系统。

在道路交通信号控制领域，深度强化学习也具有广泛的应用前景。传统的交通信号控制方法通常基于经验或规则，难以满足复杂的交通场景和路况要求。深度强化学习则可以通过模拟交通场景，学习智能体在不同场景下的最优决策，从而提高交通信号控制的效率和可靠性。具体来说，深度强化学习在道路交通信号控制领域的应用包括以下六个方面。

① 基于深度强化学习的交通信号控制算法的优化。传统的交通信号控制方法往往是基于规则或经验的，并不能满足各种复杂的交通场景和路况。而深度强化学习可以通过模拟交通场景学习智能体在不同场景下的最优决策，从而提高交通信号控制的效率和可靠性。这种基于深度强化学习的交通信号控制算法的优化可以更好地适应不同的交通场景和路况，并具有更好的性能。

② 多智能体强化学习在交通信号控制中的应用。多智能体强化学习是指多个智能体协作完成任务的强化学习。在交通信号控制中，不同路口的交通信号控制需要协作完成，这就需要多个智能体之间进行协作学习。多智能体强化学习在交通信号控制中的应用可以更好地解决交通信号控制中的协作问题，提高交通效率和安全性。

③ 模仿学习在交通信号控制中的应用。模仿学习是指通过模仿专家的行

为来完成学习任务。在交通信号控制中，信号控制器通过模仿专家的行为可以更好地学习交通信号控制策略，并且可以更快地实现交通信号控制的优化。

④ 可解释性强化学习在交通信号控制中的应用。可解释性强化学习是指强化学习算法能够提供决策的解释，从而使人们能够更容易理解算法的决策过程。在交通信号控制中，可解释性强化学习可以帮助交通专家更好地理解交通信号控制的决策过程，并提高决策的透明度和可靠性。这不仅对交通信号控制的决策过程中的监督和评估非常重要，而且有助于提高公众对交通信号控制系统的信任度。

⑤ 跨模态交通信号控制的研究。交通信号控制不仅需要考虑车辆的交通状况，而且需要考虑行人、自行车等不同的交通模态。而传统的交通信号控制只需考虑车辆的交通状况，对于行人和自行车的交通状况并没有考虑充分。因此，基于深度强化学习的交通信号控制算法可以更好地考虑不同交通模态之间的协调，从而实现更高效、更安全的交通控制。

⑥ 融合其他技术的交通信号控制研究。除了深度强化学习外，其他技术如计算机视觉、传感器网络等也可以与深度强化学习相结合，以进一步提高交通信号控制的效果。例如，利用计算机视觉技术可以更准确地识别交通状况，利用传感器网络可以更精确地获取交通信息，这些都有利于提高交通信号控制的准确性和效率。

综上所述，深度强化学习在道路交通信号控制领域的应用前景非常广阔。随着深度强化学习技术的不断发展和完善，交通信号控制算法将会变得更加智能化、高效化、安全化。这都将促进交通行业的发展，也将为人们的出行提供更加便捷、安全、舒适的交通体验。

参考文献

[1] HUNT P, ROBERTSON D, BRETHERTON R, et al. SCOOT - A traffic responsive method of coordinating signals[R]. Wokingham, Berkshire United Kingdom: Transport and Road Research Laboratory, 1981.

[2] LOWRIE P R. SCATS: Sydney co-ordinated adaptive traffic system: A traffic responsive method of controlling urban traffic[R]. Sydney: Roads and Traffic Authority NSW, 1990.

[3] SUTTON R S, BARTO A G. Reinforcement learning: An introduction[M]. 2nd ed. Cambridge:The MIT Press, 2018.

[4] THORPE T L, ANDERSON C W. Traffic light control using SARSA with three state representations[R]. New York: IBM Corporation, 1996.

[5] WIERING M. Multi-agent reinforcement learning for traffic light control[C]// ICML' 00: Proceedings of the Seventeenth International Conference on Machine Learning. San Francisco: Morgan Kaufmann Publishers Inc., 2000: 1151-1158.

[6] WIERING M, VREEKEN J, VEENEN J, et al. Simulation and optimization of traffic in a city[C]//IEEE Intelligent Vehicles Symposium. 2004: 453-458.

[7] ABDULJABBAR R, DIA H, LIYANAGE S, et al. Applications of artificial intelligence in transport: An overview[J]. Sustainability, 2019, 11: 189.

[8] WEN K, QU S, ZHANG Y. A stochastic adaptive control model for isolated intersections[C]//2007 IEEE International Conference on Robotics and Biomimetics, 2007: 2256-2260.

[9] 何兆成, 余锡伟, 杨文臣. 结合 Q 学习和模糊逻辑的单路口交通信号自学习控制方法 [J]. 计算机应用研究, 2011, 28(1): 199-202.

[10] 黄艳国, 唐军, 许伦辉. 基于 Agent 的城市道路交通信号控制方法 [J]. 公路交通科技, 2009, 26(10): 126-129.

[11] 刘智勇, 马凤伟. 城市交通信号的在线强化学习控制 [C]//中国自动化学会控制理论专业委员会. 第 26 届中国控制会议. 北京: 北京航空航天大学出版社, 2007:4.

[12] ABDOOS M, MOZAYANI N, BAZZAN A. Hierarchical control of traffic signals using Q-learning with tile coding[J]. Applied Intelligence, 2014, 40: 201-213.

[13] PRASHANTH L, BHATNAGAR S. Reinforcement learning with function approximation for traffic signal control[J]. IEEE Transactions on Intelligent Transportation Systems, 2011, 12(2): 412-421.

[14] PRASHANTH L, BHATNAGAR S. Threshold tuning using stochastic optimization for graded signal control[J]. IEEE Transactions on Vehicular Technology, 2012, 61: 3865-3880.

[15] GOKALAN B P, GERMAN X, SRINIVASAN D. Urban traffic signal control using reinforcement learning agents[J]. Intelligent Transport Systems, IET, 2010, 4(3): 177-188.

[16] AREL I, LIU C, URBANIK T, et al. Reinforcement learning-based multi-agent system for network traffic signal control[J]. Intelligent Transport Systems, IET, 2010, 4: 128 - 135.

[17] 欧海涛, 张卫东, 张文渊. 基于多智能体技术的城市智能交通控制系统 [J]. 电子学报, 2000, 28(12): 52-55.

[18] 韩格, 岳昆, 刘惟一. 一种基于博弈论的交通系统最优调度策略学习方法 [J]. 云南大学学报: 自然科学版, 2010, 32(1): 36-42.

[19] MEDINA J C, BENEKOHAL R F. Traffic signal control using reinforcement learning and the max-plus algorithm as a coordinating strategy[C]//2012 15th International IEEE Conference on Intelligent Transportation Systems. 2012: 596-601.

[20] KOK J R, VLASSIS N. Collaborative multiagent reinforcement learning by payoff propagation[J]. Journal of Machine Learning Research, 2006, 7: 1789-1828.

[21] BEHRISCH M, BIEKER-WALZ L, ERDMANN J, et al. SUMO - Simulation of urban mobility: An overview[C]//Proceedings of SIMUL. 2011.

[22] THORNDIKE E L. Animal intelligence: An experimental study of the associative processes in animals[J]. Psychological Review, 1898, 5(5): 551-553.

[23] MINSKY M L. Theory of neural-analog reinforcement systems and ITS application to the brain model problem[D]. Princeton:Princeton University, 1954.

[24] BELLMAN R. On the theory of dynamic programming[J]. Proceedings of the National Academy of Sciences, 1952, 38(8): 716-719.

[25] MINSKY M L. Steps toward artificial intelligence[J]. Proceedings of the IRE, 1961, 49: 8-30.

[26] KLOPF A H. Brain function and adaptive systems: a heterostatic theory[R]. Cambridge:Cambridge Air Force Cambridge Research Laboratories, 1972.

[27] WATKINS C J C H, DAYAN P. Q-learning[J]. Machine Learning, 1992, 8(3): 279-292.

[28] BERTSEKAS D P, TSITSIKLIS J. Neuro-dynamic programming[M]. Nashua:Athena Scientific, 1996.

[29] MNIH V, KAVUKCUOGLU K, SILVER D, et al. Human-level control through deep reinforcement learning[J]. Nature, 2015, 518: 529-533.

[30] TESAURO G. Temporal difference learning and TD-Gammon[J]. Communications of the ACM, 1995, 38(3): 58-68.

[31] SILVER D, HUBERT T, SCHRITTWIESER J, et al. A general reinforcement learning algorithm that masters chess, shogi, and go through self-play [J]. Science, 2018, 362: 1140-1144.

[32] KOBER J, BAGNELL J, PETERS J. Reinforcement learning in robotics: A survey[J]. The International Journal of Robotics Research, 2013, 32: 1238- 1274.

[33] SHALEV-SHWARTZ S, BEN-DAVID S. Understanding machine learning: From theory to algorithms[M]. Cambridge:Cambridge University Press, 2014.

[34] VINYALS O, EWALDS T, BARTUNOV S, et al. StarCraft II: A new challenge for reinforcement learning[A]. 2017. arXiv: 1708.04782.

[35] VINYALS O, BABUSCHKIN I, CZARNECKI W, et al. Grandmaster level in StarCraft II using multi-agent reinforcement learning[J]. Nature, 2019, 557 (7782): 350-354.

[36] BERNER C, BROCKMAN G, CHAN B, et al. Dota 2 with large scale deep reinforcement learning[A]. 2019. arXiv: 1912.06680.

[37] JADERBERG M, CZARNECKI W, DUNNING I, et al. Human-level performance in 3D multiplayer games with population-based reinforcement learning [J]. Science, 2019, 364: 859-865.

[38] BAKER B, KANITSCHEIDER I, MARKOV T, et al. Emergent tool use from multi-agent autocurricula[A]. 2020. arXiv: 1909.07528.

[39] MORAVCÍK M, SCHMID M, BURCH N, et al. Deepstack: Expert-level artificial intelligence in heads-up no-limit poker[J]. Science, 2017, 356: 508- 513.

[40] BROWN N, SANDHOLM T. Superhuman AI for heads-up no-limit poker: Libratus beats top professionals[J]. Science, 2018, 359: 418-424.

[41] BROWN N, SANDHOLM T. Superhuman AI for multiplayer poker[J]. Science, 2019, 365: 885-890.

[42] HAYDARI A, YILMAZ Y. Deep reinforcement learning for intelligent transportation systems: A survey[J]. IEEE Transactions on Intelligent Transportation Systems, 2020: 1-22.

[43] REED T, KIDD J. Global traffic scorecard[R].Kirkland：Kirkland INRIX Research, 2019.

[44] WEI H, ZHENG G, GAYAH V, et al. A survey on traffic signal control methods[A]. 2020. arXiv: 1904.08117.

[45] LITTLE J, KELSON M, GARTNER N. Maxband: A program for setting signals on arteries and triangular networks[J]. Transportation Research Record Journal of the Transportation Research Board, 1981, 795: 40-46.

[46] MIRCHANDANI P, HEAD L. A real-time traffic signal control system: Architecture, algorithms, and analysis[J]. Transportation Research, Part C, 2001, 9: 415-432.

[47] GENDERS W, RAZAVI S. Asynchronous n-step Q-learning adaptive traffic signal control[J]. Journal of Intelligent Transportation Systems, 2019, 23(4): 319-331.

[48] WEI H, ZHENG G, YAO H, et al. Intellilight: A reinforcement learning approach for intelligent traffic light control[C]//KDD'18: Proceedings of the 24th ACM SIGKDD International Conference on Knowledge Discovery Data Mining. New York. Association for Computing Machinery, 2018: 2496-2505.

[49] HESSEL M, MODAYIL J, VAN HASSELT H, et al. Rainbow: Combining improvements in deep reinforcement learning[A]. 2017. arXiv: 1710.02298.

[50] HASSELT H V, GUEZ A, SILVER D. Deep reinforcement learning with double Q-Learning[C]//AAAI'16: Proceedings of the Thirtieth AAAI Conference on Artificial Intelligence. Phoenix, Arizona: AAAI Press, 2016: 2094-2100.

[51] SCHAUL T, QUAN J, ANTONOGLOU I, et al. Prioritized experience replay [A]. 2016. arXiv: 1511.05952.

[52] WANG Z, DE FREITAS N, LANCTOT M. Dueling network architectures for deep reinforcement learning[J]. CoRR, 2015, abs/1511.06581.

[53] FORTUNATO M, AZAR M G, PIOT B, et al. Noisy networks for exploration [J]. CoRR, 2017, abs/1706.10295.arxiu preprint arxiu:1706,10295,2017,5.

[54] BELLEMARE M G, DABNEY W, MUNOS R. A distributional perspective on reinforcement learning[C]//ICML'17: Vol. 70 Proceedings of the 34th International Conference on Machine Learning. Sydney: JMLR, 2017: 449-458.

[55] LIU Z. A survey of intelligence methods in urban traffic signal control[J]. International Journal of Computer Science and Network Security, 2007, 7(7): 105-112.

[56] BAZZAN A. Opportunities for multiagent systems and multiagent reinforcement learning in traffic control[J]. Autonomous Agents and Multi-Agent Systems, 2009, 18: 342-375.

[57] MANNION P, DUGGAN J, HOWLEY E. An experimental review of reinforcement learning algorithms for adaptive traffic signal control[M]. Berlin: Springer International Publishing, 2016: 47-66.

[58] YAU K L A, QADIR J, KHOO H L, et al. A survey on reinforcement learning models and algorithms for traffic signal control[J]. ACM Computing Surveys, 2017, 50(3).

[59] TONG W, HUSSAIN A, BO W, et al. Artificial intelligence for vehicle-toeverything: A survey[J]. IEEE Access, 2019, 7: 10823-10843.

[60] VERES M, MOUSSA M. Deep learning for intelligent transportation systems: A survey of emerging trends[J]. IEEE Transactions on Intelligent Transportation Systems, 2020, 21(8): 3152-3168.

[61] KIRAN B, SOBH I, TALPAERT V, et al. Deep reinforcement learning for autonomous driving: A survey[J]. IEEE Transactions on Intelligent Transportation Systems, 2021, 23(6): 4909-4926.

[62] ZHAO D, DAI Y, ZHANG Z. Computational intelligence in urban traffic signal control: A survey[J]. IEEE Transactions on Systems, Man, and Cybernetics, Part C, 2012, 42(4): 485-494.

[63] JIN J, MA X. Adaptive group-based signal control by reinforcement learning [J]. Transportation Research Procedia, 2015, 10: 207-216.

[64] MAHADEVAN S. Average reward reinforcement learning: Foundations, algorithms, and empirical results[J]. Machine Learning, 2004, 22: 159-195.

[65] VON NEUMANN J, MORGENSTERN O. Theory of games and economic behavior: 60th anniversary commemorative edition[M]. Princeton: Princeton University Press, 2007.

[66] SCHOEMAKER P J H. Experiments on decisions under risk: The expected utility hypothesis[M]. Berlin:Springer Science & Business Media, 1980.

[67] GIGERENZER G, SELTEN R. Bounded rationality: The adaptive toolbox [M]. Cambridge:The MIT Press, 2002.

[68] ROIJERS D M, VAMPLEW P, WHITESON S, et al. A survey of multiobjective sequential decision-making[J]. Journal of Artificial Intelligence Research, 2013, 48(1): 67-113.

[69] SYED U, BOWLING M, SCHAPIRE R E. Apprenticeship learning using linear programming[C]//ICML' 08: Proceedings of the 25th International Conference

on Machine Learning. New York: Association for Computing Machinery, 2008: 1032-1039.

[70] PAPADIMITRIOU C H, TSITSIKLIS J N. The complexity of Markov decision processes[J]. Mathematics of Operations Research, 1987, 12(3): 441-450.

[71] BERTSEKAS D P. The dynamic programming algorithm[C]//Dynamic Programming and Optimal Control: Vol. 1. 4th ed. Nashua:Athena Scientific, 2005: 2-51.

[72] SZEPESVÁRI C, LITTMAN M L. A unified analysis of value-function-based reinforcement learning algorithms[J]. Neural Computation, 1999, 11(8): 2017-2060.

[73] MUNOS R, SZEPESVÁRI C. Finite-time bounds for fitted value iteration[J]. Journal of Machine Learning Research, 2008, 9(27): 815-857.

[74] FAN J, WANG Z, XIE Y, et al. A theoretical analysis of deep Q-learning[C]// BAYEN A M, JADBABAIE A, PAPPAS G, et al. Proceedings of Machine Learning Research: Vol. 120 Proceedings of the 2nd Conference on Learning for Dynamics and Control. PMLR, 2020: 486-489.

[75] RUMMERY G A, NIRANJAN M. On-line Q-learning using connectionist systems[R].Cambridge：Cambridge University Engineering Department, 1994.

[76] SUTTON R S, MCALLESTER D, SINGH S, et al. Policy gradient methods for reinforcement learning with function approximation[C]//NIPS'99: Proceedings of the 12th International Conference on Neural Information Processing Systems. Cambridge: The MIT Press, 1999: 1057-1063.

[77] SILVER D, LEVER G, HEESS N, et al. Deterministic policy gradient algorithms[C]//ICML'14: Vol. 32 Proceedings of the 31st International Conference on International Conference on Machine Learning. Beijing: JMLR, 2014: I-387-I-395.

[78] WILLIAMS R J. Simple statistical gradient-following algorithms for connectionist reinforcement learning[J].Machine Learning. 1992,8(3):229-256.

[79] PETERS J, SCHAAL S. Natural actor-critic[J]. Neurocomputing, 2008, 71 (7): 1180-1190.

[80] SCHULMAN J, WOLSKI F, DHARIWAL P, et al. Proximal policy optimization algorithms[A]. 2017. arXiv: 1707.06347.

[81] ZHAO T, HACHIYA H, NIU G, et al. Analysis and improvement of policy gradient estimation[J]. Neural Networks, 2012, 26: 118-129.

[82] HAARNOJA T, ZHOU A, ABBEEL P, et al. Soft actor-critic: Off-policy maximum entropy deep reinforcement learning with a stochastic actor[C]//DY

J, KRAUSE A. Proceedings of Machine Learning Research: Vol. 80 Proceedings of the 35th International Conference on Machine Learning. PMLR, 2018: 1861-1870.

[83] LILLICRAP T P, HUNT J J, PRITZEL A, et al. Continuous control with deep reinforcement learning[J]. CoRR, 2015, abs/1509.02971.

[84] RIOS L, SAHINIDIS N. Derivative-free optimization: A review of algorithms and comparison of software implementations[J]. Journal of Global Optimization, 2013, 56: 1247-1293.

[85] BAIRD L C. Reinforcement learning in continuous time: Advantage updating [C]//Proceedings of 1994 IEEE International Conference on Neural Networks: Vol. 4. 1994: 2448-2453.

[86] LI C, WANG M, SUN Z G, et al. Urban traffic signal learning control using fuzzy actor-critic methods[C]//5th International Conference on Natural Computation, ICNC 2009: Vol. 1. 2009: 368-372.

[87] JIN J, MA X. Adaptive group-based signal control using reinforcement learning with eligibility traces[C]//IEEE 18th International Conference on Intelligent Transportation Systems. IEEE,2015: 2412-2417.

[88] CHU T, WANG J. Traffic signal control with macroscopic fundamental diagrams[C]//Proceedings of the American Control Conference. IEEE,2015: 4380-4385.

[89] YIN B, DRIDI M, EL MOUDNI A. Traffic network micro-simulation model and control algorithm based on approximate dynamic programming[J]. IET Intelligent Transport Systems, 2016, 10(3): 186-196.

[90] KHAMIS M A, GOMAA W. Adaptive multi-objective reinforcement learning with hybrid exploration for traffic signal control based on cooperative multi-agent framework[J]. Engineering Applications of Artificial Intelligence, 2014, 29: 134-151.

[91] EL-TANTAWY S, ABDULHAI B, ABDELGAWAD H. Multiagent reinforcement learning for integrated network of adaptive traffic signal controllers (MARLIN-ATSC): Methodology and large-scale application on downtown Toronto[J]. IEEE Transactions on Intelligent Transportation Systems, 2013, 14: 1140-1150.

[92] KHAMIS M, GOMAA W, EL-MAHDY A, et al. Adaptive traffic control system based on bayesian probability interpretation[C]//Proceedings of the 2012 Japan-Egypt Conference on Electronics, Communications and Computers. 2012: 151-156.

[93] LECUN Y, BENGIO Y, HINTON G. Deep learning[J]. Nature, 2015, 521: 436-444.

[94] LI L, LV Y, WANG F. Traffic signal timing via deep reinforcement learning [J]. IEEE/CAA Journal of Automatica Sinica, 2016, 3(3): 247-254.

[95] SYSOEV O, BURDAKOV O. A smoothed monotonic regression via L2 regularization[J]. Knowledge and Information Systems, 2019,55:197-218.

[96] PARK M Y, HASTIE T. L1-regularization path algorithm for generalized linear models[J]. Journal of the Royal Statistical Society: Series B, 2007, 69 (4): 659-677.

[97] DE MOL C, DE VITO E, ROSASCO L. Elastic-net regularization in learning theory[J]. Journal of Complexity, 2009, 25(2): 201-230.

[98] MALSBURG C V D. Frank Rosenblatt: Principles of neurodynamics: Perceptrons and the theory of brain mechanisms[M]. Heidelberg:Springer Berlin Heidegey,1986.

[99] HORNIK K, STINCHCOMBE M B, WHITE H L. Multilayer feedforward networks are universal approximators[J]. Neural Networks, 1989, 2: 359-366.

[100] PASCANU R, MIKOLOV T, BENGIO Y. Understanding the exploding gradient problem[A]. 2013. arXiv: 1211.5063.

[101] HECHT-NIELSEN R. Theory of the backpropagation neural network[J]. Neural Networks, 1988, 1: 445.

[102] JIA Y, HUANG C, DARRELL T. Beyond spatial pyramids: Receptive field learning for pooled image features[J].2012 IEEE Conference on Computer Vision and Pattern Recognition. 2012: 3370-3377.

[103] LIN M, CHEN Q, YAN S. Network in network[C]//Proceedings of the IEEE International Conference on Learning Representations. 2014.

[104] SHIN H C, ROTH H R, GAO M, et al. Deep convolutional neural networks for computer-aided detection: CNN architectures, dataset characteristics and transfer learning[J]. IEEE Transactions on Medical Imaging, 2016, 35(5): 1285-1298.

[105] IANDOLA F N, MOSKEWICZ M W, ASHRAF K, et al. Squeezenet: AlexNet-level accuracy with 50x fewer parameters and <1mb model size[J]. CoRR, 2016, abs/1602.07360.

[106] AL-QIZWINI M, BARJASTEH I, AL-QASSAB H, et al. Deep learning algorithm for autonomous driving using GoogLeNet[C]//2017 IEEE Intelligent Vehicles Symposium. 2017: 89-96.

[107] MAO J, XU W, YANG Y, et al. Deep captioning with multimodal recurrent neural networks (m-RNN)[A]. 2014. arXiv: 1412.6632.

[108] JAEGER H. Tutorial on training recurrent neural networks, covering BPPT, RTRL, EKF and the echo state network approach[J]. GMDForschungszentrum Informationstechnik, 2002, 5.

[109] TAKASE S, SUZUKI J, NAGATA M. Input-to-output gate to improve RNN language models[C]//Proceedings of the Eighth International Joint Conference on Natural Language Processing: Vol. 2. Taipei:Asian Federation of Natural Language Processing, 2017: 43-48.

[110] GRAVES A, SCHMIDHUBER J. Framewise phoneme classification with bidirectional LSTM and other neural network architectures[J]. Neural Networks, 2005, 18(5): 602-610.

[111] VELIčKOVIć P, CUCURULL G, CASANOVA A, et al. Graph attention networks[A]. 2018. arXiv: 1710.10903.

[112] SCHLICHTKRULL M, KIPF T N, BLOEM P, et al. Modeling relational data with graph convolutional networks[C]//GANGEMI A, NAVIGLI R, VIDAL M E, et al. The Semantic Web. Cham: Springer International Publishing, 2018: 593-607.

[113] ABDULHAI B, PRINGLE R, KARAKOULAS G. Reinforcement learning for true adaptive traffic signal control[J]. Journal of Transportation Engineering, 2003, 129(3): 278-285.

[114] CAMPONOGARA E, KRAUS W. Distributed learning agents in urban traffic control[C]//PIRES F M, ABREU S. Progress in Artificial Intelligence. Berlin, Heidelberg, 2003: 324-335.

[115] EL-TANTAWY S, ABDULHAI B. An agent-based learning towards decentralized and coordinated traffic signal control[C]//Conference Record - IEEE Conference on Intelligent Transportation Systems. 2010: 665 - 670.

[116] EL-TANTAWY S, ABDULHAI B, ABDELGAWAD H. Design of reinforcement learning parameters for seamless application of adaptive traffic signal control[J]. Journal of Intelligent Transportation Systems, 2014, 18: 227-245.

[117] TOUHBI S, BABRAM M A, NGUYEN-HUU T, et al. Adaptive traffic signal control : Exploring reward definition for reinforcement learning[C]//8th International Conference on Ambient Systems, Networks and Technologies and the 7th International Conference on Sustainable Energy Information Technology: Vol. 109. Madeira, Portugal, 2017: 513-520.

[118] LU S, LIU X, DAI S. Q-learning for adaptive traffic signal control based on delay minimization strategy[C]//2008 IEEE International Conference on Networking, Sensing and Control. 2008: 687-691.

[119] CHIN Y K, LEE L K, BOLONG N, et al. Exploring Q-learning optimization in traffic signal timing plan management[C]//2011 Third International Conference on Computational Intelligence, Communication Systems and Networks. 2011: 269-274.

[120] BUÇONIU L, BABUSKA R, DE SCHUTTER B. Multi-agent reinforcement learning: A survey[C]//2006 9th International Conference on Control, Automation, Robotics and Vision. 2006: 1-6.

[121] PRABUCHANDRAN K, HEMANTH KUMAR A, BHATNAGAR S. Decentralized learning for traffic signal control[C]//7th International Conference on Communication Systems and Networks. 2015: 1-6.

[122] STEINGROVER M, SCHOUTEN R, PEELEN S, et al. Reinforcement learning of traffic light controllers adapting to traffic congestion[J]. ACM Transactions on Multimedia Computing, Communications, and Applications, 2005: 216-223.

[123] ISA J, KOOIJ J, KOPPEJAN R, et al. Reinforcement learning of traffic light controllers adapting to accidents[J]. Design and Organisation of Autonomous Systems, 2006: 1-14.

[124] KUYER L, WHITESON S, BAKKER B, et al. Multiagent reinforcement learning for urban traffic control using coordination graphs[C]//DAELEMANS W, GOETHALS B, MORIK K. Machine Learning and Knowledge Discovery in Databases. Berlin, Heidelberg, 2008: 656-671.

[125] BAKKER B, WHITESON S, KESTER L, et al. Traffic light control by multiagent reinforcement learning systems[M]. Berlin: Heidelberg, 2010: 475-510.

[126] LIU C, XU X, HU D. Multiobjective reinforcement learning: A comprehensive overview[J]. IEEE Transactions on Systems, Man, and Cybernetics: Systems, 2015, 45(3): 385-398.

[127] TAYLOR M, JAIN M, TANDON P, et al. Distributed on-line multi-agent optimization under uncertainty: Balancing exploration and exploitation.[J]. Advances in Complex Systems, 2011, 14: 471-528.

[128] BRYS T, PHAM T T, TAYLOR M E. Distributed learning and multiobjectivity in traffic light control[J]. Connection Science, 2014, 26(1): 65-83.

[129] PHAM T, BRYS T, TAYLOR M. Learning coordinated traffic light control [C]//Proceedings of the Adaptive and Learning Agents workshop: Vol. 10. 2013: 1196-1201.

[130] KHAMIS M, GOMAA W, EL-SHISHINY H. Multi-objective traffic light control system based on bayesian probability interpretation[C]//IEEE Conference on Intelligent Transportation Systems. 2012: 995-1000.

[131] KHAMIS M, GOMAA W. Enhanced multiagent multi-objective reinforcement learning for urban traffic light control[C]//11th International Conference on Machine Learning and Applications: Vol. 1. 2012: 586-591.

[132] EL-TANTAWY S, ABDULHAI B. Multi-agent reinforcement learning for integrated network of adaptive traffic signal controllers (MARLIN-ATSC)[C]// IEEE Conference on Intelligent Transportation Systems. 2012: 319-326.

[133] XU L H, XIA X H, LUO Q. The study of reinforcement learning for traffic self-adaptive control under multiagent Markov game environment[J]. Mathematical Problems in Engineering, 2013, 2013: 1-10.

[134] AZIZ H M A, ZHU F, UKKUSURI S. Learning based traffic signal control algorithms with neighborhood information sharing: An application for sustainable mobility[J]. Journal of Intelligent Transportation Systems, 2017, 22: 40-52.

[135] CHU T, QU S, WANG J. Large-scale traffic grid signal control with regional reinforcement learning[C]//American Control Conference. IEEE 2016: 815-820.

[136] ARAGHI S, KHOSRAVI A, CREIGHTON D. Distributed Q-learning controller for a multi-intersection traffic network[C]//International Conference on Neural Information Processing. 2015: 337-344.

[137] SALKHAM A, CAHILL V. Soilse: A decentralized approach to optimization of fluctuating urban traffic using reinforcement learning[C]//IEEE Conference on Intelligent Transportation Systems. 2010: 531-538.

[138] ABDOOS M, MOZAYANI N, BAZZAN A. Traffic light control in non- stationary environments based on multi agent Q-learning[C]//IEEE Conference on Intelligent Transportation Systems. 2011.

[139] SCHMIDHUBER J. Deep learning in neural networks: An overview[J]. Neural Networks, 2014, 61.

[140] BENGIO Y. Learning deep architectures for AI[J]. Foundations and Trends in Machine Learning, 2009, 2(1): 1-127.

[141] KRIZHEVSKY A, SUTSKEVER I, HINTON G E. ImageNet classification with deep convolutional neural networks[J]. Communications of the ACM, 2017, 60(6): 84-90.

[142] BROWN B, ZAI A. Deep reinforcement learning in action[M]. New york:Manning Publications Co., 2020.

[143] SHAPLEY L S. Stochastic games[J]. Proceedings of the National Academy of Science, 1953, 39(10): 1095-1100.

[144] LITTMAN M L. Markov games as a framework for multi-agent reinforcement learning[C]//COHEN W W, HIRSH H. Machine Learning Proceedings 1994. San Francisco: Morgan Kaufmann, 1994: 157-163.

[145] OSBORNE M J, RUBINSTEIN A. A course in game theory[M]. Cambridge: The MIT Press, 1994.

[146] SHOHAM Y, LEYTON-BROWN K. Multiagent systems: Algorithmic, gametheoretic, and logical foundations[M]. Cambridge: Cambridge University Press, 2009.

[147] LOWE R, WU Y, TAMAR A, et al. Multi-agent actor-critic for mixed cooperative-competitive environments[C]//NIPS' 17: Proceedings of the 31st International Conference on Neural Information Processing Systems. Red Hook: Curran Associates Inc., 2017: 6382-6393.

[148] NASH J F. Non-cooperative games[J]. Annals of Mathematics, 1951, 54: 286.

[149] MASKIN E, TIROLE J. Markov perfect equilibrium: I. Observable Actions [J]. Journal of Economic Theory, 2001, 100(2): 191-219.

[150] FILAR J, VRIEZE K. Competitive Markov decision processes[M]. Berlin:Springer-Verlag, 1997.

[151] CONITZER V, SANDHOLM T. Complexity results about Nash equilibria [C]//proceedings of 18th International Joint Conference on Artificial Intelligenc. 2003: 765-771.

[152] HU J, WELLMAN M P. Multiagent reinforcement learning: Theoretical framework and an algorithm[C]//Proceedings of the Fifteenth International Conference on Machine Learning. Morgan Kaufmann, 1998: 242-250.

[153] SHAPLEY L S. Mathematical programming studies: A note on the Lemke-Howson algorithm[M]. Berlin: Springer, 1974.

[154] DASKALAKIS C, GOLDBERG P W, PAPADIMITRIOU C H. The complexity of computing a Nash equilibrium[J]. SIAM Journal on Computing, 2009, 39(1): 195-259.

[155] CONITZER V, SANDHOLM T. New complexity results about Nash equilibria [J]. Games and Economic Behavior, 2008, 63(2): 621-641.

[156] KEARNS M. Graphical games[M]. Cambridge: Cambridge University Press, 2007: 159-180.

[157] KEARNS M, LITTMAN M L, SINGH S. Graphical models for game theory [C]//UAI' 01: Proceedings of the Seventeenth Conference on Uncertainty in Artificial Intelligence. San Francisco: Morgan Kaufmann Publishers Inc., 2001: 253-260.

[158] YANG Y, WEN Y, WANG J, et al. Multi-agent determinantal Q-learning[C]// Proceedings of Machine Learning Research: Vol. 119 Proceedings of the 37th International Conference on Machine Learning. PMLR, 2020: 10757-10766.

[159] BOWLING M, VELOSO M. An analysis of stochastic game theory for multi-agent reinforcement learning[R]. Pittsbrugh: Carnegie-Mellon University Pittsburgh PA School of Computer Science, 2000.

[160] WEN Y, YANG Y, WANG J. Modelling bounded rationality in multi-agent interactions by generalized recursive reasoning[C]//BESSIERE C. Proceedings of the Twenty-Ninth International Joint Conference on Artificial Intelligence. International Joint Conferences on Artificial Intelligence Organization, 2020: 414-421.

[161] POWERS R, SHOHAM Y. New criteria and a new algorithm for learning in multi-agent systems[C]//NIPS' 04: Proceedings of the 17th International Conference on Neural Information Processing Systems. Cambridge: The MIT Press, 2004: 1089-1096.

[162] YANG Y, TUTUNOV R, SAKULWONGTANA P, et al. -rank: Practically scaling -rank through stochastic optimisation[A]. 2020. arXiv: 1909.11628.

[163] BLOEMBERGEN D, TUYLS K, HENNES D, et al. Evolutionary dynamics of multi-agent learning: A survey[J]. Journal of Artificial Intelligence Research, 2015, 53(1): 659-697.

[164] ZHANG H, CHEN W, HUANG Z, et al. Bi-level actor-critic for multi-agent coordination[A]. 2019. arXiv: 1909.03510.

[165] LI S, WU Y, CUI X, et al. Robust multi-agent reinforcement learning via minimax deep deterministic policy gradient[C]//AAAI' 19/IAAI' 19/EAAI' 19: Proceedings of the Thirty-Third AAAI Conference on Artificial Intelligence and Thirty-First Innovative Applications of Artificial Intelligence Conference and Ninth AAAI Symposium on Educational Advances in Artificial Intelligence. Honolulu: AAAI Press, 2019.

[166] HU J, WELLMAN M P. Nash Q-learning for general-sum stochastic games [J]. Journal of Machine Learning Research, 2003, 4: 1039-1069.

[167] MAZUMDAR E, RATLIFF L J, JORDAN M I, et al. Policy-gradient algorithms have no guarantees of convergence in linear quadratic games[C]// AAMAS' 20: Proceedings of the 19th International Conference on Autonomous Agents and MultiAgent Systems. Richland: International Foundation for Autonomous Agents and Multiagent Systems, 2020: 860-868.

[168] ZINKEVICH M, GREENWALD A, LITTMAN M. Cyclic equilibria in Markov games[C]//WEISS Y, SCHÖLKOPF B, PLATT J. Advances in Neural Information Processing Systems: Vol. 18. Cambridge：The MIT Press, 2006.

[169] HANSEN N, MÜLLER S D, KOUMOUTSAKOS P. Reducing the time complexity of the derandomized evolution strategy with covariance matrix adaptation (CMA-ES)[J]. Evolutionary Computation, 2003, 11(1): 1-18.

[170] GOODFELLOW I J, POUGET-ABADIE J, MIRZA M, et al. Generative adversarial nets[C]//NIPS' 14: Vol. 2 Proceedings of the 27th International Conference on Neural Information Processing Systems. Cambridge: The MIT Press, 2014: 2672-2680.

[171] FIEZ T, CHASNOV B, RATLIFF L J. Convergence of learning dynamics in stackelberg games[A]. 2019. arXiv: 1906.01217.

[172] MAZUMDAR E V, JORDAN M I, SHANKAR SASTRY S. On finding local Nash equilibria (and only local Nash equilibria) in zero-sum games[A]. 2019. arXiv: 1901.00838.

[173] WANG L, CAI Q, YANG Z, et al. Neural policy gradient methods: Global optimality and rates of convergence[A]. 2019. arXiv: 1909.01150.

[174] CAI Q, YANG Z, LEE J D, et al. Neural temporal-difference and Q-learning provably converge to global optima[A]. 2019. arXiv: 1905.10027.

[175] MATIGNON L, LAURENT G J, LE FORT-PIAT N. Independent reinforcement learners in cooperative Markov games: a survey regarding coordination problems[J]. The Knowledge Engineering Review, 2012, 27(1): 1-31.

[176] FOERSTER J, NARDELLI N, FARQUHAR G, et al. Stabilising experience replay for deep multi-agent reinforcement learning[C]//ICML' 17: Vol. 70 Proceedings of the 34th International Conference on Machine Learning. Sydney: JMLR, 2017: 1146-1155.

[177] ZHANG K, YANG Z, BAŞAR T. Multi-agent reinforcement learning: A selective overview of theories and algorithms[A]. 2021. arXiv: 1911.10635.

[178] MONDERER D, SHAPLEY L S. Potential games[J]. Games and Economic Behavior, 1996, 14(1): 124-143.

[179] LASRY J M, LIONS P L. Mean field games[J]. Japanese Journal of Mathematics, 2007, 2: 229-260.

[180] SHOHAM Y, POWERS R, GRENAGER T. If multi-agent learning is the answer, what is the question?[J]. Artificial Intelligence, 2007, 171(7): 365-377.

[181] STONE P, VELOSO M. Multiagent systems: A survey from a machine learning perspective[J]. Autonomous Robots, 2000, 8(3): 345-383.

[182] STONE P. Multiagent learning is not the answer. it is the question[J]. Artificial Intelligence, 2007, 171(7): 402-405.

[183] TUYLS K, WEISS G. Multiagent learning: Basics, challenges, and prospects [J]. AI Magazine, 2012, 33(3): 41-52.

[184] TAYLOR M E, STONE P. Transfer learning for reinforcement learning domains: A survey[J]. The Journal of Machine Learning Research, 2009, 10: 1633-1685.

[185] KENNEDY J. Swarm intelligence[C]//Handbook of Nature-Inspired and Innovative Computing: Integrating Classical Models with Emerging Technologies. Boston, MA: Springer US, 2006: 187-219.

[186] TUYLS K, PARSONS S. What evolutionary game theory tells us about multiagent learning[J]. Artificial Intelligence, 2007, 171(7): 406-416.

[187] PANAIT L, LUKE S. Cooperative multi-agent learning: The state of the art [J]. Autonomous Agents and Multi-Agent Systems, 2005, 11(3): 387-434.

[188] JAN' T HOEN P, TUYLS K, PANAIT L, et al. An overview of cooperative and competitive multiagent learning[C]//LAMAS'05: Proceedings of the First International Conference on Learning and Adaption in Multi-Agent Systems. Berlin: Heidelberg, 2005: 1-46.

[189] BUŞONIU L, BABUŠKA R, DE SCHUTTER B. Multi-agent reinforcement learning: An overview[C]//Innovations in Multi-Agent Systems and Applications. Berlin:Springer, 2010: 183-221.

[190] NOWÉ A, VRANCX P, DE HAUWERE Y M. Game theory and multi-agent reinforcement learning[M]. Berlin: Heidelberg, 2012: 441-470.

[191] TUYLS K, NOWE A. Evolutionary game theory and multi-agent reinforcement learning[J]. The Knowledge Engineering Review, 2005, 20: 63-90.

[192] HERNANDEZ-LEAL P, KAISERS M, BAARSLAG T, et al. A survey of learning in multiagent environments: Dealing with non-stationarity[A]. 2017. arXiv: 1707.09183.

[193] DA SILVA F L, COSTA A H R. A survey on transfer learning for multiagent reinforcement learning systems[J]. Journal of Artificial Intelligence Research, 2019, 64(1): 645-703.

[194] NGUYEN A A. Scalable, decentralized multi-agent reinforcement learning methods inspired by stigmergy and ant colonies[A]. 2021. arXiv: 2105.03546.

[195] OROOJLOOYJADID A, HAJINEZHAD D. A review of cooperative multiagent deep reinforcement learning[J]. CoRR,2019,abs/1908.03963.

[196] HERNANDEZ-LEAL P, KARTAL B, TAYLOR M E. A survey and critique of multiagent deep reinforcement learning[J]. Autonomous Agents and Multi-Agent Systems, 2019, 33: 750-797.

[197] MÜLLER J P, FISCHER K. Application impact of multi-agent systems and technologies: A survey[M]. Berlin: Heidelberg, 2014: 27-53.

[198] CAMPOS-RODRIGUEZ R, GONZALEZ-JIMENEZ L, CERVANTE-SALVAREZ F, et al. Multiagent systems in automotive applications[C]//Multiagent Systems. Rijeka: IntechOpen, 2017.

[199] DERAKHSHAN F, YOUSEFI S. A review on the applications of multiagent systems in wireless sensor networks[J]. International Journal of Distributed Sensor Networks, 2019, 15(5).

[200] SHAKSHUKI E, REID M. Multi-agent system applications in healthcare: Current technology and future roadmap[J]. Procedia Computer Science, 2015, 52: 252-261.

[201] SADHU A K, KONAR A. Multi-agent coordination: A reinforcement learning approach[M]. Hoboken: Wiley-IEEE, 2021.

[202] DEMING W E, VON NEUMANN J, MORGENSTERN O. Theory of games and economic behavior[J]. Journal of the American Statistical Association, 1944, 40: 263.

[203] GREENWALD A, ZINKEVICH M, KAELBLING P. Correlated Q-learning [C]//In Proceedings of the Twentieth International Conference on Machine Learning. 2003: 242-249.

[204] BUÇONIU L, BABUSKA R, DE SCHUTTER B. A comprehensive survey of multiagent reinforcement learning[J]. IEEE Transactions on Systems, Man, and Cybernetics, Part C, 2008, 38(2): 156-172.

[205] OLIEHOEK F A, SAVANI R, GALLEGO-POSADA J, et al. Gangs: Generative adversarial network games[A]. 2017. arXiv: 1712.00679.

[206] CHEN X, DENG X. Settling the complexity of two-player Nash equilibrium[C]//47th Annual IEEE Symposium on Foundations of Computer Science (FOCS' 06). 2006: 261-272.

[207] BRETON M, FILAR J A, HAURLE A, et al. On the computation of equilibria in discounted stochastic dynamic games[C]//Dynamic Games and Applications in Economics. Berlin: Heidelberg, 1986: 64-87.

[208] DERMED L M, ISBELL C. Solving stochastic games[C]//NIPS' 09: Proceedings of the 22nd International Conference on Neural Information Processing Systems. Red Hook: Curran Associates Inc., 2009: 1186-1194.

[209] HERINGS P J J, PEETERS R. Homotopy methods to compute equilibria in game theory[J]. Economic Theory, 2010, 42(1): 119-156.

[210] LITTMAN M L. Value-function reinforcement learning in Markov games[J]. Cognitive Systems Research, 2001, 2(1): 55-66.

[211] TAN M. Multi-agent reinforcement learning: Independent versus cooperative agents[C]//Proceedings of the tenth international conference on machine learning. 1993: 330-337.

[212] BORKAR V S. Stochastic approximation with two time scales[J]. Systems & Control Letters, 1997, 29(5): 291-294.

[213] BORKAR V S. Reinforcement learning in Markovian evolutionary games[J]. Advances in Complex Systems, 2002, 5(1): 55-72.

[214] LESLIE D, COLLINS E J. Individual Q-learning in normal form games[J]. SIAM Journal on Control and Optimization, 2005, 44: 495-514.

[215] PRASAD H, PRASHANTH L, BHATNAGAR S. Two-timescale algorithms for learning Nash equilibria in general-sum stochastic games[C]//AAMAS' 15: Proceedings of the 2015 International Conference on Autonomous Agents and Multiagent Systems. Richland: International Foundation for Autonomous Agents and Multiagent Systems, 2015: 1371-1379.

[216] PERKINS S, MERTIKOPOULOS P, LESLIE D S. Mixed-strategy learning with continuous action sets[J]. IEEE Transactions on Automatic Control, 2017, 62(1): 379-384.

[217] ARSLAN G, YÜKSEL S. Decentralized Q-learning for stochastic teams and games[J]. IEEE Transactions on Automatic Control, 2017, 62(4): 1545-1558.

[218] HEUSEL M, RAMSAUER H, UNTERTHINER T, et al. GANs trained by a two time-scale update rule converge to a local Nash equilibrium[C]//NIPS' 17: Proceedings of the 31st International Conference on Neural Information Processing Systems. Red Hook: Curran Associates Inc., 2017: 6629-6640.

[219] RATLIFF L J, BURDEN S A, SASTRY S S. Characterization and computation of local Nash equilibria in continuous games[C]//51st Annual Allerton Conference on Communication, Control, and Computing. 2013: 917-924.

[220] RATLIFF L J, BURDEN S A, SASTRY S S. Genericity and structural stability of non-degenerate differential Nash equilibria[C]//2014 American Control Conference. 2014: 3990-3995.

[221] MAZUMDAR E, RATLIFF L J, SASTRY S S. On gradient-based learning in continuous games[J]. SIAM Journal on Mathematics of Data Science, 2020, 2 (1): 103-131.

[222] BALDUZZI D, RACANIERE S, MARTENS J, et al. The mechanics of nplayer differentiable games[A]. 2018. arXiv: 1802.05642.

[223] CHASNOV B, RATLIFF L J, MAZUMDAR E, et al. Convergence analysis of gradient-based learning with non-uniform learning rates in non-cooperative multi-agent settings[A]. 2019. arXiv: 1906.00731.

[224] MERTIKOPOULOS P, ZHOU Z. Learning in games with continuous action sets and unknown payoff functions[J]. Mathematical Programming, 2019, 173 (1-2): 465-507.

[225] MAZUMDAR E, RATLIFF L J, JORDAN M I, et al. Policy-gradient algorithms have no guarantees of convergence in linear quadratic games[A]. 2019. arXiv: 1907.03712.

[226] KADANOFF L P. More is the same; phase transitions and mean field theories [J]. Journal of Statistical Physics, 2009, 137(5-6): 777-797.

[227] SIRIGNANO J, SPILIOPOULOS K. Mean field analysis of neural networks: A law of large numbers[J]. SIAM Journal on Applied Mathematics, 2020, 80 (2): 725-752.

[228] GUO X, HU A, XU R, et al. Learning mean-field games[A]. 2019. arXiv: 1901.09585.

[229] HUANG M, MALHAMÉ R P, PETER, et al. Large population stochastic dynamic games: closed-loop McKean-Vlasov systems and the Nash certainty equivalence principle[J]. Communications in Information & Systems, 2006, 6 (3): 221-252.

[230] BENSOUSSAN A, FREHSE J, YAM P. Mean field games and mean field type control theory[M]. Berlin:Springer, 2013.

[231] SUBRAMANIAN S G, POUPART P, TAYLOR M E, et al. Multi type mean field reinforcement learning[A]. 2020. arXiv: 2002.02513.

[232] YANG Y, LUO R, LI M, et al. Mean field multi-agent reinforcement learning [C]//Proceedings of Machine Learning Research: Vol. 80 Proceedings of the 35th International Conference on Machine Learning. PMLR, 2018: 5571-5580.

[233] BACAR N. Game theory and evolution[M]. London:Springer London, 2011.

[234] PERC M. Transition from Gaussian to Levy distributions of stochastic payoff variations in the spatial prisoner's dilemma game[J]. Physical Review E, 2007, 75(2): 2101(1-4).

[235] SANTOS F C, PACHECO J M. Scale-free networks provide a unifying framework for the emergence of cooperation.[J]. Physical Review Letters, 2005, 95 (9): 098104.

[236] FU F, LIU L H, WANG L. Evolutionary prisoner's dilemma on heterogeneous newman-watts small-world network[J]. The European Physical Journal B, 2007, 56(4): 367-372.

[237] LIMA F, HADZIBEGANOVIC T, STAUFFER D. Evolution of tag-based cooperation on Erdős-Rényi random graphs[J]. International Journal of Modern Physics C, 2014, 25(6): 1450006.

[238] WANG Z, BAUCH C T, BHATTACHARYYA S, et al. Statistical physics of vaccination[J]. Physics Reports, 2016, 664: 1-113.

[239] YANG H X, CHEN X. Promoting cooperation by punishing minority[J]. Applied Mathematics & Computation, 2018, 316: 460-466.

[240] WANG Z, LI M, WANG D, et al. Evolution of extortion in the social-influenced prisoner's dilemma[J]. Modern Physics Letters B, 2016, 30(4): 1650029.

[241] QIN J, CHEN Y, FU W, et al. Neighborhood diversity promotes cooperation in social dilemmas[J]. IEEE Access, 2017, 6: 5003-5009.

[242] WU Z, RONG Z, CHEN M. Diverse roles of the reduced learning ability of players in the evolution of cooperation[J]. EPL, 2015, 110(3).

[243] AMARAL M A, WARDIL L, PERC M, et al. Evolutionary mixed games in structured populations: Cooperation and the benefits of heterogeneity[J]. physical review E, 2016, 93(4): 042304.

[244] YANG H X, TIAN L. Enhancement of cooperation through conformity-driven reproductive ability[J]. Chaos, Solitons & Fractals, 2018, 103: 159-162.

[245] LIN Y, YANG H,RONG Z,et al. Effects of heterogeneous influence of individuals on the global consensus[J]. International Journal of Modern Physics C, 2010, 21(8): 1011-1019.

[246] WU T, WANG H, YANG J, et al. The prisoner's dilemma game on scale-free networks with heterogeneous imitation capability[J]. International Journal of Modern Physics C, 2018,29(9):1-11.

[247] WANG H, SUN Y, LEI Z, et al. The public goods game on scale-free networks with heterogeneous investment[J]. Physica A, 2018, 509: 396-404.

[248] HOFBAUER J, SIGMUND K. Evolutionary games and population dynamics [M]. Cambridge:Cambridge University Press, 1998.

[249] MILINSKI M. The calculus of selfishness[J]. Nature, 2011, 475: 33-33.

[250] JIANG L L, ZHOU T, PERC M, et al. Effects of competition on pattern formation in the rock-paper-scissors game[J]. Physical Review E, 2011, 84(2): 021912.

[251] 马寿峰, 李英, 刘豹. 一种基于 Agent 协调的两路口交通控制方法 [J]. 系统工程学报, 2003, 18(3): 272-278.

[252] SHAMSHIRBAND S. A distributed approach for coordination between traffic lights based on game theory[J]. International Arab Journal of Information Technology, 2012, 2(2): 148-153.

[253] LI C, YAN F, ZHOU Y, et al. A regional traffic signal control strategy with deep reinforcement learning[C]//2018 37th Chinese Control Conference. 2018.

[254] VIDHATE D A, KULKARNI P. Cooperative multi-agent reinforcement learning models (CMRLM) for intelligent traffic control[C]//1st International Conference on Intelligent Systems and Information Management. 2017: 325-331.

[255] 承向军, 常歆识, 杨肇夏. 基于 Q-学习的交通信号控制方法 [J]. 系统工程理论与实践, 2006, 26(8): 136-141.

[256] 陈阳舟, 张辉, 杨玉珍, 等. 基于 Q 学习的 Agent 在单路口交通控制中的应用 [J]. 公路交通科技, 2007, 24(5): 117-120.

[257] LU S, LIU X, DAI S. Incremental multistep Q-learning for adaptive traffic signal control based on delay minimization strategy[C]//Intelligent Control and Automation, 2008. WCICA 2008. 7th World Congress on. 2008.

[258] ASSENZA S, GÓMEZ-GARDEÑES J, LATORA V. Enhancement of cooperation in highly clustered scale-free networks[J]. Physical Review E, 2008, 78 (1 Pt 2): 017101.

[259] WANG Y, YANG X, LIANG H, et al. A review of the self-adaptive traffic signal control system based on future traffic environment[J]. Journal of Advanced Transportation, 2018, 2018: 1-12.

[260] NOWAK M. Five rules for the evolution of cooperation[J]. Science, 2006, 314 (5805): 1560-1563.

[261] GOMEZ-GARDENES J, CAMPILLO M, FIORIA L M, et al. Dynamical organization of cooperation in complex topologies[J]. Physical Review Letters, 2007, 98(10): p.108103.1-108103.4.

[262] SANTOS F. Evolutionary dynamics of social dilemmas in structured heterogeneous populations[J]. Proceedings of the National Academy of Sciences of the United States of America, 2006, 103.

[263] HAUERT, CHRISTOPH, MONTE, et al. Volunteering as red queen mechanism for cooperation in public goods games[J]. Science, 2002, 296(5570): 1129-1132.

[264] WU Z X, XU X J, HUANG Z G, et al. Evolutionary prisoner' s dilemma game with dynamic preferential selection[J]. Physical Review E, 2006, 74(2): 021107.

[265] LANGER, P., NOWAK, et al. Spatial invasion of cooperation[J]. optics Communications, 2008, 250(4): 634-641.

[266] KESSLER D A, SANDER L M. Fluctuations and dispersal rates in population dynamics[J]. Physical Review E, 2009, 80(4 Pt 1): 041907.

[267] CHEN X, WANG L. Promotion of cooperation induced by appropriate payoff aspirations in a small-world networked game[J]. Physical Review E, 2008, 77 (2): 017103.

[268] EPPERLEIN J, SIEGMUND S, STEHLÍK P, et al. Evolutionary games on graphs[J]. Physics Reports, 2017, 446(3): 97-216.

[269] TAYLOR P D. Evolutionarily stable strategies with two types of player[J]. Journal of Applied Probability, 1979, 16(1): 76-83.

[270] SZOLNOKI A, PERC M. Promoting cooperation in social dilemmas via simple coevolutionary rules[J]. European Physical Journal B, 2009, 67(3): 337-344.

[271] LIU C, DU W B, WANG W X, et al. Particle swarm optimization with scalefree interactions[J]. PLoS One, 2014, 9(5): e97822.

[272] ZHANG J, ZHANG C, CHU T, et al. Resolution of the stochastic strategy spatial prisoner' s dilemma by means of particle swarm optimization[J]. PLOS ONE, 2011, 6.

[273] CHEN Y S, YANG H X, GUO W Z, et al. Promotion of cooperation based on swarm intelligence in spatial public goods games[J]. Applied Mathematics & Computation, 2018, 320: 614-620.

[274] SILVER D, HUBERT T, SCHRITTWIESER J, et al. Mastering Chess and Shogi by self-play with a general reinforcement learning algorithm[A]. 2017. arXiv: 1712.01815.

[275] JIA N, MA S. Evolution of cooperation in the snowdrift game among mobile players with random-pairing and reinforcement learning[J]. Physica A, 2013, 392(22): 5700-5710.

[276] 刘伟兵, 王先甲. 进化博弈中多代理人强化学习模型 [J]. 系统工程理论与实践, 2009, 29(3): 28-33.

[277] ZHANG H F, WU Z X, WANG B H. Universal effect of dynamical reinforcement learning mechanism in spatial evolutionary games[J]. Journal of Statistical Mechanics: Theory and Experiment, 2012, 2012(6): P06005.

[278] 徐琳, 赵知劲. 基于分布式协作 Q 学习的信道与功率分配算法 [J]. 计算机工程, 2019, 45(6): 160-164.

[279] 韩晨, 牛英滔. 基于分层 Q 学习的联合抗干扰算法 [J]. 计算机工程, 2019, 45(5): 6.

[280] ZHANG L, XIE Y, HUANG C, et al. Heterogeneous investments induced by historical payoffs promote cooperation in spatial public goods games[J]. Chaos, Solitons & Fractals, 2020, 133: 109675.

[281] ZHANG Y, SONG B, ZHANG P. Social behavior study under pervasive social networking based on decentralized deep reinforcement learning[J]. Journal of Network and Computer Applications, 2017, 86: 72-81.

[282] MNIH V, KAVUKCUOGLU K, SILVER D, et al. Playing Atari with deep reinforcement learning[A]. 2013. arXiv: 1312.5602.

[283] IGNATOV A, KOBYSHEV N, TIMOFTE R, et al. DSLR-quality photos on mobile devices with deep convolutional networks[J]. IEEE Computer Society, 2017: 3297-3305.

[284] WEISZ G, BUDZIANOWSKI P, SU P H, et al. Sample efficient deep reinforcement learning for dialogue systems with large action spaces[J]. IEEE/ACM Transactions on Audio, Speech, and Language Processing, 2018, 26(11): 2083- 2097.

[285] BUI K H N, JUNG J J. Cooperative game-theoretic approach to traffic flow optimization for multiple intersections[J]. Computers & Electrical Engineering, 2018, 71: 1012-1024.

[286] PAN Z, QU Z, CHEN Y, et al. A distributed assignment method for dynamic traffic assignment using heterogeneous-adviser based multi-agent reinforcement learning[J]. IEEE Access, 2020, 8: 154237-154255.

[287] ABDELGHAFFAR H M, RAKHA H A. A novel decentralized game-theoretic adaptive traffic signal controller: Large-scale testing[J]. Sensors, 2019, 19(10): 2282.

[288] ALVAREZ I, POZNYAK A, MALO A. Urban traffic control problem a game theory approach[C]//2008 47th IEEE Conference on Decision and Control. IEEE, 2008: 2168-2172.

[289] 赵晓华, 李振龙, 于泉, 等. 基于 NashCC-Q 学习的两交叉口信号灯协调控制 [J]. 系统仿真学报, 2008, 20(17): 4.

[290] CLEMPNER J B, POZNYAK A S. Modeling the multi-traffic signal-control synchronization: A Markov chains game theory approach[J]. Engineering Applications of Artificial Intelligence, 2015, 43: 147-156.

[291] ZHAO Y, LIANG Y, HU J, et al. Traffic signal control for isolated intersection based on coordination game and Pareto efficiency[C]//IEEE Intelligent Transportation Systems Conference. IEEE, 2019: 3508-3513.

[292] ZHU Y, HE Z, LI G. A bi-hierarchical game-theoretic approach for networkwide traffic signal control using trip-based data[J]. IEEE Transactions on Intelligent Transportation Systems, 2022: 1-12.

[293] CHEN C, WEI H, XU N, et al. Toward a thousand lights: Decentralized deep reinforcement learning for large-scale traffic signal control[C]//Proceedings of the AAAI Conference on Artificial Intelligence: Vol. 34. 2020: 3414-3421.

[294] ABDOOS M. A cooperative multiagent system for traffic signal control using game theory and reinforcement learning[J]. IEEE Intelligent Transportation Systems Magazine, 2020, 13(4): 6-16.

[295] WU Q, WU J, SHEN J, et al. An edge based multi-agent auto communication method for traffic light control[J]. Sensors, 2020, 20(15): 4291.

[296] GUO J, HARMATI I. Evaluating semi-cooperative Nash/Stackelberg Qlearning for traffic routes plan in a single intersection[J]. Control Engineering Practice, 2020, 102: 104525.

[297] ZHANG Z, QIAN J, FANG C, et al. Coordinated control of distributed traffic signal based on multiagent cooperative game[J]. Wireless Communications and Mobile Computing, 2021, 2021.

[298] 杜威, 丁世飞. 多智能体强化学习综述 [J]. 计算机科学, 2019, 46(8): 1-8.

[299] ZHAO Z, GAO Y, LUO B, et al. Reinforcement learning technology in multiagent system[J]. Computer science, 2004, 31(3): 23-27.

[300] 杨文臣, 张轮, ZHU F. 多智能体强化学习在城市交通网络信号控制方法中的应用综述 [J]. 计算机应用研究, 2018, 35(6): 1613-1618.

[301] YE D, LIU Z, SUN M, et al. Mastering complex control in MOBA games with deep reinforcement learning[C]//Proceedings of the AAAI Conference on Artificial Intelligence: Vol. 34. 2020: 6672-6679.

[302] BARD N, FOERSTER J N, CHANDAR S, et al. The Hanabi challenge: A new frontier for AI research[J]. Artificial Intelligence, 2020, 280: 103216.

[303] KURACH K, RAICHUK A, STAŃCZYK P, et al. Google research football: A novel reinforcement learning environment[J]. Proceedings of the AAAI Conference on Artificial Intelligence, 2020, 34(4): 4501-4510.

[304] ZHOU M, LUO J, VILLELLA J, et al. SMARTS: Scalable multi-agent reinforcement learning training school for autonomous driving[A]. 2020:arXiv:2010.09776.

[305] LONG P, FAN T, LIAO X, et al. Towards optimally decentralized multirobot collision avoidance via deep reinforcement learning[C]//2018 IEEE International Conference on Robotics and Automation (ICRA). IEEE, 2018: 6252-6259.

[306] NGUYEN T T, NGUYEN N D, NAHAVANDI S. Deep reinforcement learning for multiagent systems: A review of challenges, solutions, and applications[J]. IEEE transactions on cybernetics, 2020, 50(9): 3826-3839.

[307] KAR S, MOURA J M F, POOR H V. QD-learning: A collaborative distributed strategy for multi-agent reinforcement learning through consensus + innovations[J]. IEEE Transactions on Signal Processing, 2013, 61(7): 1848-1862.

[308] GRONAUER S, DIEPOLD K. Multi-agent deep reinforcement learning: a survey[J]. Artificial Intelligence Review, 2021: 1-49.

[309] KÖNÖNEN V. Asymmetric multiagent reinforcement learning[M]. Amsterdam: IOS Press, 2004.

[310] LITTMAN M L. Friend-or-foe Q-learning in general-sum games[J].ICML: Vol. 1. 2001: 322-328.

[311] BIANCHI R A, BAZZAN A L. Combining independent and joint learning: a negotiation based approach[C]//Proceedings of the 11th International Conference on Autonomous Agents and Multiagent Systems: Vol. 3. CiteSeer, 2012: 1395-1396.

[312] PARK Y J, CHO Y S, KIM S B. Multi-agent reinforcement learning with approximate model learning for competitive games[J]. PLoS One, 2019, 14(9): e0222215.

[313] IQBAL S, SHA F. Actor-attention-critic for multi-agent reinforcement learning[C]//CHAUDHURI K, SALAKHUTDINOV R. Proceedings of Machine Learning Research: Vol. 97 Proceedings of the 36th International Conference on Machine Learning. PMLR, 2019: 2961-2970.

[314] DAEICHIAN A, HAGHANI A. Fuzzy Q-learning-based multi-agent system for intelligent traffic control by a game theory approach[J]. Arabian Journal for Science and Engineering, 2018,43(6):3241-3247.

[315] LI Z, YU H, ZHANG G, et al. Network-wide traffic signal control optimization using a multi-agent deep reinforcement learning[J]. Transportation Research, Part C, 2021, 125: 103059.

[316] BOWLING M, VELOSO M. Rational and convergent learning in stochastic games[C]//In Proceedings of the Seventeenth International Joint Conference on Artificial Intelligence. 2001: 1021-1026.

[317] MGUNI D, JENNINGS J, MUNOZ DE COTE E. Decentralized learning in systems with many, many strategic agents[A]. 2018: arXiv:1803.05028.

[318] JEONG S H, KANG A R, KIM H K. Analysis of game bot's behavioral characteristics in social interaction networks of MMORPG[J]. SIGCOMM Computer Communication Review, 2015, 45(4): 99-100.

[319] GU H, GUO X, WEI X, et al. Dynamic programming principles for mean-field controls with learning[A]. 2019.

[320] CARMONA R, LAURIÈRE M, TAN Z. Model-free mean-field reinforcement learning: Mean-field MDP and mean-field Q-learning[A]. 2019.

[321] YANG J, YE X, TRIVEDI R, et al. Deep mean field games for learning optimal behavior policy of large populations[C]//International Conference on Learning Representations. 2018.

[322] GUO X, HU A, XU R, et al. Learning mean-field games[J]. In Advances in Neural Information Processing Systems, 2019: 4966-4976.

[323] ANAHTARCL B, KARIKSIZ C, SALDI N. Q-learning in regularized mean-field games[A]. 2020.

[324] FU Z, YANG Z, CHEN Y, et al. Actor-critic provably finds Nash equilibria of linear-quadratic mean-field games[J]. CoRR, 2019, abs/1910.07498.

[325] BLUME L E. The statistical mechanics of strategic interaction[J]. Games and Economic Behavior, 1993, 5(3): 387-424.

[326] STANLEY H E. Phase transitions and critical phenomena[M]. Oxford:Oxford University Press, 1971.

[327] HU S, LEUNG C W, LEUNG H F. Modelling the dynamics of multiagent Q-learning in repeated symmetric games: a mean field theoretic approach [C]//Advances in Neural Information Processing Systems: Vol. 32. Curran Associates, Inc., 2019.

[328] SUBRAMANIAN J, MAHAJAN A. Reinforcement learning in stationary mean-field games[C]//AAMAS' 19: Proceedings of the 18th International Conference on Autonomous Agents and MultiAgent Systems. International Foundation for Autonomous Agents and Multiagent Systems, 2019: 251-259.

[329] WU T, ZHOU P, LIU K, et al. Multi-agent deep reinforcement learning for urban traffic light control in vehicular networks[J]. IEEE Transactions on Vehicular Technology, 2020, 69(8): 8243-8256.

[330] KUMAR N, RAHMAN S S, DHAKAD N. Fuzzy inference enabled deep reinforcement learning-based traffic light control for intelligent transportation system[J]. IEEE Transactions on Intelligent Transportation Systems, 2021, 22 (8): 4919-4928.

[331] WEI W, WU Q, WU J, et al. Multi-agent deep reinforcement learning for traffic signal control with Nash equilibrium[C]//2021 IEEE 23rd Int Conf on High Performance Computing and Communications. 2021: 1435-1442.

[332] WEISS G. Multiagent systems: A modern approach to distributed artificial intelligence[M]. Cambridge:The MIT Press, 2000.

[333] SILVER D, HUANG A, MADDISON C J, et al. Mastering the game of Go with deep neural networks and tree search[J]. Nature, 2016, 529: 484-489.

[334] ARULKUMARAN K, DEISENROTH M P, BRUNDAGE M, et al. Deep reinforcement learning: A brief survey[J]. IEEE Signal Processing Magazine, 2017, 34(6): 26-38.

[335] SHOHAM Y, POWERS R, GRENAGER T. Multi-agent reinforcement learning: a critical survey[R]. Palo Alto:Stanford University, 2003.

[336] YANG E, GU D. Multiagent reinforcement learning for multi-robot systems: A survey[R]. Colchester: University of Essex, 2004.

[337] DA SILVA F L, WARNELL G, COSTA A H R, et al. Agents teaching agents: A survey on inter-agent transfer learning[C]//AAMAS' 20: Proceedings of the 19th International Conference on Autonomous Agents and MultiAgent Systems. Richland, SC: International Foundation for Autonomous Agents and Multiagent Systems, 2020: 2165-2167.

[338] LAZARIDOU A, BARONI M. Emergent multi-agent communication in the deep learning era[J]. CoRR, 2020, abs/2006.02419.

[339] REN W, BEARD R, ATKINS E. A survey of consensus problems in multiagent coordination[C]//Proceedings of the 2005, American Control Conference, 2005.: Vol. 3. 2005: 1859-1864.

[340] CLAUS C, BOUTILIER C. The dynamics of reinforcement learning in co-operative multiagent systems[C]//AAAI' 98/IAAI' 98: Proceedings of the Fifteenth National/Tenth Conference on Artificial Intelligence/Innovative Applications of Artificial Intelligence. USA: American Association for Artificial Intelligence, 1998: 746-752.

[341] LAUER M, RIEDMILLER M. An algorithm for distributed reinforcement learning in cooperative multi-agent systems[J]. Proceedings of the seventeenth international conference on machine learning.2000: 535-542.

[342] MATIGNON L, LAURENT G J, LE FORT-PIAT N. Hysteretic Q-learning : an algorithm for decentralized reinforcement learning in cooperative multiagent teams[C]//2007 IEEE/RSJ International Conference on Intelligent Robots and Systems. 2007: 64-69.

[343] POTTER M A, JONG K A D. A cooperative coevolutionary approach to function optimization[C]//PPSN. 1994.

[344] PALMER G, TUYLS K, BLOEMBERGEN D, et al. Lenient multi-agent deep reinforcement learning[C]//AAMAS'18: Proceedings of the 17th International Conference on Autonomous Agents and MultiAgent Systems. Richland: International Foundation for Autonomous Agents and Multiagent Systems, 2018: 443-451.

[345] OMIDSHAFIEI S, PAZIS J, AMATO C, et al. Deep decentralized multi-task multi-agent reinforcement learning under partial observability[C]//ICML' 17: Vol. 70 Proceedings of the 34th International Conference on Machine Learning. Sydney: JMLR, 2017: 2681-2690.

[346] WEI E, LUKE S. Lenient learning in independent-learner stochastic cooperative games[J]. Journal of Machine Learning Research, 2016, 17(84): 1-42.

[347] PALMER G, SAVANI R, TUYLS K. Negative update intervals in deep multi-agent reinforcement learning[C]//AAMAS' 19: Proceedings of the 18th International Conference on Autonomous Agents and MultiAgent Systems. Richland, SC: International Foundation for Autonomous Agents and Multiagent Systems, 2019: 43-51.

[348] ZHENG Y, HAO J, ZHANG Z. Weighted double deep multiagent reinforcement learning in stochastic cooperative environments[J]. CoRR, 2018, abs/1802.08534.

[349] LYU X, AMATO C. Likelihood quantile networks for coordinating multi-agent reinforcement learning[C]//AAMAS'20: Proceedings of the 19th International

Conference on Autonomous Agents and MultiAgent Systems. Richland: International Foundation for Autonomous Agents and Multiagent Systems, 2020: 798-806.

[350] ALBRECHT S V, STONE P. Autonomous agents modelling other agents: A comprehensive survey and open problems[J]. Artificial Intelligence, 2018, 258: 66-95.

[351] HE H, BOYD-GRABER J, KWOK K, et al. Opponent modeling in deep reinforcement learning[C]//ICML' 16: Vol. 48 Proceedings of the 33rd International Conference on International Conference on Machine Learning. New York: JMLR, 2016: 1804-1813.

[352] FOERSTER J, CHEN R Y, AL-SHEDIVAT M, et al. Learning with opponentlearning awareness[C]//AAMAS' 18: Proceedings of the 17th International Conference on Autonomous Agents and MultiAgent Systems. Richland: International Foundation for Autonomous Agents and Multiagent Systems, 2018: 122-130.

[353] RAILEANU R, DENTON E, SZLAM A, et al. Modeling others using oneself in multi-agent reinforcement learning[C]//KRAUSE A, DY J. 35th International Conference on Machine Learning, ICML 2018: 35th International Conference on Machine Learning, ICML 2018. International Machine Learning Society, 2018: 6779-6788.

[354] FOERSTER J, SONG F, HUGHES E, et al. Bayesian action decoder for deep multi-agent reinforcement learning[C]//CHAUDHURI K, SALAKHUT-DINOV R. Proceedings of Machine Learning Research: Vol. 97 Proceedings of the 36th International Conference on Machine Learning. PMLR, 2019: 1942-1951.

[355] YANG T, MENG Z, HAO J, et al. Bayes-toMoP: A fast detection and best response algorithm towards sophisticated opponents[J]. CoRR, 2018, abs/1809.04240.

[356] EVERETT R, ROBERTS S J. Learning against non-stationary agents with opponent modelling and deep reinforcement learning[C]//AAAI Spring Symposia. 2018.

[357] GROVER A, AL-SHEDIVAT M, GUPTA J, et al. Learning policy representations in multiagent systems[C]//DY J, KRAUSE A. Proceedings of Machine Learning Research: Vol. 80 Proceedings of the 35th International Conference on Machine Learning. PMLR, 2018: 1802-1811.

[358] BARDE P, ROY J, HARVEY F G, et al. Promoting coordination through policy regularization in multi-agent reinforcement learning[J]. CoRR, 2019, abs/1908.02269.

[359] TACCHETTI A, SONG H F, MEDIANO P A M, et al. Relational forward models for multi-agent learning[C]//International Conference on Learning Representations. ICLR,2019.

[360] HONG Z W, SU S Y, SHANN T Y, et al. A deep policy inference Q-network for multi-agent systems[C]//AAMAS' 18: Proceedings of the 17th International Conference on Autonomous Agents and MultiAgent Systems. Richland: International Foundation for Autonomous Agents and Multiagent Systems, 2018: 1388-1396.

[361] JAQUES N, LAZARIDOU A, HUGHES E, et al. Social influence as intrinsic motivation for multi-agent deep reinforcement learning[C]//CHAUDHURI K, SALAKHUTDINOV R. Proceedings of Machine Learning Research: Vol. 97 Proceedings of the 36th International Conference on Machine Learning. PMLR, 2019: 3040-3049.

[362] LETCHER A, FOERSTER J, BALDUZZI D, et al. Stable opponent shaping in differentiable games[C]//International Conference on Learning Representations. ICLR,2019.

[363] BERNSTEIN D S, GIVAN R, IMMERMAN N, et al. The complexity of decentralized control of Markov decision processes[J]. Mathematics of Operations Research, 2002, 27(4): 819-840.

[364] SUTTON R S, PRECUP D, SINGH S. Between MDPs and semi-MDPs: A framework for temporal abstraction in reinforcement learning[J]. Artificial Intelligence, 1999, 112(1): 181-211.

[365] GHAVAMZADEH M, MAHADEVAN S, MAKAR R. Hierarchical multi-agent reinforcement learning[J]. Autonomous Agents and Multi-Agent Systems, 2006, 13(2): 197-229.

[366] KUMAR S, SHAH P, HAKKANI-TÜR D, et al. Federated control with hierarchical multi-agent deep reinforcement learning[J]. CoRR, 2017, abs/1712.08266.

[367] HAN D, BOEHMER W, WOOLLDRIDGE M, et al. Multi-agent hierarchical reinforcement learning with dynamic termination[C]//AAMAS' 19: Proceedings of the 18th International Conference on Autonomous Agents and Multi-Agent Systems. Richland: International Foundation for Autonomous Agents and Multiagent Systems, 2019: 2006-2008.

[368] DAYAN P, HINTON G E. Feudal reinforcement learning[C]//HANSON S, COWAN J, GILES C. Advances in Neural Information Processing Systems: Vol. 5. Morgan-Kaufmann, 1992.

[369] AHILAN S, DAYAN P. Feudal multi-agent hierarchies for cooperative reinforcement learning[J]. CoRR, 2019, abs/1901.08492.

[370] LEE Y, YANG J, LIM J J. Learning to coordinate manipulation skills via skill behavior diversification[C]//ICLR. 2020.

[371] TANG H, HAO J, LV T, et al. Hierarchical deep multiagent reinforcement learning[J]. CoRR, 2018, abs/1809.09332.

[372] VEZHNEVETS A S, WU Y, LEBLOND R, et al. Options as responses: Grounding behavioural hierarchies in multi-agent RL[J]. CoRR, 2019, abs/1906.01470.

[373] VEZHNEVETS A S, OSINDERO S, SCHAUL T, et al. Feudal networks for hierarchical reinforcement learning[C]//ICML' 17: Vol. 70 Proceedings of the 34th International Conference on Machine Learning. Sydney: JMLR, 2017: 3540-3549.

[374] DA SILVA F L, TAYLOR M E, COSTA A H R. Autonomously reusing knowledge in multiagent reinforcement learning[C]//Proceedings of the Twenty- Seventh International Joint Conference on Artificial Intelligence. International Joint Conferences on Artificial Intelligence Organization, 2018: 5487-5493.

[375] GUPTA J K, EGOROV M, KOCHENDERFER M. Cooperative multi-agent control using deep reinforcement learning[C]//SUKTHANKAR G, RODRIGUEZ-AGUILAR J A. Autonomous Agents and Multiagent Systems. Cham: Springer International Publishing, 2017: 66-83.

[376] PENG P, YUAN Q, WEN Y, et al. Multiagent bidirectionally-coordinated nets for learning to play StarCraft combat games[J]. CoRR, 2017, abs/1703.10069.

[377] SUKHBAATAR S, SZLAM A, FERGUS R. Learning multiagent communication with backpropagation[J]. Advances in Neural Information Processing Systems, 2016: 2252-2260.

[378] HERNANDEZ-LEAL P, KARTAL B, TAYLOR M E. Agent modeling as auxiliary task for deep reinforcement learning[C]//Proceedings of the AAAI Conference on Artificial Intelligence and Interactive Digital Entertainment: Vol. 15. 2019.

[379] SUNEHAG P, LEVER G, GRUSLYS A, et al. Value-decomposition networks for cooperative multi-agent learning based on team reward[C]//AAMAS' 18:

Proceedings of the 17th International Conference on Autonomous Agents and MultiAgent Systems. Richland: International Foundation for Autonomous Agents and Multiagent Systems, 2018: 2085-2087.

[380] CHU X, YE H. Parameter sharing deep deterministic policy gradient for cooperative multi-agent reinforcement learning[J]. CoRR, 2017, abs/1710.00336.

[381] DA SILVA F, COSTA A. Accelerating multiagent reinforcement learning through transfer learning[C]//AAAI Conference on Artificial Intelligence. 2017:5034-5035

[382] DA SILVA F L, GLATT R, COSTA A H R. Simultaneously learning and advising in multiagent reinforcement learning[C]//AAMAS' 17: Proceedings of the 16th Conference on Autonomous Agents and MultiAgent Systems. Richland: International Foundation for Autonomous Agents and Multiagent Systems, 2017: 1100-1108.

[383] OMIDSHAFIEI S, KIM D K, LIU M, et al. Learning to teach in cooperative multiagent reinforcement learning[C]//Proceedings of the AAAI Conference on Artificial Intelligence: Vol. 33. 2019: 6128-6136.

[384] LUKETINA J, NARDELLI N, FARQUHAR G, et al. A survey of reinforcement learning informed by natural language[C]//Proceedings of the Twenty-Eighth International Joint Conference on Artificial Intelligence. International Joint Conferences on Artificial Intelligence Organization, 2019: 6309-6317.

[385] TAYLOR A, DUSPARIC I, CAHILL V. Transfer learning in multi-agent systems through parallel transfer[C]//Workshop on Theoretically Grounded Transfer Learning at the 30th International Conference on Machine Learning. 2013.

[386] LONG Q, ZHOU Z, GUPTA A, et al. Evolutionary population curriculum for scaling multi-agent reinforcement learning[J]. CoRR, 2020, abs/2003.10423.

[387] BENGIO Y, LOURADOUR J, COLLOBERT R, et al. Curriculum learning [C]//ICML' 09: Proceedings of the 26th Annual International Conference on Machine Learning. New York: Association for Computing Machinery, 2009: 41-48.

[388] SUKHBAATAR S, LIN Z, KOSTRIKOV I, et al. Intrinsic motivation and automatic curricula via asymmetric self-play[A]. 2017. arXiv: 1703.05407.

[389] NGUYEN D T, KUMAR A, LAU H C. Policy gradient with value function approximation for collective multiagent planning[C]//NIPS' 17: Proceedings of

the 31st International Conference on Neural Information Processing Systems. Red Hook: Curran Associates Inc., 2017: 4322-4332.

[390] GUESTRIN C, KOLLER D, PARR R. Multiagent planning with factored MDPs[C]//NIPS'01: Proceedings of the 14th International Conference on Neural Information Processing Systems: Natural and Synthetic. Cambridge: The MIT Press, 2001: 1523-1530.

[391] ZHOU M, CHEN Y, WEN Y, et al. Factorized Q-learning for large-scale multiagent systems[C]//DAI'19: Proceedings of the First International Conference on Distributed Artificial Intelligence. New York: Association for Computing Machinery, 2019.

[392] NGUYEN D T, KUMAR A, LAU H C. Collective multiagent sequential decision making under uncertainty[C]//AAAI Conference on Artificial Intelligence. 2017.

[393] LIN K, ZHAO R, XU Z, et al. Efficient large-scale fleet management via multiagent deep reinforcement learning[C]//KDD'18: Proceedings of the 24th ACM SIGKDD International Conference on Knowledge Discovery Data Mining. New York: Association for Computing Machinery, 2018: 1774-1783.

[394] BANSAL T, PACHOCKI J, SIDOR S, et al. Emergent complexity via multiagent competition[J]. CoRR, 2017, abs/1710.03748.

[395] LANCTOT M, ZAMBALDI V, GRUSLYS A, et al. A unified game-theoretic approach to multiagent reinforcement learning[C]//NIPS'17: Proceedings of the 31st International Conference on Neural Information Processing Systems. Red Hook: Curran Associates Inc., 2017: 4193-4206.

[396] PINTO L, DAVIDSON J, SUKTHANKAR R, et al. Robust adversarial reinforcement learning[C]//ICML'17: Vol. 70 Proceedings of the 34th International Conference on Machine Learning. Sydney: JMLR, 2017: 2817-2826.

[397] SPOONER T, SAVANI R. Robust market making via adversarial reinforcement learning[C]//BESSIERE C. Proceedings of the Twenty-Ninth International Joint Conference on Artificial Intelligence. International Joint Conferences on Artificial Intelligence Organization, 2020: 4590-4596.

[398] RAGHU M, IRPAN A, ANDREAS J, et al. Can deep reinforcement learning solve Erdos-Selfridge-Spencer games?[C]//DY J, KRAUSE A. Proceedings of Machine Learning Research: Vol. 80 Proceedings of the 35th International Conference on Machine Learning. PMLR, 2018: 4238-4246.

[399] HEINRICH J, SILVER D. Deep reinforcement learning from self-play in imperfect-information games[J]. CoRR, 2016, abs/1603.01121.

[400] GLEAVE A, DENNIS M, KANT N, et al. Adversarial policies: Attacking deep reinforcement learning[J]. CoRR, 2019, abs/1905.10615.

[401] LIU I J, YEH R A, SCHWING A G. PIC: permutation invariant critic for multi-agent deep reinforcement learning[J]. CoRR, 2019, abs/1911.00025.

[402] LEIBO J Z, HUGHES E, LANCTOT M, et al. Autocurricula and the emergence of innovation from social interaction: A manifesto for multi-agent intelligence research[J]. CoRR, 2019, abs/1903.00742.

[403] SVETLIK M, LEONETTI M, SINAPOV J, et al. Automatic curriculum graph generation for reinforcement learning agents[C]//Proceedings of the AAAI Conference on Artificial Intelligence: Vol. 31. 2017.

[404] FOERSTER J N, ASSAEL Y M, DE FREITAS N, et al. Learning to communicate with deep multi-agent reinforcement learning[C]//NIPS' 16: Proceedings of the 30th International Conference on Neural Information Processing Systems. Red Hook: Curran Associates Inc., 2016: 2145-2153.

[405] FOERSTER J N, FARQUHAR G, AFOURAS T, et al. Counterfactual multiagent policy gradients[C]//AAAI' 18/IAAI' 18/EAAI' 18: Proceedings of the Thirty-Second AAAI Conference on Artificial Intelligence and Thirtieth Innovative Applications of Artificial Intelligence Conference and Eighth AAAI Symposium on Educational Advances in Artificial Intelligence. New Orleans : AAAI Press, 2018.

[406] YANG J, NAKHAEI A, ISELE D, et al. CM3: cooperative multi-goal multi-stage multi-agent reinforcement learning[C]//International Conference on Learning Representations. 2020.

[407] GARCÍA J, FERNÁNDEZ F. A comprehensive survey on safe reinforcement learning[J]. Journal of Machine learning Research,2015, 16(1): 1437-1480.

[408] ZHANG W, BASTANI O, KUMAR V. MAMPS: Safe multi-agent reinforcement learning via model predictive shielding[A]. 2019. arXiv: 1910.12639.

[409] ZHU Z, BIYIK E, SADIGH D. Multi-agent safe planning with Gaussian processes[C]//IEEE/RSJ International Conference on Intelligent Robots and Systems. 2020: 6260-6267.

[410] WANG J X, HUGHES E, FERNANDO C, et al. Evolving intrinsic motivations for altruistic behavior[C]//AAMAS' 19: Proceedings of the 18th International Conference on Autonomous Agents and MultiAgent Systems. Richland:

International Foundation for Autonomous Agents and Multiagent Systems, 2019: 683-692.

[411] WEI H, ZHENG G, GAYAH V, et al. Recent advances in reinforcement learning for traffic signal control: A survey of models and evaluation[J]. SIGKDD Explorations Newsletter, 2021, 22(2): 12-18.

[412] ALELEOD R.The Evolution of Cooperation[M].New York: Basic Books,1984.

[413] NOWAK M.Five urles for the evolrtion of coopertion[J].Science, 2006.314(5805).

[414] RUSU A A ,COLMENAREJO G S ,GüLCEHRE Ç , et al. Policy Distillation. [J]. CoRR, 2015, abs/1511.06295

[415] PARISOTTO E,BA JL,SALAKR UTPINOV R. Actor-mimic:Deep multirask and transfer reinforcement learning[J].coRR.2015.abs/1511.06342.

[416] RUSU AA,RABINOWITZ CN. DESJARDINS G.et al Progressive Neural Networks[J].CoRR.2016.abs/1606.04671

[417] Fernando C,BANARSE D.ZWOLS Y,et al PathNet: Evolution Channels Gradient Descent in Super Neural Networks[J].CoRR,2017. abs/1701. 08734.

[418] Schaul T.Horgan D,Gregor K,et al.Universal Value Function Approximators[J].Proceedings of the 32nd International Conference on Machine Learning,2015.37:1312-1320.